付属カードに基づくWebアプリについて

付属のカードには一冊ごとに異なる「ハイブリッドブックコード」が印刷されています。カード内に記載されているアドレスにスマートフォンやPC等からアクセスし、説明書きに従ってハイブリッドブックコードを登録してください。登録することで、みなさんのセンター試験対策をサポートするコンテンツがご利用いただけます。

利用期限：登録から1年間

推奨環境：2014年6月現在

スマートフォン・タブレット

・Android 2.3/4.0/4.1/4.2

・iOS 6/7

PC

・Windows Vista,7/8

ブラウザ：IE 9/10/11、Chrome

・Mac OS X

ブラウザ：Safari

その他

インターネットに接続できる環境が必要です。

※OS、ブラウザのバージョンや端末の状況・設定によっては教材が動作しない場合がございます。以下のサイトのサンプルで動作をご確認いただくことをお勧めします。最新の推奨環境も確認できます。 https://hybridbook.jp/gkskoko/mypage/spec

※このWebアプリ（ハイブリッドブック）のサービスは、ネット環境の変化等により、予告なく終了することがあります。

Gakken

きめる! センター

JAPANESE

現代文

代々木ゼミナール　船口明

introduction
はじめに

僕が『きめる！　センター現代文』を世に送り出して、15年以上が経ちました。その間、多くの読者のみなさんに愛用して頂き、30刷を超える増版を重ねることができました。類書が次々と出、そして消えていく中、これほど長くみなさんに愛されていることは、著者として望外の喜びです。

『きめる！』をはじめに執筆した時の僕の決意は、「センター現代文で困っている受験生のために、自分独自の切り口を隠さず公開する」でした。

若くして執筆の機会を得た僕は、自分が心から信頼する何人かの先輩に相談しました。僕が先の決意を伝えると、ほとんどの人の意見は「ポイントは小出しにした方がいい」でした。

予備校講師にとって「他と違う切り口」は、競争が厳しい予備校の世界で生き残っていくための「武器」です。「命綱」と言ってもいい。それを公開しようというのですから、「やめておけ」と言ってくれる先輩が多いのは当然です。親身になってくれるからこそのアドバイスに、どうすべきかと正直悩みました。

それでも、僕が「隠さない」と決意できたのは、やはり「生徒たちの姿」があったからでした。がんばって「夢」に向かっている。でも現代文が苦手。そういう生徒が、予備校を出て行く時に、笑顔で「先生のおかげでできるようになりました！」と言ってくれる。そういう時、「あ〜僕はこのために先生をやっているんだな」と心から思います。こんなふうに多くの悩める受験生の力になってあげたい。でも、僕が直接教えられる人数なんてたかが知れている…。ならば、やはり「書こう」。

そう決意できたわけです。

僕は「夢」を語る人です。いくつになってもそうありたいと思っています。だったら「隠す」なんてつまらない考えは捨ててしまおう。バカでもいい。そういうヤツがいたっていいじゃないか、そう思えたんですね。

その結果、もちろん紙面に限りはありますが、大事なことを、書けるだけのことを書いて『きめる！』ができ上がりました。

今振り返ってみて、「それでよかった！」と心から思います。気がつけばもったいなくも「センター対策の名著」と呼ばれ、版を重ね、数々の塾や学校でも採用して頂いています。それも超難関校と呼ばれるところから、さまざまなレベルの学校で幅広く採用して頂けていることは、本当に嬉しいことです。

今回の全面改訂にあたり、その名に恥じないようなものを作ろうと決意しました。僕が立てたコンセプトは「やっぱり、『きめる！　センター現代文』はすごかった」です（笑）。志は高い方がいい。評価するのはみなさんですが、読者にそう思ってもらえるような本になるように努力しました。ぜひ、最後までしっかりと読み込んで下さい。みなさんの力になれる「最高のもの」になったと、自負しています。

最後に、今日この『きめる！　センター現代文』があるのは、僕だけの力によってではありません。周囲の多くの人たちに支えられてこそ、今の『きめる！』があります。

まず、僕に予備校講師という仕事の素晴らしさを教えてくれた福崎伍郎先生に心から感謝の気持ちを表したいと思います。先生がいなければ今の自分はありません。「飲水思源」。どれほどの年月が経っても、師恩が褪せることはありません。

また、僕の『きめる！』を支えて下さった、学研の代々の編集者の方々にも感謝を表したいと思います。よくわからない若造に、初版の『きめる！』を執筆する機会を与えて下さった甲村さん。その後の改訂を支えて下さった伊川さん。大変にお世話になりました。

そして、今回の新版を担当して下さった延谷さん。何度も何度も原稿を練り直した結果、締め切りを大幅に過ぎても原稿を出さない僕に、文句の一つも言わずじっと待って下さいました。そのおかげで当初の計画を大幅に変えることができ、より素晴らしいものに仕上げることができました。この本の充実度の高さは、彼女の我慢によるところが本当に大きいと思います。この場をお借りして、心から感謝の意を表したいと思います。

さらに代ゼミやサテライン先もすべてを含めて、接してきたたくさんの生徒たち。僕の力の源はみなさんです。ありがとう。

最後に、原稿を書くのに全面的に協力してくれた、また疲れていても「よし、がんばろう！」と前にいく力をくれる、大切な家族に感謝しつつ。

代々木ゼミナール　船口　明

how to use this book

本書の使い方

1 まずは「攻略のための全体像」を知る

本書の冒頭では、続く評論・小説それぞれについての個別の解法テクニックの講義に先だって、センター現代文攻略のための「全体像」をお話ししています。ここで、これからこういう力を身につけていけばいいんだな、という「イメージ」を作って下さい。

2 「評論」「小説」の攻略法を知る

本書は「評論分析編」と「小説分析編」の二部によって構成されています。それぞれは独立した講義内容ですから、どちらから読み始めても構いません。ただし読み流すのではなく、必ず「鉛筆を持って問題を解いてから」、攻略法講義を読むことをすすめます。

3 「時間」は意識して解く

各例題には「解答目標時間」を設定してあります。あくまで「目標」ですから、苦手な人がいきなりその時間で解く必要はありません。ただし、時間短縮は重要なテーマですから、解く時には時間を意識して、あまり莫大な時間をかけないようにして下さい。

4 「繰り返す」ことが大切

本書はセンター現代文の「解法」を特徴的なパターン別に講義しています。したがって読んで納得するだけではなく、何度も繰り返して「解法を身につける」ことが重要です。自分で過去問題を解く時にもどんどん使ってマスターして下さい。

5 知識問題は「最強の別冊ドリル」でバッチリ

センター試験の「漢字」「小説の語句問題」の過去問題を全※問収録しました。漢字の同音異字では同じ熟語が、対策のしにくい小説の語句も同じ語句が、繰り返し出題されることが多くあります。つまり最小の時間で最大の効果を発揮するためには「過去問の徹底トレーニング」が有効です。このドリルを有効活用して下さい。

※ただし、一部辞書的な語句の意味を問わない問題については収録していないものもあります。

contents
もくじ

第2部／小説分析編

センター現代文ってこんなもの

これから一緒に『センター現代文』の傾向対策をしていくわけですが、何ごともまず「敵を知る」ことから始めるのが大切です。しかもこまごまとしたことではなくって、まずは「ボーン」と大まかな全体像を知ってしまうこと、これが大切でしょう。だって、ゴールが見えているほうが道程をイメージできるから、そこに向かって歩いていきやすいもんね。だからまずはじめに、『センター現代文』ではどんな力が要求されているのかということからお話ししていきましょう。

▼評論1・小説1の組み合わせ。バランスの勝負

『国語』全体の出題は『評論』・『小説』・『古文』・『漢文』の4題構成で、試験時間は80分。単純に計算すると、各20分の時間配分です。配点は各50点ずつで合計200点。つまり『現代文』では100点分の配点ということです。

ここでみなさんにアドバイスできることは「バランスが勝負!」だよっていうことです。よく模試なんかのあと「評論をじっくり読んでたら他を解く時間がなくなってしまった」とか、「古文が難しくて時間を取り過ぎちゃった」とかって聞くでしょう。まぁ、いい経験にはなったんだろうけど本番でそれじゃあまずい。何とかしないと。全体で勝負するんだから、絶対バランスは大切です。

でね、じゃあみなさんはどうすべきかというと、過去問題から「センターの出題の現状」をつかんでお

くことが重要です。何が言いたいのか。みんなの中には「模試で時間配分の練習ができている」と思っている人が多いんです。ところが現実には「模試よりもずいぶん小説が長かったり」「漢文が難しかったり」しているんです。だからそれを過去問題でつかんでおかないといけない。

ちょっと前のセンターなら、「小説が得意だから速く解く」とか「漢文を15分以内で終わらせる」とか、そういうことができた。だから「その分を、評論を解く時間に回そう」とかいう工夫ができたんですね。でも今は、事実上それは厳しい。先にも言ったように、小説も長文化しているし、古文や漢文だって難しいことが多い。その上、評論も受験生にとってはなかなかの難問です（もちろん予備校の分析などには「普通」とか「やや易」とか書いてあるものもあります。でもね、それはあくまで僕たち教える側から見ての評価です。制限時間を考えても、ほとんどの受験生の立場から見ればなかなかの難問のはずです）。

つまり20分という制限時間内で、評論・小説・古文・漢文のそれぞれの問題を仕上げていかなければならない。しかもそれぞれが「なかなかの難度」である。それが今のセンター国語なんです。

(1) 構成は…評論・小説・古文・漢文、各1題の全4問。
(2) 配点は…国語全体→200点満点。
うち、現代文は→評論・小説、各50点。
(3) 難度は…時間と分量を考えれば、なかなかの「難問」。

☆ポイント
今のセンターは、20分の解答時間で、それぞれを仕上げなければならない！
そのための「攻略法」を身につけろ！

▼評論はやや難しめの出題。時間が厳しいだけに「スピード」が勝負！

今まとめたように、評論はやや難しめの出題です。しかも時間が厳しい。それだけに、いかに短時間で手際よく解いていくかという「スピード」が勝負です。とはいえ、さっき言ったように、今のセンターの問題では「小説と漢文から5分もらう」なんていうことはしにくい。つまり**「評論自体のスピードアップ」をするしかなくなった**わけです。

では、スピードアップのためには何が大切なのか。それは「読み方」にも「解き方」にも「無駄をなくす」ことです。「読む」のも「解く」のも、どちらも速くないと今のセンターを20分で解くことはできません。

まずは「読み」。評論文の「速読」の仕方をマスターすることです。現代文が得意な人は、必ず、本文に「強弱をつけて」読んでいます。最初から最後まで本文をチェックだらけにして、全部を丁寧に読んでいるなんてことはありえない。そんなことをしていたら、絶対に時間内で読み終わりません。だから「速読」のためには、この「得意な人の読解の仕方」「速く読むコツのようなもの」を身につけたい。とはいえ、高得点を目指すのがセンターですから、いいかげんに速く読んだのでは意味がない。「速く確実に」読む。そのための方法を身につける必要があるわけです。どうやって身につけるのか。**そのテクニックを講義したのがこの本の「評論編／第1章『時短』の技巧」です。**さまざまな角度から「速読」のためのテクニックを講義していますから、まずはここで「センター評論の読み方」をマスターして下さい。

次に大切なこと。それは「解き」。**評論問題の「速解」の仕方をマスターすること**です。よく一般の参考書に書いてある「きちんと本文が読めればどんな問題だって解ける。センターも同じだ！」なんていうのはゴマカシです。たしかにそりゃあそうですよ。でもね、それだったら参考書に「センター対策」なんて名前をつける理由がない。みんなが知りたいのはそんな一般論ではなくて「センター対策の方法」のはずです。「読み」にも「解き」にもセンターにはセンターのポイントがある。**そのテクニックを講義したのがこの本の「評論編／第2章『解』の技巧」です。**傍線部の分析の仕方から選択肢の見方まで講義していますから、ここでセンター評論の「解き方」をしっかりマスターして下さい。

〈センター評論のイメージ〉
やや難しめの内容で、分量も多い。↓時間的に厳しい
☆ポイント
「読」も「解」も、センター特有の「技巧」を身につけろ！

▼設問と選択肢をいかに分析するか、それが小説のカギ

『小説』についてはまず、**「設問分析の勝負だ」**ということを言っておきましょう。

けっこう本文が読めたつもりでも、ボロボロと選択肢で間違ってしまった経験ってありませんか。で、そういう問題に限って「何でこれが正解？」って思えるような選択肢が正解だったりするわけです。それですっごくムカムカして、でも仕方ないなーと思ってきちんと見直して、でもやっぱり納得いかない！と思ってまたむかつく（笑）。で、どうするかっていうと「あーやっぱりフィーリングなんだな、小説って」と思ってあきらめちゃう。こういうことって多いですよね、小説では。

でもね、本当はみんなが引っかかってしまう理由がはっきりあるんです。詳しいことは**『第2部／小説分析編』**で話しますからここでは書かないけれど、はっきり言うと「着眼の発想が全然違ってる」わけなんです。根本的に考え方から違っている。僕たちは、すぐに「選択肢が悪い」とかって問題のせいにしちゃうけど、問題は全然悪くない。『センター試験』の問題はすっごく厳密です。だからね、**考え方から革命してい**

かないといけないんですね。

とにかく今、小説について言っておきたいのはこれだけです。だから、得意な人も過信してたら失敗しますよ。毎年、模試の成績で安心して「自分は小説はできる」と思い込んでいて、本番で選択肢に引っかかって失敗する人がいるんです。いいですか。本文は比較的簡単ですから。勝負は選択肢なんですから。それだけは絶対に忘れずにいて下さい。

〈センター小説のイメージ〉
問題文の読解は比較的簡単。→設問で「引っかけ」がある
←
「着眼の発想がまったく違う！」

☆ポイント
なんとなくの読解力など問われていない。
部分をどれだけ分析的に読めるかが勝負。

最後にまとめると、とにかく、評論にも小説にも共通して言えるのは「センター独自のパターン」をどこまで分析できているかということです。決まったパターンがある以上、それを知っていれば攻略が可能なんです。

続く『第1部』で『評論』を、『第2部』で『小説』を徹底的に分析していきます。しっかりと取り組んで、自分なりの攻略プランを作って下さい。**ここに公開したテクニックが身につけられれば、今は『現代文』が苦手な人も本番で満点を取ることも十分に可能**になるでしょう。がんばって！

第1部

評論分析編

評論分析編／開講オリエンテーション

「普通のマーク式評論」と「センター評論」は、はっきり違うってこと、知っていますか？

みなさんこんにちは。

これから「センター現代文の攻略法」を講義していくわけですが、はじめに僕の方針を言っておきたいと思います。僕がこの講義で意識していくことは、

「センター現代文とはいかなるものか」という「本質」を明らかにする

←

〈攻略テクニック〉をできるだけ「わかりやすく」講義する

という2点です。つまり、できるだけ「わかりやすく」、でも内容は「本格的に」ということです。

難しいことを難しくしゃべるのって、実は簡単です。それでみんなも「あーこの先生は賢いんだなぁ～」と思ってくれるし、教える方としてはお得です。でもね、それじゃあ成績が伸びないんですね。「へーっ」「ほーっ」て感心するだけで終わってしまいますから。そういう授業で伸びるのは、ごく一部の〝かしこい奴〟だけです。でも、僕はそういうのが嫌なんですね。みんなにわかって欲しい。伸びて欲しいんです。だからわかりやすく

やります。でも、それは「内容を下げる」というのとは違います。「簡単に話す」だけです。伝え方の問題です。

みんなが**「なーんや、こんな単純なことなんか！」と思いながら読み進んでいくと、すごく本格的なことが身についている。**そういう講義をしていきます！

▼〈攻略テク〉はその「本質」まで理解せよ！

だから、これから教えていくさまざまな**僕の〈攻略テクニック〉はコテ先だけのテクニックじゃないんです。**すべてセンター現代文の「本質」を見抜いた上で生まれてきたものです。だからね、本当に使えますから。はっきり言ってこれはすごいですよ。

本当の本物を教えたいから、少々難しくても**〈攻略テク〉の背景となる「本質」から教えていきます。**ただし「できるだけ簡単に」お話ししますから。だから軽く読み流してしまわずに、がんばってじっくり取り組んでいって下さい。

みんなね、ちょっと難しくなると、わかったフリをして読み飛ばしていくんですね。でも、それじゃあだめなんです。本番で「使えない」から。でもね、**じっくり取り組んで「本質」を理解すればあとは早い。ほんと一気に成績が上がっていきます。**一見遠回りに見えても実はそれが近道なんです。だからじっくり理解して下さい。

▼大切なのは「繰り返し」の練習だ！

よく「一度やった問題は二度やっても意味がない」って聞きますよね。でもね、僕の意見を言うと、二度やって意味のないものなら一度目もダメです。つまらないものは繰り返しに堪えない。でも、**ポイントが凝縮さ**

れた問題なら何度やっても意味がある。それが僕の考え方です。

だからね、この参考書は何度も何度もボロボロになるまで繰り返し読んで下さい。そうやって**〈攻略テク〉を丸暗記してしまって欲しいんです。**まずはとにかくこの本の「丸暗記」。これが大切です。だってここで教えるのは〈テクニック＝道具〉なんですから。覚えてしまうのは当然です。

次に、それを実戦で使ってみて下さい。使い込んで〈道具〉を自分のものにする。これが大切です。でもね、「実戦」とはいっても「模試」はダメですよ（とくに小説は）。ここのところは大切ですから強調しておきます。しっかり聞いて下さい。なぜ「模試」はダメか。それは**「マーク式現代文≠センター現代文」**だからなんです。傍線部の引き方とか、選択肢の構造とかがまるで違う（鋭い受験生は気づいていたでしょ？）。ほんと「全然」違うんです。**センター現代文には、評論だろうが小説だろうが「決まったパターン」があります。**だから模試を解いてもそのパターンの練習にはならないんです。

もちろん見た目は似てるから、単に「時間内に解く」とか「問題慣れする」とかの練習にはなりますよ。でもね、みなさんは「センター対策」をしたいんでしょ？　だったら「センターのパターン」を見抜く練習をしないとダメです。だから一番いい実戦の場は「過去問題」なんです。だから**この本以外に買うのは過去問演習のための本だけ**です。

とにかく、ここで僕が教える方法で、過去問をひとつひとつ解いていって下さい。そうやって「傍線部の見方」とか「選択肢の着眼点」とかを繰り返し練習していくんです。七、八年分ぐらい終えて**〈テク〉を吸収した頃には「センターのプロ」になっていますから。**必ずやって下さい。

▼センターを貫く『一本の筋』

さて、オリエンテーションも終わりに近づきました。最後に、センター評論について少し「具体的に」語っておきたいと思います。**実は、センター評論の過去問題には「出題者が問おうとしていること」が明確に表れています。**例の一部を挙げてみましょう。

(1)「音楽の聴衆形態の変化」について
（前半）前近代と近代の対比／（後半）現代の聴衆の二面性

(2)「映画」について
（前半）筆者の主張と一般論の対比／
（後半）一般的な映画と小津の考える映画の対比

(3)「日本の庭」について
（前半）日本と西洋の対比　／（後半）筆者の主張と一般論の対比

(4)「空間意識」について
（前半）前近代と近代の対比／（後半）日本と西洋の対比

(5)「子どもの遊びがもつ象徴的意味」について
かつての隠れん坊と今日の隠れん坊（近代産業社会の象徴）の対比

(6)「資本主義の本質」について
（導入）筆者の主張と一般論の対比／（前半）前近代と近代の対比／（後半）現代

(7)「人間の身体と空間との関係性」について
（前半）前近代と近代の対比／（後半）日本と西洋の対比

とりあえずざっと並べてみました。一見して**出題の法則性**が見てとれますね。**「日本と西洋」「筆者の主張と一般論」「前近代と近代（時代の対比）」という3つの代表的な対比軸がある**ことがすぐにわかります。これがセンター現代文なんです。こういうパターン性があるんです。意識して読解していけば、読解スピードが格段に速くなります。

こんなのはまだほんの一例です。**ほかにももっとすごい法則性があります。センターの問題はすごいんです。**

よくセンターの問題を批判をする人たちがいますが、そんなのは薄っぺらです。センターの問題を出題している人たちはそんな批判者程度のレベルではありません。実に賢い。実際には批判している人たちが何もわかっていない場合がほとんどなのです。

さて、**「本質が見えれば『出題パターン』が見える」「『出題パターン』が見えれば本物の〈攻略テク〉が見える」**という意味がちょっとはわかってもらえたでしょうか。「出題者の視点」を持つというのはこういうことなんです。だからね、**この本は類書のように「単にセンター現代文を基本からわかりやすく説明した本」とは根本的に違うのです。**そんなのは「基本本《ぼん》」であって、何も「センター対策本」ではありません。本書は真の「対策本」なのです。

さあ、いよいよ講義に入っていきます。これから一緒にがんばっていきましょう！

オリエンテーション、おしまい。

きめる！現代文

第1章 センター評論・「時短」の技巧

長文問題を「短時間で読む」ためのテクニック

はじめに

センター評論は、長文問題を課題に、「短時間で」しかし「高得点を目指す」という矛盾を抱えたテストである。しかしいくつかの「時短のテクニック」を身につけることで飛躍的に読解は速くなる。この章では、第2章で講義する「設問を解く技巧」に先立ち、まずは「読む技巧」を身につけていく。

例題1

目標解答時間 6分

問 次の文章を読んで、後の問いに答えよ。(設問番号や傍線部の記号は原問のママにしてあります。)

私たちは昼と夜をまったく別の空間として体験する。とくに夜の闇《やみ》のなかにいると、空間のなかに闇が溶けているのではなく、逆に闇そのものが空間を形成しているのではないかと思えてくる。闇と空間は一体となって私たちにはたらきかける。ミンコフスキー(注1)は、夜の闇を昼の「明るい空間」に対立させたうえで、その積極的な価値に注目する。

……夜は死せるなにものかでもない。ただそれはそれに固有の生命をもっている。夜に於《おい》ても、私は梟《ふくろう》の鳴き声や仲間の呼び声を聞いたり、はるか遠くに微《かす》かな光が尾をひくのを認めたりすることがある。しかしこれらすべての印象は、明るい空間が形成するのとは全然異なった基盤の上に、繰り広げられるであろう。この基盤は、生ける自我と一種特別な関係にあり、明るい空間の場合とはまったく異なった仕方で、自我に与えられるであろう。

明るい空間のなかでは、私たちは視覚によってものをとらえることができる。私たちとものとのあいだ、私たちと空間のあいだを距離がへだてている。距離は物差《ものさし》で測定できる量的なもので、この距離を媒介にして、私たちは空間と間接的な関係を結ぶ。私たちと空間のあいだを「距離」がへだてているため、空間が私たちに直接触れることはない。

一方、A闇は「明るい空間」とはまったく別の方法で私たちにはたらきかける。明るい空間のなかでは視覚が優先し、その結果、他の身体感覚が抑制される。ところが闇のなかでは、視覚にかわって、明るい空間のなかで抑制されていた身体感覚がよびさまされ、その身体感覚による空間把握が活発化する。私たちの身体は空間に直接触れ合い、空間が私たちの身体に浸透するように感じられる。空間と私たちはひとつに溶けあう。それは「物質的」で、「手触り」のあるものだ。明るい空間はよそよそしいが、暗い空間はなれなれしい。恋人たちの愛のささやきは、明るい空間よりも暗い空間のなかでこそふさわしい。

闇のなかでは、私たちと空間はある共通の雰囲気に参与している。私たちを支配するのは、ミンコフスキーが指摘するように、あらゆる方向から私たちを包みこむ「深さ」の次元である。それは気配に満ち、神秘性を帯びている。

「深さ」は私たちの前にあるのではない。私たちのまわりにあって、私たちを包みこむ。しかも私たちの五感全体をつらぬき、身体全体に浸透する共感覚的な体験である。

近代の空間が失ってきたのは、実は深さの次元である。近代建築がめざしてきたのは明るい空間の実現であった。ピロティ(注2)、連続窓、ガラスの壁、陸屋根は、近代建築が明るい空間を実現するために開発した装置である。人工照明の発達がそれに拍車をかける。明るい空間が実現するにつれ、B視覚を中心にした身体感覚の制度化がすすんだ。視覚はものと空間を対象化する。空間は測定可能な量に還元され、空間を支配するのは距離であり、ひろがりであると考えられるようになった。それと同時に、たがいに異なる意味や価値を帯びた「場所性」が空間から排除され、空間のあらゆる場所は人工的に均質化されることになった。こうして、場所における違いをもたないユークリッド(注3)的な均質空間ができあがる。

深さは、空間的には水平方向における深さをあらわしている。幅に対する奥行《おくゆき》である。しかし、均質化された近代の空間にはこの奥行が存在しない。なぜなら、均質空間はどの場所も無性格で取り換え可能だから、奥行は横から見られた幅であり、奥行と幅は相対化された距離に還元されてしまうからだ。均質空間では、幅も奥行も「距離」という次元に置き換えられる。したがって、そこにあるのは空間のひろがりだけであり、深さがない。

(狩野敏次《かのうとしつぐ》「住居空間の心身論――『奥』の日本文化」による)

（注）1　ミンコフスキー――フランスで活躍した精神科医・哲学者（一八八五～一九七二）。引用は『生きられる時間』による。
2　ピロティ、連続窓、ガラスの壁、陸屋根――ピロティは、二階以上を部屋とし、一階を柱だけにした建物の一階部分。連続窓・ガラスの壁は、広範な視野を可能にした近代建築技法。陸屋根は、勾配《こうばい》が少なく、ほとんど水平な屋根。
3　ユークリッド――紀元前三〇〇年ごろのギリシアの数学者。それまでの幾何学を集大成した。

問2 **傍線部Ａ「闇は『明るい空間』とはまったく別の方法で私たちにはたらきかける」とあるが、そのはたらきかけは私たちにどのような状況をもたらすか。その説明として最も適当なものを、次の①～⑤のうちから一つ選べ。**

① 視覚的な距離によってへだてられていた私たちの身体と空間とが親密な関係になり、ある共通の雰囲気にともに参与させられる。

② 物差で測定できる量的な距離で空間を視覚化する能力が奪われ、私たちの身体全体に浸透する共感覚的な体験も抑制させられる。

③ 距離を媒介として結ばれていた私たちの身体と空間との関係が変容し、もっぱら視覚的な効果によって私たちを包み込む深さを認識させられる。

④ 視覚ではなく身体感覚で距離がとらえられ、その結果として、空間と間接的な関係を結ぶ私たちの感覚が活性化させられる。

⑤ 視覚のもつ距離の感覚がいっそう鋭敏になり、私たちの身体と空間とが直接触れ合い、ひとつに溶け合うように感じさせられる。

問3 傍線部B「視覚を中心にした身体感覚の制度化がすすんだ」とあるが、それはどういうことか。その説明として最も適当なものを、次の①～⑤のうちから一つ選べ。

① 身体とは一線を画していた視覚が、身体感覚の中に吸収されるようになってきた、ということ。
② 身体感覚相互の優劣関係が、視覚を軸にするかたちで統御されてきた、ということ。
③ 視覚以外の身体感覚が、人為的な力によって退化を余儀なくされてきた、ということ。
④ 五感全体をつらぬく共感覚を、視覚だけが独占するようになってきた、ということ。
⑤ 視覚の特権性や優位性を、人々が自発的に享受するようになってきた、ということ。

▼高得点のカギは「時短」。勝負は「思考回路」だ！

今例題1を解いてもらいましたが、ポイントは、「答えが正解したかどうか」ではありません。センターの問2の問題なんて、本番ではほとんどの人が正解します。だから大事なことは「正答したかどうか」ではない。

ここでのポイントは、みなさんが「本文をどう読んだか」です。なぜなら、今回は元の問題の一部分をピックアップして解いてもらいましたが、**この部分の本文の読み方によって、センター評論全体で時間が足りなくなるかどうかが決まるから**です。どういうことか？

たとえば、みなさんは5行目からの「引用文」をどう読みましたか？　思いきりスピードアップして「超速」で読めたでしょうか？

え？　「問題文のはじめだし丁寧に読んだ」って？　実はそこがポイントなんです。その読み方じゃあ、いつまでたっても時間内に解き終わりません。センターの問題は、制限時間から考えれば、受験生にとっては非常に厳しい分量です。現実にはスピードがかなり重要になってくる。

「でも、答えは合っていた」って？　でもね、**高得点を目指すセンター試験では、答えが合っていても時間がなくなったら意味がないんです。**　君の失敗はそこにある。だから問2や問3はいいけれど、問5・問6ぐらいになると時間がなくなってしまうんですね。それでは結局、当日泣きを見ます。

いいですか。本文の一言一句を丁寧に解説されて、わかった気になっている受験生は多い。センターの過去問題集の分厚い解説がそれを物語っています。でもね、丁寧すぎる見方では本番で間に合わないんです。そんな当たり前のことに気づいていない人が多いんです。**今のセンターは長文です。かなり分量が多い。これに対応できる読み方をしないといけない。**　かつては小説や漢文の負担が軽かったから、そこを速く解いて時間を調節することができた。でも、今は小説も超長文です。だから評論を速く解くしかないんです。

もちろん、だからと言って「傍線部の前後だけ読め」とか「本文は読まなくていい」とか、そんな馬鹿げたことを言いたいのではありません。そうではなくて、**現代文が得意な人は「速く読める読み方＝得意な人の思考回路」を持っている。それをマスターすべきだと言いたいんです。**

▼引用は「超速」ポイント。シンプルに思考せよ！

では、なぜ引用は「超速」で読めるのでしょうか？　シンプルに考えれば答えは明白です。

筆者は「自分の意見を主張するために」評論を書きます。なのになぜ、わざわざ「他人の意見を引用」したりするのでしょうか。理由は次の2つが考えられます。

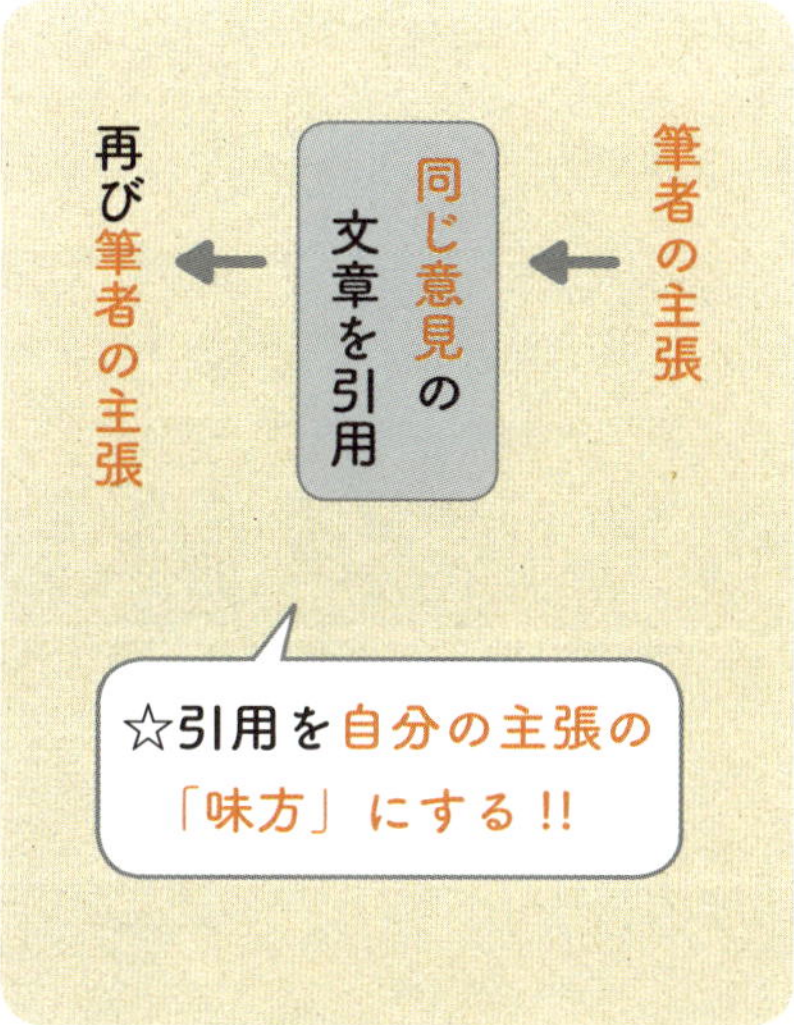
筆者の主張
同じ意見の文章を引用
再び筆者の主張
☆引用を自分の主張の「味方」にする!!

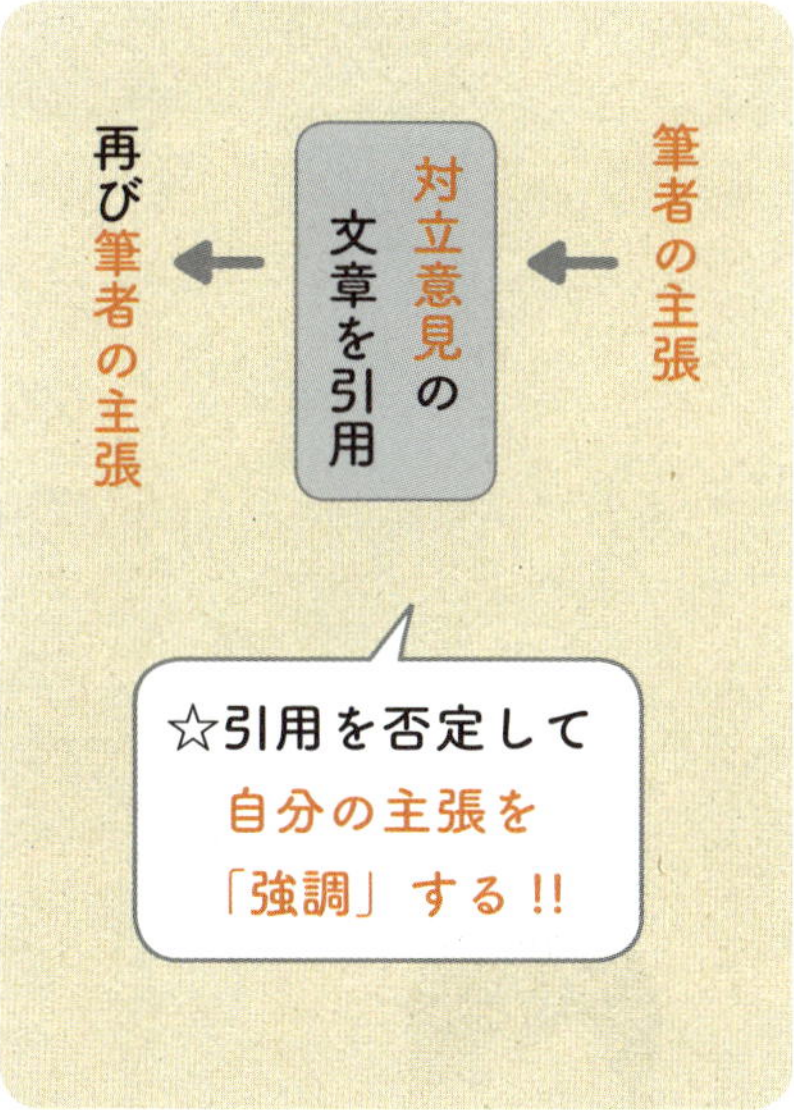
筆者の主張
対立意見の文章を引用
再び筆者の主張
☆引用を否定して自分の主張を「強調」する!!

あくまで筆者は「自分の意見を主張したい」わけです。だから**「引用」するのも「自分の意見や主張をフォローするのに使うため」（＝これを「援用」と言います）**です。

ということはです、僕らは「筆者の主張」さえ押さえられればそれでいいわけで、引用文自体を丁寧に読む必要はないということになります。

まとめておきましょう。

センターの秘訣！

「時短」の技巧①「引用」

評論文における「引用」は、あくまで筆者が「自分の主張をするため」の援用としてなされます。

ですから**「引用」と筆者の主張との関わり（＝同意見か対立意見か）さえ押さえられれば、引用文自体を丁寧に読む必要はありません。**

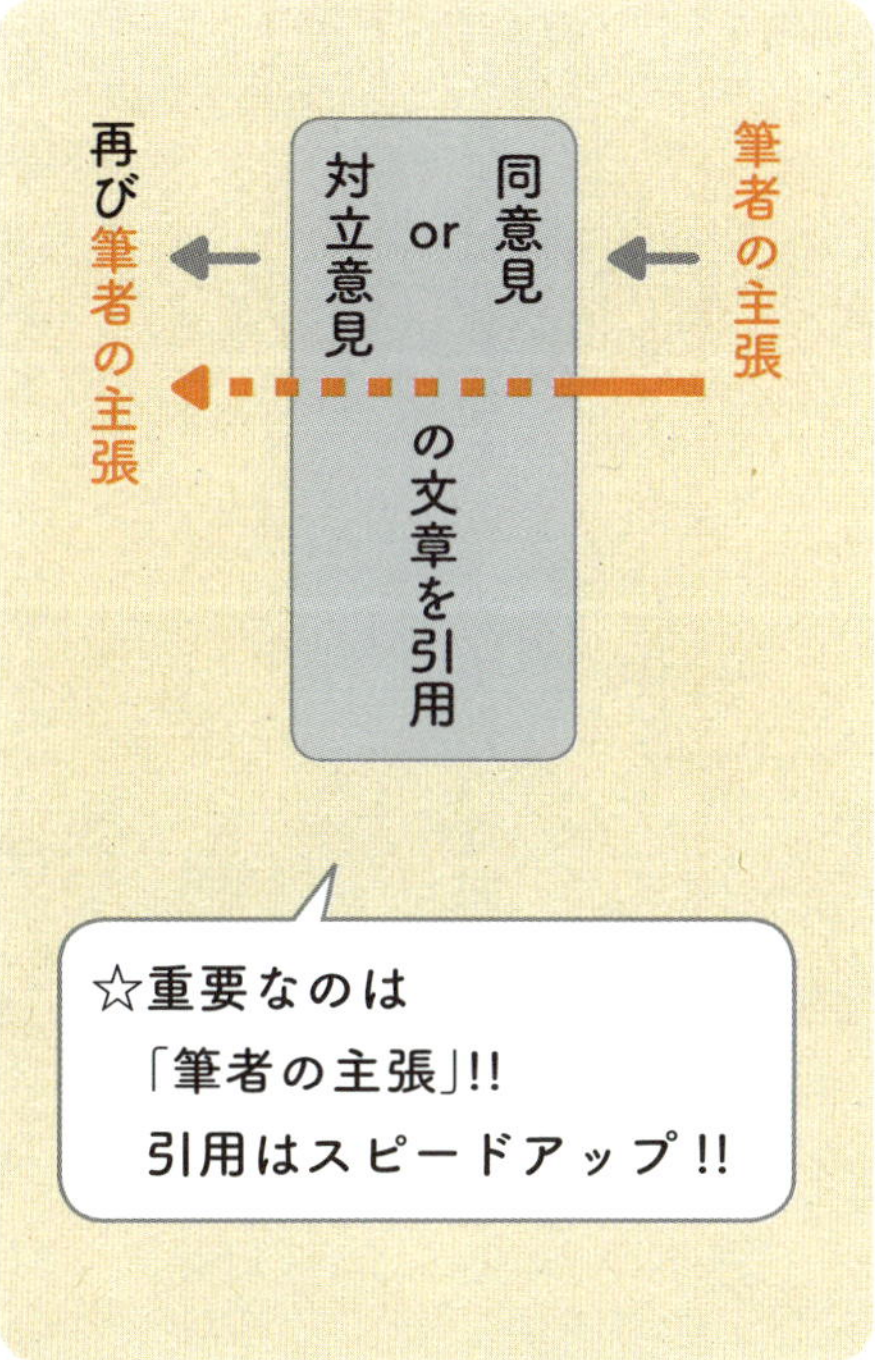
筆者の主張
同意見
or
対立意見
の文章を引用
再び筆者の主張
☆重要なのは
「筆者の主張」!!
引用はスピードアップ!!

☆「引用」は主張と「同じか対比か」さえつかんだら「超速」で速読せよ!

分析

では、これを例題1に具体的に当てはめてみましょう。

引用の直前で、筆者は「ミンコフスキーは、夜の闇を昼の『明るい空間』に対立させたうえで、その積極的な価値に注目する」と述べています。つまり、引用に入る前に、筆者が引用文の内容を教えてくれたわけです。

僕たちは読む前から引用文の内容がわかっている。だから引用を丁寧に読む必要はありません。 きっと「闇を積極的に評価」して「明るい空間をマイナス評価」するんだろうな〜と思いながら、立ち止まらずに「ざーっと」読んでいけばいいんです。

確認してみましょう。

本文分析

私たちは昼と夜をまったく別の空間として体験する。とくに夜の闇《やみ》のなかにいると、空間のなかに闇が溶けているのではなく、逆に闇そのものが空間を形成しているのではないかと思えてくる。闇と空間は一体となって私たちにはたらきかける。ミンコフスキーは、夜の闇を昼の「明るい空間」に対立させたうえで　その積極的な価値に注目する。

……夜は死せるなにものかでもない。ただそれはそれに固有の生命をもっている。夜に於《お》いても、私は梟《ふくろう》の鳴き声や仲間の呼び声を聞いたり、はるか遠くに微《かす》かな光が尾をひくのを認めたりすることがある。しかしこれらすべての印象は、明るい空間が形成するのとは全然異なった基盤の上に、繰り広げられるであろう。この基盤は、生ける自我と一種特別な関係にあり、明るい空間の場合とはまったく異なった仕方で、自我に与えられるであろう。

「闇をプラス評価」
しているだけのはず
↓
スピードアップ!!

こういうイメージで読んでいきます。ほら、引用文では「夜は死んでいるものではない」「固有の生命をもっている」と「闇」のことを褒めていますね。このくらいのことがわかればそれでいいんです。それ以上深く読み取る必要はまったくありません。つまり僕たちはここで、

闇＝プラス評価 ⇔ 明るい空間＝マイナス評価

ということが読み取れていればそれでよい、ということです。

▼「話題転換」は「速読」の重要なヒント

さて、続く本文ですが、引用の後も同じ話題が続いています。もし話題が変わるなら「話題転換の接続語」があるはずですから、**「話題転換」を示す語がないということは「同じ話題だ」と思って読んでいけばいい**わけです。つまりここも「超速」で読むことが可能です。

案の定、続く本文は「明るい空間」と「夜の闇」の対比構造になっていますよ。見ていきましょう。

問2

本文分析

明るい空間のなかでは、私たちは視覚によってものをとらえることができる。私たちとものあいだ、私たちと空間のあいだを距離がへだてている。距離は物差《ものさし》で測定できる量的なもので、この距離を媒介にして、私たちは空間と間接的な関係を結ぶ。私たちと空間のあいだを「距離」がへだてているため、空間が私たちに直接触れることはない。

一方、A闇は「明るい空間」とはまったく別の方法で私たちにはたらきかける。明るい空間のなかでは視覚が優先し、その結果、他の身体感覚が抑制される。ところが闇のなかでは、視覚にかわって、明るい空間のなかで抑制されていた身体感覚がよびさまされ、その身体感覚による空間把握が活発化する。私たちの身体は空間に直接触れ合い、空間が私たちの身体に浸透するように感じられる。空間と私たちはひとつに溶けあう。それは「物質的」で、「手触り」のあるものだ。明るい空間はよそよそしいが、暗い空間はなれなれしい。恋人たちの愛のささやきは、明るい空間よりも暗い空間のなかでこそふさわしい。

「闇」と「明るい空間」を「対比」して（⧖は「逆接」を示す論理記号です）、闇を肯定的に論じています。やっぱり話題は変わっていません。この対比が、ここでの「筆者の主張」ですから、当然ここが設問になっています。

A 闇は「明るい空間」とはまったく別の方法で私たちにはたらきかける

あとは、この対比を整理すれば設問は解けます。

ただし細かなところまで読み込む必要はありません。センター評論は「レントゲンテスト」です。つまり「肉づけは切って、本文の『ホネ』がつかめればいい」。核心がわかれば解けるようにできています。だから、設問を解くためにピックアップするのは「闇のプラス面」と「それと対比される明るい空間の特徴」部分だけです。

じゃあ、どんなふうに対比されているか、本文でポイントをチェックしてみましょう。

明るい空間のなかでは、私たちは視覚によってものをとらえることができる。私たちとものとのあいだ、私たちと空間のあいだを距離がへだてている。距離は物差《ものさし》で測定できる量的なもので、この距離を媒介にして、私たちは空間と間接的な関係を結ぶ。私たちと空間のあいだを「距離」がへだてているため、空間が私たちに直接触れることはない。

一方、A闇は「明るい空間」とはまったく別の方法で私たちにはたらきかける。明るい空間のなかでは視覚が優先し、その結果、他の身体感覚が抑制される。ところが闇のなかでは、視覚にかわって、明るい空間のなかで抑制されていた身体感覚がよびさまされ、その身体感覚による空間把握が活発化する。私たちの身体は空間に直接触れ合い、空間が私たちの身体に浸透するように感じられる。空間と私たちはひとつに溶けあう。それは「物質的」で、「手触り」のあるものだ。明るい空間はよそよそしいが、暗い空間はなれなれしい。恋人たちの愛のささやきは、明るい空間よりも暗い空間のなかでこそふさわしい。

闇のなかでは、私たちと空間はある共通の雰囲気に参与している。……

きれいにポイントが対比されていますね。

「明るい空間」の中では「視覚優先」なので「身体感覚が抑制される」。それに対して「闇」の中では「身体感覚がよびさまされる」と述べています。それから「明るい空間」では「私たちと空間のあいだに距離がある」のに対して、「闇」の中では「直接触れ合う」「ひとつに溶けあう」「共通の雰囲気に参与（参加）している」と述べています。

まとめてみましょう。

闇のなかでは

身体感覚がよびさまされ、それによる空間把握が活発化する

↓

身体は空間に直接触れ溶けあう

↓

私たちと空間はある共通の雰囲気に参与している

⇕

明るい空間

視覚中心（→身体感覚は抑制される）

私たちと空間を距離がへだてている

① 視覚的な距離によってへだてられていた私たちの身体と空間とが親密な関係になり、ある共通の雰囲気にともに参与させられる。

② 物差で測定できる量的な距離で空間を視覚化する能力が奪われ、私たちの身体全体に浸透する共感覚的な体験も抑制させられる。

→後半の「私たちの身体全体に浸透する共感覚的な体験も抑制させられる」は本文と正反対なので×。また本文は「闇」をプラス評価しているので、前半の「……能力が奪われ」という否定的表現もおかしい。

③ 距離を媒介として結ばれていた私たちの身体と空間との関係が変容し、もっぱら視覚的な効果によって私たちを包み込む深さを認識させられる。

→後半の「もっぱら視覚的な効果によって」が×。「視覚的効果」は「明るい空間」の特徴。

④ 視覚ではなく身体感覚で距離がとらえられ、その結果として、空間と間接的な関係を結ぶ私たちの感覚が活性化させられる。

→後半の「空間と間接的な関係を結ぶ」が×。「間接的な関係を結ぶ」のは「明るい空間」。

⑤ 視覚のもつ距離の感覚がいっそう鋭敏になり、私たちの身体と空間とが直接触れ合い、ひとつに溶け合うように感じさせられる。

×

↓前半の「視覚のもつ距離の感覚がいっそう鋭敏になり」が×。「視覚のもつ距離の感覚が鋭くなる」のは「明るい空間」でのこと。

以上より、解答は①に決定します。

解答 問2 ①

繰り返しますが、答えが合ったかどうかは二の次です。ここでは「速読のための思考回路」をしっかり意識して下さい。

▼センター評論の「頻出キーワード」

以上で問2の解答は導けましたが、ここからはプラスアルファの説明をして視点を拡げていきます。センター評論には**「頻出のキーワード」**があります。次の3つはその典型です。

(1) 対象化（主観⇕客観）
(2) 観念⇕感覚
(3) 相対化（絶対⇕相対）

今回の例題1では、傍線部Bの直後に「対象化」という話が出ています。

僕がこう言うと、みなさんの中には、「ふむふむ。たしかにキーワードは出てるよ。でも、今は傍線部Aの解説なのに、なんで傍線部Bの説明をするの？」と思った人がいるかもしれませんね。

もしかしたらその人は、単語集なんかで「対象化＝客観視」とだけ覚えているのかもしれませんね。だから残念なことに応用が利いていない。今のままの状態では危険です。**語句は「センターに出るように覚える」ことが鉄則です。**たとえば「対象化」は次のように覚えておくべきなんです。

センターの秘訣！

重要キーワード

▽「対象化」（＝客観視）

「対象化＝客観視」するは
「切り離して」見る
というイメージを持て!!

↓

切り離す
＝
（距離を置く
関わりを切る）
という言いかえも覚えておこう!!

普通は「対象化」というと「客観視／冷静に見る」とだけ覚えがちです。でも、その理解ではセンター評論には対応しきれない。「対象化」ときたら、まずは「切り離す」というイメージを持つこと。これが重要です。そして、同時に前ページの図のような「絵」を思い浮かべます。あくまで「**距離を置く＝自分との関わりが切れている**」からこそ「**冷静に見ることができる**」んです。こう理解しておいて下さい。

では、なぜこんなふうに理解しておくことが重要なのでしょうか。それは、問題文の読み方が変わるからです。たとえば第②段落を見て下さい。

本文分析

② 明るい空間 のなかでは、私たちは視覚によってものをとらえることができる。私たちとものとのあいだ、私たちと空間のあいだを**距離がへだてている**。距離は物差《ものさし》で測定できる量的なもので、この**距離を媒介にして**、私たちは空間と**間接的**な関係を結ぶ。私たちと空間のあいだを**距離がへだてている**ため、空間が私たちに**直接触れることはない**。

ほら、何度も「距離がへだてている」と言っているのがわかりますね。

すると、「あ、『対象化』のことだな。キーワードだから、ここが『核心』だな」とわかるわけです。これで文章の理解は進みます。「距離を置く＝客観的に見る」ということですから、空間を「主観的に見る＝イメージとか雰囲気とかで見る」んじゃなくて、「数値や量として捉えていく」ということです。だから「量的なもの」だと言っているわけですね。明るい空間だとこういう空間の捉え方になる。

次の段落も、同じように理解していけます。

本文分析

③一方、A闇は「明るい空間」とはまったく別の方法で私たちにはたらきかける。明るい空間のなかでは視覚が優先し、その結果、他の身体感覚が抑制される。ところが闇のなかでは、視覚にかわって、明るい空間のなかで抑制されていた身体感覚がよびさまされ、その身体感覚による空間把握が活発化する。私たちの身体は空間に直接触れ合い、空間が私たちの身体に浸透するように感じられる。空間と私たちはひとつに溶けあう。それは「物質的」で、「手触り」のあるものだ。明るい空間はよそよそしいが、暗い空間はなれなれしい。恋人たちの愛のささやきは、明るい空間よりも暗い空間のなかでこそふさわしい。

ほら、「直接触れ合う」「ひとつに溶けあう」と繰り返していますね。「直接＝距離がない」ということですから「主観的」です。闇の中では「空間を感覚的に捉える」。だから「身体感覚」とか「手触り」で捉えると言っているわけです。意味がよく理解できます。

「闇」が「空間に直接触れる」と言われてもちょっとわかりにくい。でも、今やったように「空間を主観的に捉える」と置き換えられれば意味が「すっと」わかります。「ここは暗いな。ちょっと怖い感じだな…」とか「何だか神聖な感じを受けるな」というように捉えるということです。第④段落の末尾の「深さ＝気配に満ち、神秘性を帯びている」などはまさにそのことを言っていたわけです。こんなふうに一つの語句をきちんと理解することで読解は飛躍的に深まります。だからこそ、問2の選択肢も「距離」や「間接／直接」などを焦点にして切れるようにできていたんです。キーワードですから、そこが「核心」なんです。もう一度選択肢を確認しておいて下さいね。

問3

では、続きを見ていきましょう。

次の第⑥段落も段落頭に「話題転換を示す接続語」がありませんから、「話の大筋は変わらないはずだな」と予想できます。

本文分析

⑥ 近代の空間が失ってきたのは、実は深さの次元である。近代建築がめざしてきたのは明るい空間の実現であった。ピロティ、連続窓、ガラスの壁、陸屋根は、近代建築が明るい空間を実現するために開発した装置である。人工照明の発達がそれに拍車をかける。明るい空間が実現するにつれ、B視覚を中心にした身体感覚の制度化がすすんだ。視覚はものと空間を対象化する。空間は測定可能な量に還元され、空間を支配するのは距離であり、ひろがりであると考えられるようになった。それと同時に、たがいに異なる意味や価値を帯びた「場所性」が空間から排除され、空間のあらゆる場所は人工的に均質化されることになった。こうして、場所における違いをもたないユークリッド的な均質空間ができあがる。

⑦ 深さは、空間的には水平方向における深さをあらわしている。幅に対する奥行《おくゆき》である。
しかし、均質化された近代の空間にはこの奥行が存在しない。なぜなら、均質空間はどの場所も無性格で取り換え可能だから、奥行は横から見られた幅であり、奥行と幅は相対化された距離に還元されてしまうからだ。均質空間では、幅も奥行も「距離」という次元に置き換えられる。したがって、そこにあるのは空間のひろがりだけであり、深さがない。

同じ対比構造で進んでいるだけのはず!!
↓
スピードアップしてポイントだけつかめ!!

冒頭で「近代の空間」は「深さの次元」を失ったと述べていますから、やはり第⑤段落までと同じ対比構造です。ということは「話の大きな流れ」は変わらないんですから、ポイントだけつかみながらスピードアップしていきます。
視覚中心の近代が空間を対象化し量に還元した結果、空間が持っていた「場所性」「奥行」が失われたと述べていますね。

そういう近代の空間は「均質」で「無性格」だと述べています。つまり、近代は空間を「4メートル×8メートル」というふうに「単に数値に置き換えて考える」ので、空間に性格はない。横に5メートル行くのと縦に5メートル行くのに違いはない、ということです。

これに対して「深さ」「奥行」では、空間は「場所性＝互いに異なる意味や価値を帯びている」と述べています。空間を「感覚的に」捉える。そりゃあ、好きな女の子の家に遊びに行った時に、3メートル「奥」に入れてもらうのと、横に3メートル行くのでは訳が違います。空間には意味があるんです。

▼傍線部を「分析」して解く

さて、これで大きく論点はつかめましたから、設問に解答していきます。

詳しい「解法」は第2章でまとめますが、**「傍線部説明問題」は「傍線部自体」を分析することからスタートします。**すぐに傍線部の前後を見る人が多いのですが、「傍線部の説明」なんだから、まずは「傍線部自体」をしっかり見るんです。

「分析する＝部分に分けて考える」ということですから、まずは傍線部を「部分に分けて」考えていきます。

B 視覚を中心にした身体感覚の制度化がすすんだ

←

視覚を中心にして／身体感覚を（S）／制度化する（V）、ことがすすんだ

こう考えられます。さて、分解してみてどうですか？

多くの人は「制度化」という言葉が「?」なのではないでしょうか？

この「制度化」という言葉の意味をいいかげんにしたまんまで「傍線部の前後」を見て解こうとする受験生が実に多いんです。この問3ができないっていう人は多いのですが、僕の経験的に見て、できないって言う人のほとんどはそういう解き方になってしまっています。**傍線部自体の意味を考えていないんです。**

前後を見て「書いてあるか or 書いてないか」を「照らし合わせる」のは「視力検査」です。センターはそうじゃなくて「読んでくれ」と言っている。「考えてくれ」って言ってるんです。だから傍線部の意味を考えないで前後を見て解くとひっかかるように問題が作られている。よくできた問題です。

とはいえ、難しいことではありませんから安心して下さい。また「わからない言葉は辞書を引こう」なんて言うわけでもありません。みなさんが高校1年ならそれでいい。コツコツ覚えていけばいいからです。でもね、受験生が今からわからない言葉を全部辞書で引いているようでは、まじめだけれど入試までには間に合わないんです。

そうではなくて、僕が言いたいのは、**「ちょっと考えろ」**ということなんです。

「制度化」という言葉を考えてみましょう。

「制度」っていうのは「きまり」とか「ルール」のことですよね。「社会的なルール」というような意味です。

次に「○○化」というのは「○○になる」ということですね。「近代化」と言えば「近代的になる」っていうことですから、これも理解できる。

ということは、

「制度化＝ルールをつくるようになった」

というぐらいの意味です。難しくないですよね。ちょっと考えるだけでいい。

すると傍線部の「視覚を中心にした身体感覚の制度化が進んだ」は、

視覚を中心にして／身体感覚の／ルールをつくるようになった

というふうに理解できればいい。そして、こういう説明をしている選択肢を探せばいいんです。

すると、こう説明している選択肢は②しかありません。

B〈視覚を中心にして〉／〈身体感覚の〉／〔ルールをつくった〕

②〈身体感覚相互の優劣関係が、〉〈視覚を軸にするかたちで〉〔統御されてきた〕、ということ。

傍線部と選択肢の各部分がばっちり対応していますね。これが正解です。他の選択肢も見ておきましょう。

① 身体とは一線を画していた視覚が、身体感覚の中に吸収されるようになってきた、ということ。

×

→「視覚が身体感覚を制度化する」という説明なのに、「視覚が身体感覚に吸収されてしまう」という逆の説明になっている。

③ 視覚以外の身体感覚が、人為的な力によって退化を余儀なくされてきた、ということ。

×

→「身体感覚」が「退化」が×。「制度化された」のであって「退化」したのではない。

④ 五感全体をつらぬく共感覚を、視覚だけが独占するようになってきた、ということ。

×

→「独占」では「制度化」の説明になっていない。

⑤ 視覚の特権性や優位性を、人々が自発的に享受するようになってきた、ということ。

×

→「制度化」の説明になっていない。また「制度」は「自発的に享受する」ものでもない。

念のためひとつひとつの選択肢について×のポイントを説明しましたが、**一言でいえば「どれも『制度化』の説明になっていない」んですね。その時点で×です。**

「傍線部の説明」なんですから、傍線部の説明になっていなければ×なんです。問題を見ると、すぐに「前後を見る→本文に書いてあるかいいですか。本文に「書いてあるかどうか」じゃないんです。いかをチェックする」という間違った習慣がついてしまっている人は要注意ですよ。

これからは「ちょっと考える習慣」をつけていって下さい！

解答 問3 ②

次は「時短」ポイントの2つ目です。まずは例題2を解いてみて下さい。

例題 2

目標解答時間 6分

問 次の文章を読んで、後の問いに答えよ。

(注1)信家《のぶいえ》作と言われる或《あ》る鐔(注2)に、こんな文句が彫られている。「あら楽《らく》や人をも人と思はねば我をも人は人とおもはぬ」。X現代人が、言葉だけを辿《たど》って、思わせぶりな文句だとか、拙劣な歌だとか、と言ってみても意味がないのである。これは文句ではない。鉄鐔の表情なので、眺めていれば、鍛えた人の顔も、使った人の顔も見えて来る。観念は消えて了うのだ。感じられて来るものは、まるで、それは、荒地に芽を出した植物が、やがて一見妙な花をつけ、実を結んだ、その花や実の尤《もっと》もな心根のようなものである。

鐔好きの間で、古いところでは信家、金家《かねいえ》と相場が決《きま》っている。相場が決っているという事は、何んとなく面白くない事で、私も、初めは、鐔は信家、金家が気に食わなかったが、だんだん見て行くうちに、どうも致し方がないと思うようになった。花は桜に限らないという批評の力は、花は桜という平凡な文句に容易に敵し難いようなものであろうか。信家、金家については、はっきりした事は何も解《わか》っていないようだ。銘の切り方から、信家、金家には何代かが、何人かがあったと考えられるから、室町末期頃《ごろ》、先ず甲府で信家風の鐔が作られ、伏見《ふしみ》で金家風の鐔が作られ始めたというくらいの事しか言えないらしい。それに夥《おびただ》しい贋物《にせもの》が交《まじ》って市場を流通するから、厄介と言えば厄介な事だが、まあ私などは、好き嫌いを言っていれば、それで済む世界にいるのだから、手元にあるもの(注3)を写して貰《もら》った。

(注4)井戸茶碗《いどぢゃわん》の身元は不詳だが、茶碗は井戸という言葉はある。同じ意味合いで、信家のこれはと思うものは、鐔は信家といい度《た》げな顔をしている。井戸もそうだが、信家も、これほど何でもないものが何故、こんなに人を惹《ひ》きつけるか、と質問して止まないようである。それは、確定した形というより、むしろ轆轤《ろくろ》や槌《つち》や鑿《のみ》の運動の節奏(注5)のようなものだ。信家は、武田信玄の鐔師で、信という字は信玄から貰った、と言われている。多分、伝説だろう。Yだが、事実ではあるまいと言ったところで面白くもない事だ。伝説は、何時《いつ》頃生《うま》れたのだろう。「甲陽軍鑑《こうようぐんかん》」(注6)の大流行につられて生れたのかも知れない。「甲陽軍鑑」を偽書と断じたところで、幾つでも偽書が現れるほど、武田信玄や高坂弾正《こうさかだんじょう》(注7)の思い出という本物は、生き生きとして、当時の人々の心に在った事を想《おも》えば、別段面白くもない話である。何時の間にか伝説を生み出していた鐔の魅力と伝説であって事実ではないという実証とは、何んの関係もない。こんな解り切った事に、歴史家は、案外迂闊《うかつ》なものなのだ。魅力に共感する私達の沈黙とは、発言の期を待っている伝説に外《ほか》なるまい。

信家の鐔にぶら下《さが》っているのは、瓢箪《ひょうたん》で、金家の方の図柄は(注8)「野晒《のざら》し」で、大変異《こと》なったもののようだが、両方に共通した何か一種明るい感じがあるのが面白い。髑髏《どくろ》は鉢巻をした蛸鮹《たこ》のようで、「あら楽や」と歌っても、別段構わぬような風がある。

この時代の鐔の模様には、されこうべの他に五輪塔《ごりんとう》(注9)やら経文《きょうもん》やらが多く見られるが、これを仏教思想の影響というような簡単な言葉で片附けてみても、Bどうも知識の遊戯に過ぎまいという不安を覚える。戦国武士達には、仏教は高い宗教思想でもなければ、難《むず》かしい形而上学《けいじじょうがく》(注10)でもなかったであろう。仏教は葬式の為《ため》にあるもの、と思っている今日の私達には、彼等の日常生活に糧《かて》を与えていた仏教など考え難い。又、考えている限り、空漠《くうばく》たる問題だろう。だが、彼等の日用品にほどこされた、仏教的主題を持った装飾の姿を見ていると、私達は、何時の間にか、そういう彼等の感受性のなかに居るのである。

　何時だったか、(注11)田辺尚雄《たなべひさお》氏に会って、(注12)平家琵琶《へいけびわ》の話になった時、平家琵琶ではないが、一つ非常に古い琵琶を聞かせてあげよう、と言われた。今でも、九州の或る処には、説教琵琶というものが遺《のこ》っているそうで、地鎮の祭などで、琵琶を弾じながら、経文を誦《じゅ》する、それを、氏の音楽講座で、何日何時に放送するから、聞きなさい、と言われた。私は、伊豆《いず》の或る宿屋で、夜、ひとり、放送を聞いた。琵琶は数分で終《おわ》って了ったが、非常な感動を受けた。文句は解らないが、経文の単調な(注13)バスの主調に、絶えず琵琶の伴奏が鳴っているのだが、それは、勇壮と言ってもいいほど、男らしく明るく気持ちのよいものであった。これなら解る、と私は感じた。こういう音楽に乗って仏教思想は、学問などに用はない戦国の一般武士達の間に滲透《しんとう》したに違いない、と感じた。仏教を宗教だとか思想だとか呼んでいたのでは、容易に解って来ないものがある。室町期は(注14)時宗《じしゅう》の最盛期であった。不明なところが多すぎるが、時宗は民衆の芸能と深い関係があった。乱世が来て、庶民的な宗教集団は、庶民とともに最も早く離散せざるを得なかったであろうが、沢山の(注15)遊行《ゆぎょう》僧は、従軍僧として戦場に入り込んでいたであろう。彼等は戦うものの最期を見届け、これをその生国の人々に伝え、お札などを売りつけて、生計を立てていたかも知れない。そういう時に、あのような琵琶の音がしたかも知れない。金家の「野晒し」にも、そんな音が聞《きこ》えるようである。

（小林秀雄《こばやしひでお》「鐔」による）

（注）

1 信家——桃山時代の代表的な鐔工。金家も同じ。

2 鐔《つば》——日本刀で、柄《つか》と刀身の間にはさむ装具（左下の図を参照）。

3 写して貰った——この文章にはもともと写真が添えられていた。ただし、ここでは省略した。

4 井戸茶碗——朝鮮半島産の茶碗の一種。

5 節奏——リズム。

6 甲陽軍鑑——武田信玄・勝頼《かつより》二代の事績、軍法などを記した、江戸時代初期の書物。

7 高坂弾正——高坂昌信《まさのぶ》（一五二七〜一五七八）。武田家の家臣。「甲陽軍鑑」の元となった文書を遺したとされる。

8 野晒し——風雨にさらされた白骨。特に、されこうべ（頭骨）。

9 五輪塔——方・円・三角・半月・団の五つの形から成る塔。平安中期頃から供養《くよう》塔・墓塔として用いた。

10 形而上学——物事の本質や存在の根本原理を探求する学問。

11 田辺尚雄——東洋音楽を研究した音楽学者（一八八三〜一九八四）。

12 平家琵琶——「平家物語」を語るのに合わせて演奏する琵琶の音曲。

13 バス——低音の男声。

14 時宗——浄土教の一派。一遍《いっぺん》（一二三九〜一二八九）を開祖とする。

15 遊行僧——諸国を旅して修行・教化した僧。

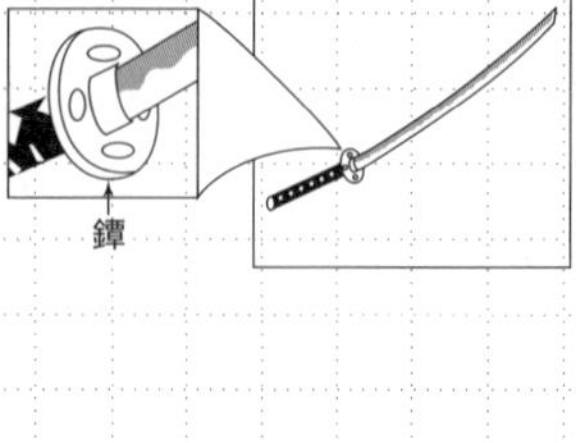

問3 傍線部B「どうも知識の遊戯に過ぎまいという不安を覚える」とあるが、そこには筆者のどのような考えがあるか。最も適当なものを、次の①～⑤のうちから一つ選べ。

① 仏教を戦国武士達の日常生活の糧となっていた思想と見なすのは軽率というほかなく、彼等と仏教との関係を現代人が正しく理解するには、説教琵琶のような、当時滲透していた芸能に携わるのが最も良い手段であるという考え。

② この時代の鐔にほどこされた五輪塔や経文の意匠は、戦国武士達にとっての仏教が、ふだん現代人の感じているような暗く堅苦しいものではなく、むしろ知的な遊びに富むものであることを示すのではないかという考え。

③ 戦国武士達に仏教がどのように滲透していたかを正しく理解するには、文献から仏教思想を学ぶことに加えて、例えば説教琵琶を分析して当時の人々の感性を明らかにするような方法を重視すべきだという考え。

④ この時代の鐔の文様に五輪塔や経文が多く用いられているからといって、鐔工や戦国武士達が仏教思想を理解していたとするのは、例えば仏教を葬式のためにあると決めつけるのと同じくらい浅はかな見方ではないかという考え。

⑤ 戦国武士達の日用品と仏教との関係を現代人がとらえるには、それを観念的に理解するのではなく、説教琵琶のような、当時の生活を反映した文化にじかに触れることで、その頃の人々の心を実感することが必要だという考え。

問6 この文章の表現と構成について、次の(i)・(ii)の問いに答えよ。

※(ii)は省略しています

(i) 波線部X「現代人が、言葉だけを辿って、思わせぶりな文句だとか、拙劣な歌だとか、と言ってみても意味がないのである。」と、波線部Y「だが、事実ではあるまいと言ったところで面白くもない事だ。」とに共通する表現上の特徴について最も適当なものを、次の①〜④のうちから一つ選べ。

① 「言葉だけ」の「だけ」や「面白くも」の「も」のように、限定や強調の助詞により、問題点が何かを明確にして論じようとするところに表現上の特徴がある。

② 「と言ってみても」や「と言ったところで」のように、議論しても仕方がないと、はぐらかしたうえで、自説を展開しようとするところに表現上の特徴がある。

③ 「意味がない」や「面白くもない」のように、一般的にありがちな見方を最初に打ち消してから、書き手独自の主張を推し進めるところに表現上の特徴がある。

④ 「思わせぶりな」や「拙劣な」、「事実ではあるまい」のように、消極的な評価表現によって、読み手に不安を抱かせようとするところに表現上の特徴がある。

▼「先を読む眼」を持つ

この問題も「どこに目を付けて」「どう読んだか」がポイントです。

ここで質問。みなさんには、問題を解く時に「段落番号を振る」習慣がありますか？

「え､別に振らなくたっていいじゃん」とか「そんな時間もったいないよ」という人。残念ながら何もわかってない。そりゃあ読解が速くならないわけです。

実はね、君たちの想像以上に、**段落番号を振る習慣がない人は損をしているんです。**

たとえば今回の問題に段落番号を振ってみて下さい。全部で⑥段落。前から①、②……⑥と振っていくわけですが、さて再び質問。何か気がつきましたか？

「え、何言ってんの？」って言う人がほとんどでしょうね。特に今まで段落番号を振る習慣がなかった人はそうでしょう。

一体何がわかるのか。実はこの文章、**どの段落にも、段落頭に「話題転換の接続語」がない**んです。ということは、「話題転換がない」んだから、**これだけの分量で実は「一つの話しかしていない」**ということです。

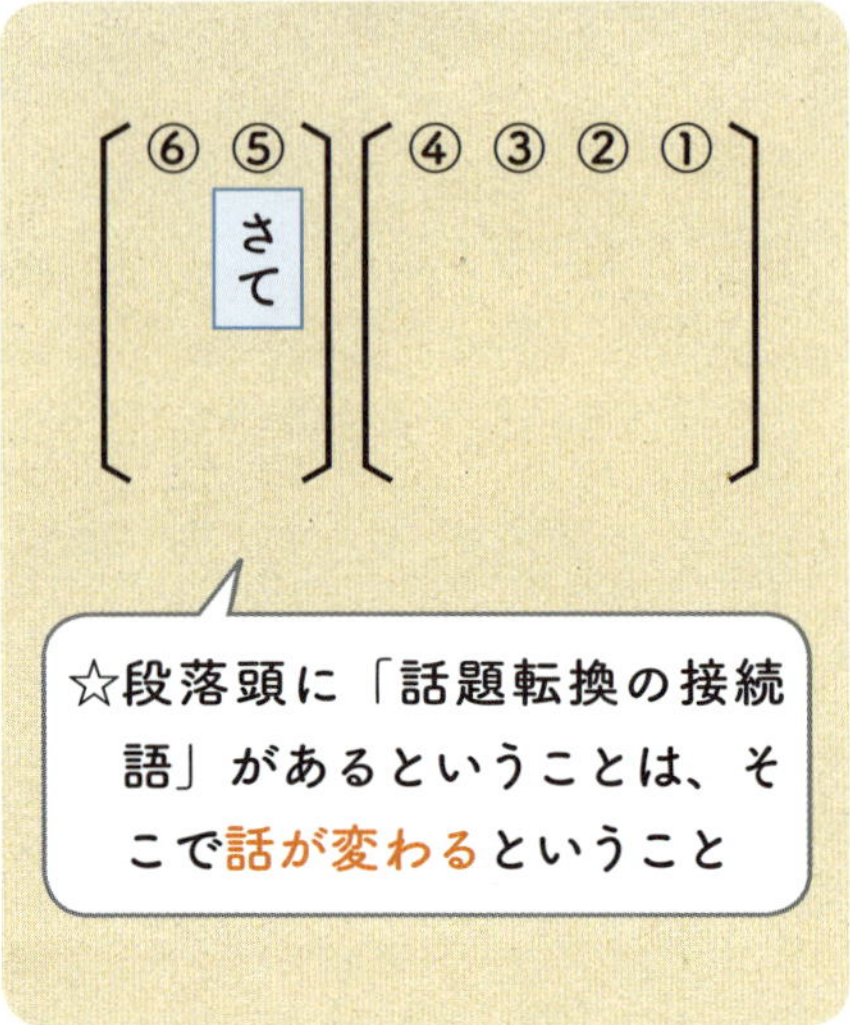
⑥ ⑤ ④ ③ ② ①
さて
☆段落頭に「話題転換の接続語」があるということは、そこで話が変わるということ

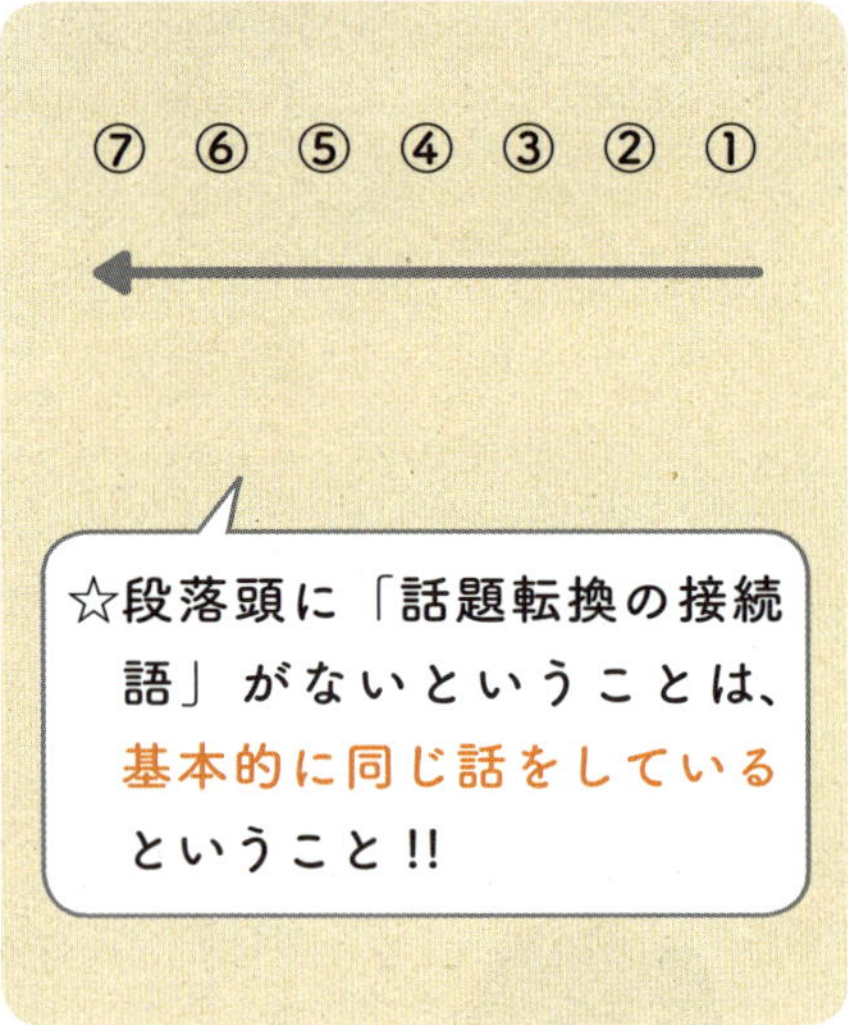
⑦ ⑥ ⑤ ④ ③ ② ①
☆段落頭に「話題転換の接続語」がないということは、基本的に同じ話をしているということ!!

これ、言われてみれば「当たり前」のことですよね。でも多くの受験生はやっていない。ところが得意な人は当然のようにやっている人が多いんです。勉強にせよスポーツにせよ、得意な人は「要領がいい」。「知恵」が働くんですね。

もちろん「話題転換の接続語」がなくても話が変わる時はあります。でもね、例外があってもいいんです。その時はそこで「方向転換」すればいいだけです。**こうやって「見当をつける」ことが大事なんです。だってね、それだけでずいぶん「要領がよくなる」。**時間が限られたテストなんだから、こういう「全体像を見渡す眼」を持つことが必要なんです。

こんなふうに、文章を上から見下ろして全体像を眺める視点のことを「俯瞰《ふかん》（鳥瞰《ちょうかん》）視点」と言います。今回の「時短」の技巧はこれです。まとめておきましょう。

センターの秘訣！

「時短」の技巧② 「俯瞰《ふかん》視点」

解答前に「段落番号」を振ることで、**「段落頭の接続語」から本文の展開を予測することができます。**

〔①②③④〕〔⑤さて ⑥⑦〕

☆段落頭に「話題転換の接続語」があるということは、そこで**話が変わる**ということ!!

〔①第一に ②〕〔③第二に ④〕〔⑤第三に ⑥〕

☆段落頭に「列挙の接続語」があるということは、**いくつかの話のカタマリがある**ということ!!

①②③④

⑤このように⑥⑦

☆段落頭に「括進法（＝文脈をまとめるしるし）」があるということは、そこで**話がまとまる**ということ!!

先に挙げた例のように、「段落頭の接続語」からはさまざまな形で俯瞰視点を得ることができます。

☆「段落番号」を振ることで「俯瞰視点」を持て！

▼「傍線部の前後」だけではダメ！

では、これを例題2に応用してみましょう。

まず、解く前に段落番号を振ります。先にも述べたように「話題転換がないな。ということは、一つの話題を繰り返しているだけだな」と全体を「俯瞰」します。

それとともに**傍線部の位置も確認しておきます。**

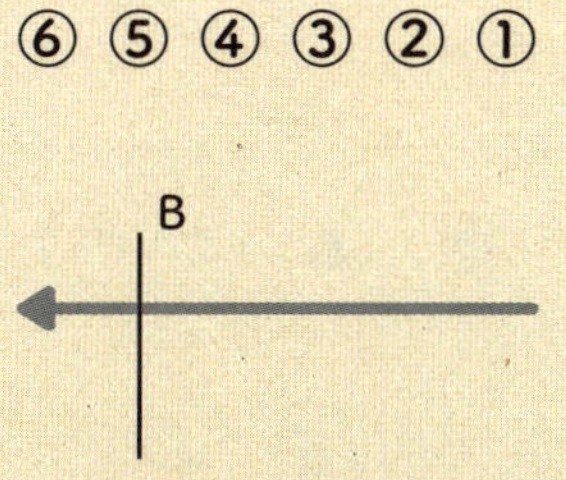

☆同じ話題の流れの中に傍線部がある
↓
同じ話が何度も繰り返されている!!
↓
問題を解くには、傍線部の周りだけ見ていてもダメだということ!!

受験生はどうしても「答えのポイントは傍線部の付近にある」と思っている。でも、今示したように「同じ話題が続いている」んだから、ポイントは広く散らばっているわけです。当然、傍線部の付近だけ見ていると、間違いの選択肢にひっかかってしまいます。

もちろん部分で解ける問題もありますよ。でも、そんなのはごく一部に過ぎない。だから高得点を取ろうと思ったら、部分で解こうとしていてはダメです。

▼「傍線部付加の位置」

傍線部が「同じ話題のカタマリの後置」の場合はまだいい。傍線部まで読んだ時点でポイントは揃っているからです。ところが「前置」の場合、部分で解こうとしていると特にひっかかってしまいます。続く文脈のポイントを押さえる前に、傍線部の付近で問題を解いてしまうんですね。だからひっかかる。

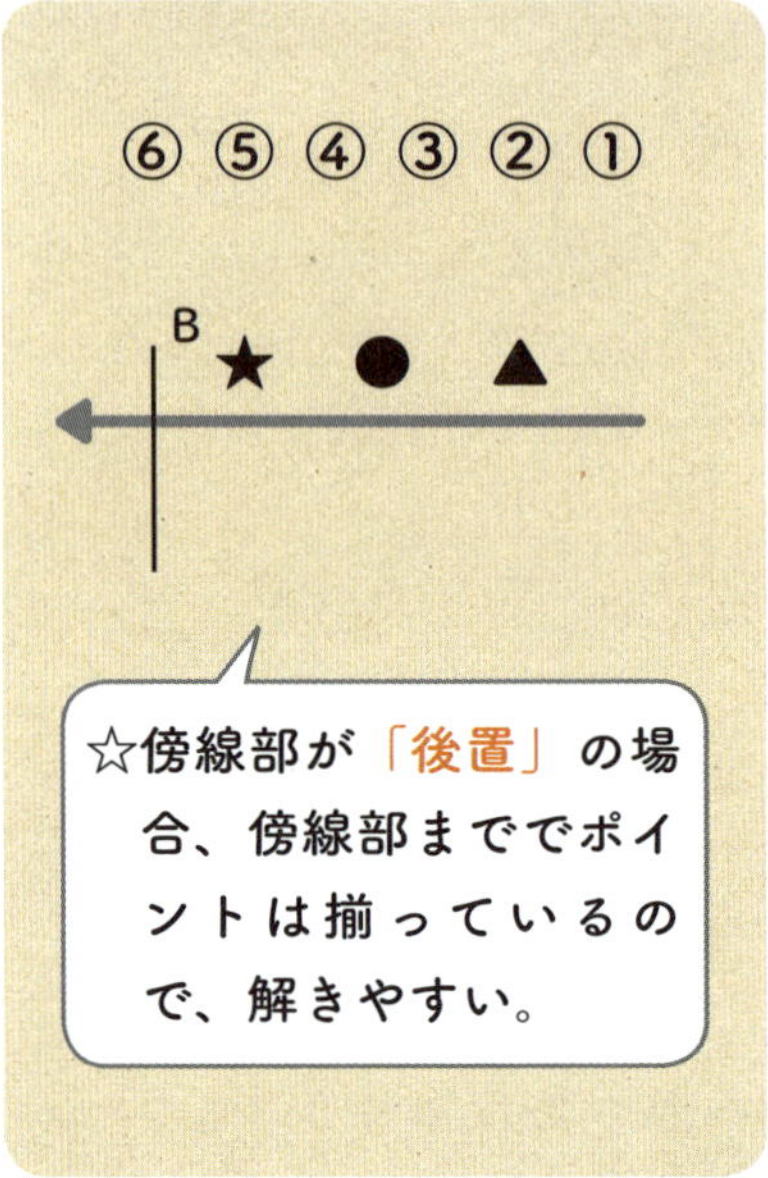
⑥ ⑤ ④ ③ ② ①
B
☆傍線部が「後置」の場合、傍線部まででポイントは揃っているので、解きやすい。

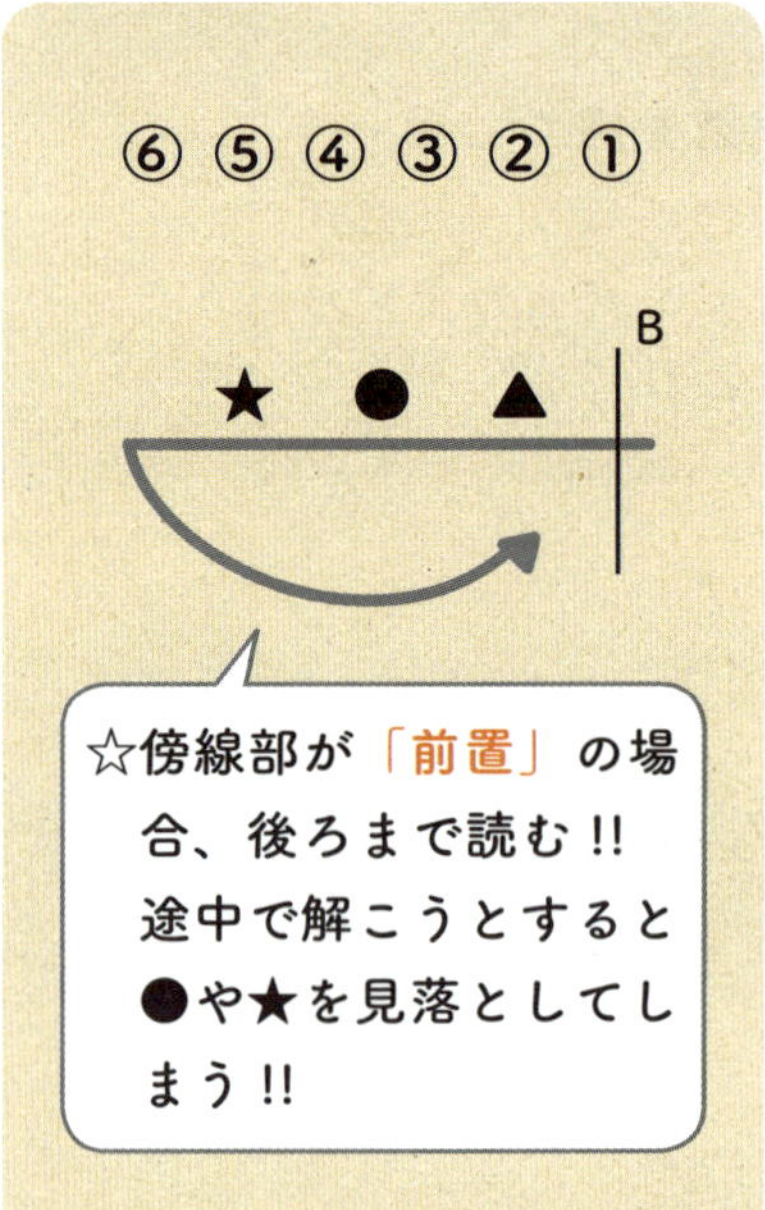
⑥ ⑤ ④ ③ ② ①
B
☆傍線部が「前置」の場合、後ろまで読む!! 途中で解こうとすると●や★を見落としてしまう!!

段落番号を振った時に、このあたりのことも確認しておくことが「要領よく解く」ための秘訣です。

分析

では、具体的に問題文を見ていきましょう。

先に見たように、本文は「同じ話題の繰り返し」なんだから、「核心部分」さえつかんでしまえば、あとはかなりスピードアップできます。

では、どこが核心なのか。ここはさすがにセンターです。問おうとしていることにはっきり「目印」がある。詳しくは第2章で改めて講義しますが、この例題2の「目印」は「構造」と「重要キーワード」です。

> ▽構造より→「**通念**」と「**筆者の主張**」の対比↕に注目！
> ▽重要キーワードより→「観念⇕感覚」に注目！

センター評論では**「通念（一般論）と筆者の主張の対比」の文章**が頻出です。**「一般にはAと考えられている。しかし私はBだと考えるのだ」**という論理展開の文章ですね。

それから40ページでも述べましたが、**「観念⇕感覚」はセンター評論の重要キーワード**です。

センターの秘訣!

重要キーワード

▽「観念⇔感覚」

観念…頭の中のイメージ

感覚…直接身体で（感じる／経験する）

では、これらのポイントを意識しながら実際の問題を見ていきましょう。

まず、段落番号を振ったことで「傍線部が後半にある」ということはわかっていますね。だから「第①〜⑥段落で一つの話題のカタマリだ」と思いながら読んでいきます（センター評論の波線部は、問6の「表現問題」のためのもので、読解問題のためのものではないので、内容把握としてはスルーしてしまって下さい）。

次に、第①段落から読んでいきますが、**読解は「はじめが肝心」**。最初の段落で「これから読んでいく文章の話題をつかむぞ！」と思いながら、少し丁寧に読んでいきます。

本文分析

①信家《のぶいえ》作と言われる或《あ》る鐔に、こんな文句が彫られている。「あら楽《らく》や人をも人と思はねば我をも人は人とおもはぬ」。X **現代人**が、**言葉だけを辿って**、思わせぶりな文句だとか、拙劣な歌だとか、と言ってみても意味がないのである。これは文句ではない。鉄鐔の表情なので、眺めていれば、鍛えた人の顔も、使った人の顔も見えて来る。**観念**は消えて了うのだ。**感じられて来るものは**、まるで、それは、荒地に芽を出した植物が、やがて一見妙な花をつけ、実を結んだ、その花や実の尤《もっと》もな**心根のようなもの**である。

信家の作と言われる鐔に彫られている「文句」について、「現代人」は「思わせぶりな文句だ」とか「拙い、つまんないものだ」とか感想を言っている。「筆者」はそれを否定しています。

ということは、この文章は**「通念と筆者の主張の対比」**の構造ですね。今回もセンター評論の典型的なパターンです。

つまんねー文句だなー
(現代人)
そーじゃねーだろ!
(筆者)

続いて筆者は、現代人は「鐔の言葉だけを辿って＝観念で捉えて」つまんないものだと言っているだけだ。そうではなくて、鐔の表情を見れば「心根のようなもの」が「感じられて来る」んだ、と述べています。

ほら、気づきましたか？　**「観念⇕感覚」**の対比がはっきりポイントになっています。まさに「センター評論のパターン通り」の出題ですよ。要するに、筆者は「鐔の文句を頭で理解してごちゃごちゃ言ってないで、見て感じてみろよ」と言っているわけです。

まとめておきましょう。

信家作と言われる鐔「あら楽や…」

現代人の見方 ← **言葉だけを辿って論じる**

⇕

筆者 ← **意味がない！　感じれば観念なんて消えてしまうんだ**

これで「話題の核心」がわかりました。**一度「核心」をつかんでしまったら、あとは「話題転換」があるまでは「同じ話題の繰り返し」です。ざっくり大きく読んでいけば大丈夫です。**この文章は「随筆／随想」的な文章ですから、寄り道をしたり具体例を挙げたりはしますが、結局「話題の核心」に帰ってきます。センターはそういう、ポイントのはっきりした文章を出すんです。

では「同じ話題の繰り返しだ！」と思いながら、続きを読んでいきましょう。

本文分析

②鐔好きの間で、古いところでは信家、金家《かねいえ》と相場が決《きま》っているという事は、何んとなく面白くない事で、私も、初めは、鐔は信家、金家が気に食わなかったが、だんだん見て行くうちに、どうも致し方がないと思うようになった。花は桜に限らないという批評の力は、花は桜という平凡な文句に容易に敵し難いようなものであろうか。信家、金家については、はっきりした事は何も解《わか》っていないようだ。銘の切り方から、信家、金家には何代かが、何人かがあったと考えられるから、室町末期頃《ごろ》、先ず甲府で信家風の鐔が作られ、伏見《ふしみ》で金家風の鐔が作られ始めたというくらいの事しか言えないらしい。それに夥《おびただ》しい贋物《にせもの》が交《まじ》って市場を流通するから、厄介と言えば厄介な事だが、まあ私などは、好き嫌いを言っていれば、それで済む世界にいるのだから、手元にあるものを写して貰《もら》った。

③井戸茶碗《いどぢゃわん》の身元は不詳だが、茶碗は井戸という言葉はある。同じ意味合いで、信家のこれはと思うものは、鐔は信家といい度《た》げな顔をしている。井戸もそうだが、信家も、これほど何でもないものが何故、こんなに人を惹《ひ》きつけるか、と質問して止まないようである。それは、確定した形というより、むしろ轆轤《ろくろ》や槌《つち》や鑿《のみ》の運動の節奏のようなものだ。信家は、武田信玄の鐔師で、信という字は信玄から貰った、と言われている。多分、伝説だろう。Yだが、事実ではあるまいと言ったところで面白くもない事だ。伝説は、何時《いつ》頃生《うま》れたのだろう。「甲

「寄り道」部分はスピードアップ！
━ ⟷ ━が
出てくるまで
ざーっと
読んでOK!!

> 陽軍鑑」の大流行につられて生れたのかも知れない。「甲陽軍鑑」を偽書と断じたところで、幾つでも偽書が現れるほど、武田信玄や高坂弾正《こうさかだんじょう》の思い出という本物は、生き生きとして、当時の人々の心に在った事を想《おも》えば、別段面白くもない話である。何時の間にか伝説を生み出していた鐔の魅力と伝説であって事実ではないという実証とは、何んの関係もない。こんな解り切った事に、歴史家は、案外迂闊《うかつ》なものなのだ。魅力に共感する私達の沈黙とは、発言の期を待っている伝説に外《ほか》なるまい。

案の定、はじめは寄り道です。第②段落では、鐔好きの間では信家、金家って相場が決まってるんだよというような話をしています。そのあと第③段落では話題が茶碗の話に寄り道したと思ったら、信家の「信」という字は武田信玄の「信」の字をもらった、というような話になります。

この第③段落のY〰〰〰の部分で、「核心の話題」に戻ったことに気づきましたか？信家の「信」という字は武田信玄の「信」の字をもらったと言われている。筆者もそれはたぶん誰かが作った「伝説」だろうと思っている。でも歴史家がそれを「事実ではない」と断ずることは「面白くない」と言っています。**「通念と筆者の主張の対比」**です。

さらに続きも同じ構造になっています。歴史家は「甲陽軍鑑」を「偽書と断ずる」けれど、そんな「実証」と「鐔の魅力」は何の関係もない。人々がいくつも偽書を生み出し、伝説を生み出すくらい信家の鐔は生き生きと魅力的だった、ということを見るべきだ、と述べています。ということは「実証＝頭で考える」と「人々の心に生き生きとあったもの」の対比ですから、やはり**「観念」**で考えるのではなくて「感覚」で捉えるべきだということです。

こんなふうに「話題の核心」を押さえつつ「寄り道」はざっと流していく。これが「得意な人」の長文の読み方です。続きも同様に「超速」で見ていきます。

本文分析

④信家の鐔にぶら下《さが》っているのは、瓢箪《ひょうたん》で、金家の方の図柄は「野晒《のざら》し」で、大変異《ことな》ったもののようだが、両方に共通した何か一種明るい感じがあるのが面白い。髑髏《どくろ》は鉢巻をした蛸《た》鮹《こ》のようで、「あら楽や」と歌っても、別段構わぬような風がある。

⑤この時代の鐔の模様には、されこうべの他に五輪塔《ごりんとう》やら経文《きょうもん》やらが多く見られるが、これを仏教思想の影響というような簡単な言葉で片附けてみても、Bどうも知識の遊戯に過ぎまいという不安を覚える。戦国武士達には、仏教は高い宗教思想でもなければ、難《むず》かしい形《けい》而上学《じじょうがく》でもなかったであろう。仏教は葬式の為《ため》にあるもの、と思っている今日の私達には、彼等の日常生活に糧《かて》を与えていた仏教など考え難い。又、考えている限り、空漠《くうばく》たる問題だろう。だが、彼等の日用品にほどこされた、仏教的主題を持った装飾の姿を見ていると、私達は、何時の間にか、そういう彼等の感受性のなかに居るのである。

⑥何時だったか、田辺尚雄《たなべひさお》氏に会って、平家琵琶《へいけびわ》の話になった時、平家琵琶ではないが、一つ非常に古い琵琶を聞かせてあげよう、と言われた。今でも、九州の或る処には、説教琵琶

というものが遺《のこ》っているそうで、地鎮の祭などで、琵琶を弾じながら、経文を誦《じゅ》する、それを、氏の音楽講座で、何日何時に放送するから、聞きなさい、と言われた。私は、伊豆《いず》の或る宿屋で、夜、ひとり、放送を聞いた。琵琶は数分で終《おわ》って了ったが、非常な感動を受けた。文句は解らないが、経文の単調なバスの主調に、絶えず琵琶の伴奏が鳴っているのだが、それは、勇壮と言ってもいいほど、男らしく明るく気持ちのよいものであった。これなら解る、と私は感じた。こういう音楽に乗って仏教思想は、学問などに用はない戦国の一般武士達の間に滲透《しんとう》したに違いない、と感じた。仏教を宗教だとか思想だとか呼んでいたのでは、容易に解って来ないものがある。室町期は時宗《じしゅう》の最盛期であった。不明なところが多すぎるが、時宗は民衆の芸能と深い関係があった。乱世が来て、庶民的な宗教集団は、庶民とともに最も早く離散せざるを得なかったであろうが、沢山の遊行《ゆぎょう》僧は、従軍僧として戦場に入り込んでいたであろう。彼等は戦うものの最期を見届け、これをその生国の人々に伝え、お札などを売りつけて、生計を立てていたかも知れない。そういう時に、あのような琵琶の音がしたかも知れない。金家の「野晒し」にも、そんな音が聞《きこ》えるようである。

第④段落で信家の鐔には瓢箪がぶら下っているという話をした後、第⑤段落で鐔の模様の話になります。鐔のされこうべや五輪塔の模様を見て、「仏教思想の影響だ」と簡単に片づける人がいる。でも、そんな意見は知識で遊んでいるだけじゃないのかと言って、筆者は否定しています。**「通念（一般論）と筆者の主張の対比」**ですね。ほら、やっぱり核心の話題に戻ってきました。

そして仏教を「思想として」見ていたのでは「生活に糧を与えていた仏教」のあり方はわからない。

「考えている」ようではだめだ。鐔の模様を眺めれば「彼らの感受性」の中に自然と居るのだ、と述べています。**「観念⇕感覚」**のポイントも出てきましたね。やっぱり核心の話題の繰り返しです。

それは、次の第⑥段落の「平家琵琶」の話になっても同じです。筆者は「文句＝理屈」はわからないけれど、「これなら解る、と感じた」と述べています。仏教を「思想」と呼んでいたのではわからない。感じるべきなんだ、そう述べています。

以上で本文は理解できました。ポイントをまとめておきましょう。

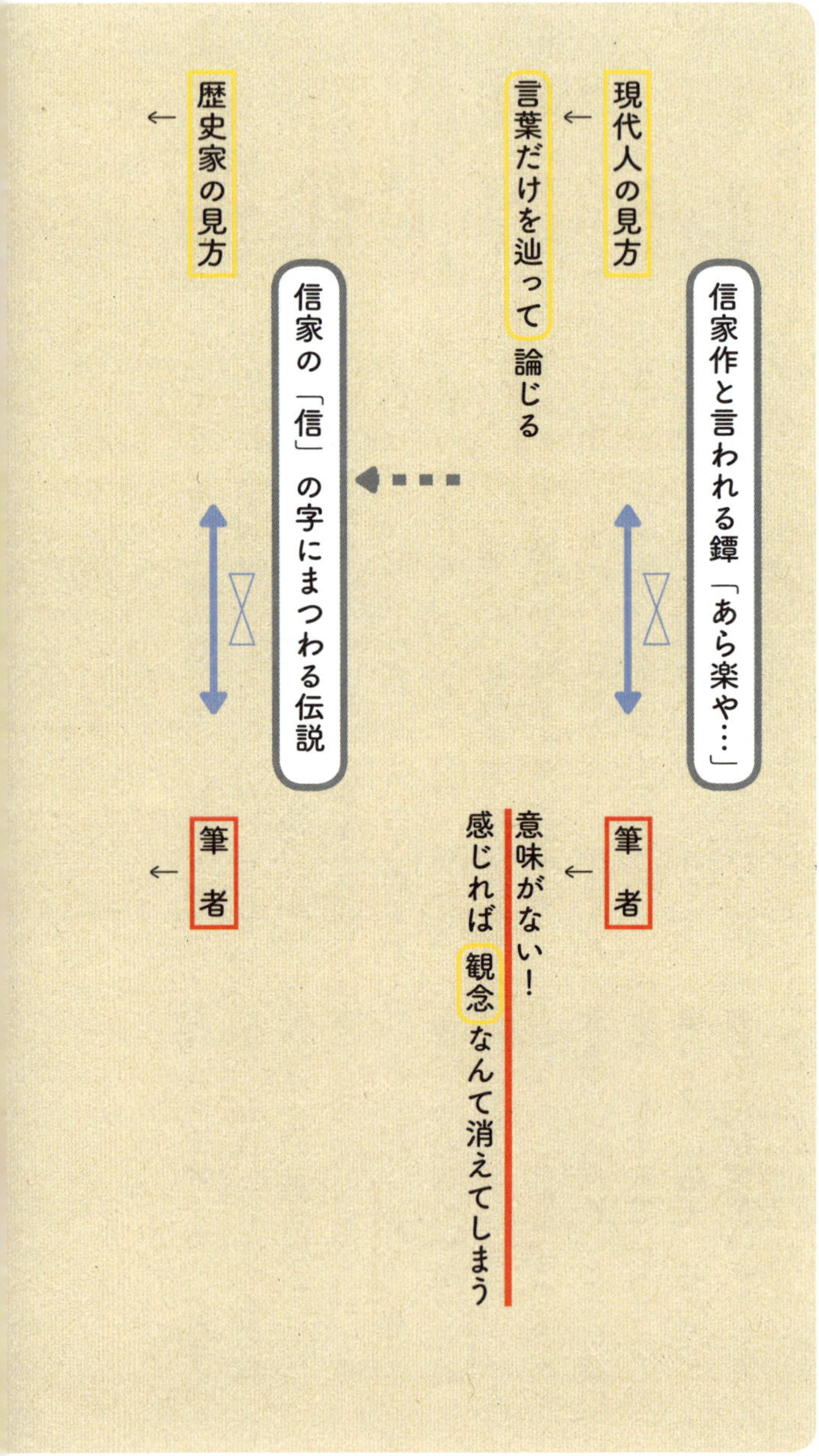

〔事実ではない
「甲陽軍鑑」は偽書だ〕と断ずる

事実ではないという実証

↓

鐔の模様（されこうべや五輪塔など）

現代人の見方
← 仏教思想の影響だ、とか言う
← 〔仏教は葬式のためにあると思っているから〕

⇕

そんなことしても面白くもない
〔・いくつも偽書が作られた
　→信玄の思い出が人々の心に生き生きとあったから
・いつの間にか伝説が生まれた
　→それほど鐔に魅力があったからだ！〕

筆者
← B〔そんな言葉で片附ける〕のは知識の遊戯にすぎない！
考えるのではなく、見ていれば、自ずと当時の人々の感受性がわかる
← 平家琵琶も同じ

こんなふうになります。

では、今まとめたポイントを元に、設問を解説していきましょう。

問3

まずは傍線部をチェックします。

> **これを仏教思想の影響というような簡単な言葉で片附けてみても、（それは）Bどうも知識の遊戯に過ぎまいという不安を覚える。**

　のようなあり方を、筆者が「知識の遊戯に過ぎない」と否定していますね。

出題者が、この問題文の「核心の話題」に焦点をしぼって、傍線部を引いていることがよくわかります。さすがはセンターです。

ということは、答えは「　↔　」という説明をしている選択肢を選ぶことになります。

正解は⑤です。

> ⑤ 戦国武士達の日用品と仏教との関係を現代人がとらえるには、それを観念的に理解するのではなく、説教琵琶のような、当時の生活を反映した文化にじかに触れることで、その頃の人々の心を実感することが必要だという考え。

ばっちりポイントの部分で選択肢ができていますね。

みなさんの中には「傍線部は第⑤段落なのに、『観念』という語は第①段落に出てくるのか。けっこう傍線部と選択肢のポイントが離れているな〜」と思った人もいるでしょう。でもね、そんなの当然です。だって**同じ話題のカタマリなんだから。**「答えは傍線部の前後にある」なんていう間違った先入観をもっているから、そんな変な考えをもってしまうんです。

離れていてもまったく問題ない。今回やったように、「核心」を残してあとは「超速」で流せば、**段落が離れていてもポイントを「さっ」と結ぶことができる。**もちろんその結んだポイントで選択肢ができています。それがセンターです。「え？　でも、飛ばした部分にポイントがあるかも…」と思った人。それはどこかの「模試」の影響ではないですか（笑）。センターならそれで答えは出ます。みなさんが受けるのはセンター試験なんですから、「センター頭」を育てて下さい。

では、他の選択肢を見ておきましょう。

① 仏教を戦国武士達の日常生活の糧となっていた思想と見なすのは軽率というほかなく、彼等と仏教との関係を現代人が正しく理解するには、説教琵琶のような、当時滲透していた芸能に携わるのが最も良い手段であるという考え。

×

↓「仏教が日常生活の糧になっていた」と考えているのは「筆者」。ゆえに「軽率」で×。

② この時代の鐔にほどこされた五輪塔や経文の意匠は、戦国武士達にとっての仏教が、ふだん現代人の感じているような暗く堅苦しいものではなく、むしろ知的な遊びに富むものであることを示すのではないかという考え。

×

↓傍線部の「知的な遊び」は筆者が批判的に使っている言葉。「富む」などここでは良いこととして評価しているので×。

③ 戦国武士達に仏教がどのように滲透していたかを正しく理解するには、文献から仏教思想を学ぶことに加えて、例えば説教琵琶を分析して当時の人々の感性を明らかにするような方法を重視すべきだという考え。

×

④ この時代の鐔の文様に五輪塔や経文が多く用いられているからといって、鐔工や戦国武士達が仏教思想を理解していたとするのは、（例えば仏教を葬式のためにあると決めつけるのと同じくらい）浅はかな見方ではないかという考え。

×

→「文献から学ぶ」も「分析する」も「頭でやる＝観念的」の方。筆者が否定している方なので×。

→本文では（　）のような比較や「鐔工が仏教思想を理解していたかどうか」はまったく話題になっていない。

以上より、解答は⑤に決定します。

解答 問3　⑤

問6

同様に、問6も見ていきます。

すでに本文分析でチェックしたように、波線部はXもYも「　⇕　」という形の説明になっていました。

またもや完全に、この問題文の「核心の話題」である**「通念（一般論）と筆者の主張の対比」**

さらに**「観念⇕感覚」**の部分に波線が引かれていたことがわかりますね。

ですから、答えは「　⇕　」という説明をしている選択肢を選べばいいことになります。

① 「言葉だけ」の「だけ」や「面白くも」の「も」のように、限定や強調の助詞により、問題点が何かを明確にして論じようとするところに表現上の特徴がある。 ×

② 「と言ってみても」や「と言ったところで」のように、議論しても仕方がないと、はぐらかしたうえで、自説を展開しようとするところに表現上の特徴がある。 ×

③ 「意味がない」や「面白くもない」のように、一般的にありがちな見方を最初に打ち消してから、書き手独自の主張を推し進めるところに表現上の特徴がある。

④ 「思わせぶりな」や「拙劣な」、「事実ではあるまい」のように、消極的な評価表現によって、読み手に不安を抱かせようとするところに表現上の特徴がある。 ×

もう説明の必要もありませんね。解答は③に決定します。

解答 問6 ③

「例外」というコメントの軽薄さ

以上見たように、この問題はセンター試験の典型的な出題になっていました。でもね、実はこの問題、「センターに『随筆』が出た！ 例外だ！」って言われた問題なんです。でもね「例外」っていう解説ほど恐ろしいものはないんです。君たちは「一回限り」の勝負をしている。その年の問題ができなければ、大きく人生が左右されるんです。そういう受験生を教えているのに、僕らが「今年は例外だ」なんて軽々と言うべきではない。ましてや大学入試センター試験です。出題者が隠した「普遍性」が必ずある。見抜けないのは解説する自分の側に「センターはこういうものだ」という「先入観」か、「慣れ」か、ある意味での「傲慢さ」がある。虚心に見れば出題者の深い意図に必ず気づくはずなんです。もちろん、それは僕自身も例外ではない。これからも毎年、センター試験が終焉を迎える日までこの優れたテストから学んでいきたいと思っています。それが、必ずその後に生きると信じるからです。

本問もまた「例外」ではありません。解説を読んでもらってわかるように、他の評論問題と着眼点はまったく同じです。今回、設問は問3・問6だけをピックアップしましたが、他の設問も同じように「核心」を見抜けば、選択肢が「はらり」とほどけるようにできている。僕は「さすがはセンターだ」と感動したぐらいです。

目先が違っても問おうとしていることは同じ。もしも君たちが大学で学問しようとすることの一つが、「一見異なるように見える事象の中に隠れた普遍性を見いだすこと」だとするならば、これほど優れた問題はありません。まさに目先は違うけれど通底する普遍性があるのです。

センター試験を「点数刻みのマーク式テスト」として、その廃止を論じる浅薄な議論がなされている今日、僕には優秀な出題者からの隠れたメッセージに思えてなりません。表面だけを論じるようであってはならないと思います。

もう一度繰り返しますが、「正答したかどうか」は二の次です。ポイントを読み解くための「思考回路」をしっかり身につけて下さい。

例題 3

目標解答時間 5分

問 次の文章を読んで、後の問いに答えよ。

フロイト(注1)によれば、人間の自己愛は過去に三度ほど大きな痛手をこうむったことがあるという。一度目は、コペルニクスの地動説によって地球が天体宇宙の中心から追放されたときに、二度目は、ダーウィンの進化論によって人類が動物世界の中心から追放されたときに、そして三度目は、フロイト自身の無意識の発見によって自己意識が人間の心的世界の中心から追放されたときに。

しかしながら実は、人間の自己愛には、すくなくとももうひとつ、フロイトが語らなかった傷が秘められている。だが、それがどのような傷であるかを語るためには、ここでいささか回り道をして、まずは「ヴェニスの商人」(注2)について語らなければならない。

ヴェニスの商人――それは、人類の歴史の中で「ノアの洪水以前」(注3)から存在していた商業資本主義の体現者のことである。海をはるかへだてた中国やインドやペルシャまで航海をして絹やコショウや絨毯《じゅうたん》を安く買い、ヨーロッパに持ちかえって高く売りさばく。遠隔地とヨーロッパとのあいだに存在する価格の差異が、莫大《ばくだい》な利潤としてかれの手元に残ることになる。すなわち、ヴェニスの商人が体現している商業資本主義とは、地理的に離れたふたつの国のあいだの価格の差異を媒介して利潤を生み出す方法である。そこでは、利潤は差異から生まれている。

だが、A経済学という学問は、まさに、このヴェニスの商人を抹殺することから出発した。

年々の労働こそ、いずれの国においても、年々の生活のために消費されるあらゆる必需品と有用な物資を本源的に供給する基金であり、この必需品と有用な物資は、つねに国民の労働の直接の生産物であるか、またはそれと交換に他の国から輸入したものである。

『国富論』の冒頭にあるこのアダム・スミスの言葉は、一国の富の増大のためには外国貿易からの利潤を貨幣のかたちで蓄積しなければならないとする、重商主義者に対する挑戦状にほかならない。スミスは、一国の富の真の創造者を、遠隔地との価格の差異を媒介して利潤をかせぐ商業資本的活動にではなく、勃興《ぼっこう》しつつある産業資本主義のもとで汗水たらして労働する人間に見いだしたのである。それは、経済学における「人間主義宣言」であり、これ以後、経済学は「人間」を中心として展開されることになった。

たとえば、リカード[注4]やマルクスは、スミスのこの人間主義宣言を、あらゆる商品の交換価値はその生産に必要な労働量によって規定されるという労働価値説として定式化した。

実際、リカードやマルクスの眼前で進行しつつあった産業革命は、工場制度による大量生産を可能にし、一人の労働者が生産しうる商品の価値（労働生産性）はその労働者がみずからの生活を維持していくのに必要な消費財の価値（実質賃金率）を大きく上回るようになったのである。労働者が生産するこの剰余価値——それが、かれらが見いだした産業資本主義における利潤の源泉なのであった。もちろん、この利潤は産業資本家によって搾取されてしまうものではあるが、リカードやマルクスはその源泉をあくまでも労働する主体としての人間にもとめていたのである。

（岩井克人《いわいかつひと》「資本主義と『人間』」による）

（注）1　フロイト――オーストリアの精神医学者（一八五六〜一九三九）。精神分析の創始者として知られる。

2　「ヴェニスの商人」――シェークスピアの戯曲『ヴェニスの商人』をふまえている。

3　ノアの洪水――ノアとその家族が方舟《はこぶね》に乗り大洪水の難から逃れる、『旧約聖書』に記されたエピソード。

4　リカード――アダム・スミスと並ぶイギリスの経済学者（一七七二〜一八二三）。

問2 傍線部A「経済学という学問は、まさに、このヴェニスの商人を抹殺することから出発した」とあるが、それはどういうことか。その説明として最も適当なものを、次の①～⑤のうちから一つ選べ。

① 経済学という学問は、差異を用いて莫大な利潤を得る仕組みを暴き、そうした利潤追求の不当性を糾弾することから始まったということ。

② 経済学という学問は、差異を用いて利潤を生み出す産業資本主義の方法を排除し、重商主義に挑戦することから始まったということ。

③ 経済学という学問は、差異が利潤をもたらすという認識を退け、人間の労働を富の創出の中心に位置づけることから始まったということ。

④ 経済学という学問は、労働する個人が富を得ることを否定し、国家の富を増大させる行為を推進することから始まったということ。

⑤ 経済学という学問は、地域間の価格差を利用して利潤を得る行為を批判し、労働者の人権を擁護することから始まったということ。

「具体化」は重要な「時短」ポイント

この例題3の時短ポイントは「具体化」です。

評論文では、筆者は自分の主張を読者にわかってもらうために「具体化」しながら文脈を展開します。たとえばこんな感じです。

抽	オレ、今、めちゃくちゃ甘いもの食べたい。
具	たとえば、シュークリームとかプリンがいいな。
抽	要はさ、カスタード系のものが食べたいんだよね。

筆者の主張は抽象的なままではなかなか読者に理解してもらえません。右の例で言うと、単に「甘いもの」とだけ言っても読者にはわかってもらえない。だって「甘いもの」には洋菓子だって和菓子だってあります。だから筆者は、読者にわかってもらうために「シュークリームやプリン」と具体化したわけです。これならかなりの読者にわかってもらえるはずです。

ところが、中には「ああ、彼はケーキが食べたいんだな」と勘違いして「イチゴショートやロールケーキ」を買ってきてくれる人がいるかもしれません。でも筆者は単に「ケーキ」が食べたいのではありません。勘違いされては困る。だから、念のためにもう一度「シュークリームやプリン」を抽象化して「カスタード系のもの」と言いなおしたわけです。さすがにこれで筆者の言いたいことは読者に伝わります。筆者は「カスタード

系の甘いものが食べたい」わけですね。

こんなふうに、**評論文の文脈は詳しく言い換えることで「長文化」しています。**ということは、「話題転換」するまでは、「抽象化」と「具体化」を繰り返しながら「同じ主張」を何度も述べているわけです。

ならば、**これを「時短」に使わない手はありません。**

「具体例」はあくまで「主張をわかりやすくするため」に出てくる。ということは、「主張」さえきちっとつかめてしまったら、具体例は極端に言えば「なくてもいい」わけです。さーっとスピードアップして「超速」で読んでしまえる。たとえば次のような文脈の場合がそうです。

抽　オレ、**カスタード系の甘いもの**が食べたい。

↓

具　たとえば、**シュークリーム**とか
プリンとか
ミルフィーユとか
ミルクレープとか
クレームブリュレとか……

この場合、具体例に入る前から筆者の主張はわかっています。筆者は「カスタード系の甘いものが食べたい」わけですね。だから続きの例は極端に言えばなくてもいいわけです。全部「カスタード系の甘いもの」です。例はいくつ挙がってもいい。一〇〇個でも一〇〇〇個でもいいし、どんなに長文化しても構いません。全部「わ

かってるよ。カスタード系の甘いものが食べたいんでしょ」って思いながら、「超速」で読めばいいんです。

こう考えることができれば、確信を持って「速読」することができます。

まとめておきましょう。

センターの秘訣！

「時短」の技巧③「具体化」

抽 抽象的に述べられた「筆者の主張」

←

具 〔たとえば・事実・実際〕 具体化してわかりやすく

評論文では「具体化」の文脈は、あくまで「主張」をわかりやすく説明するために存在しています。ならば主張がつかめた場合、続く「具体化」部分はスピードアップして速読することができます。

☆「具体化」部分は、「主張」さえつかんだら「超速」で速読できる！

分析

では、これを例題3に応用してみましょう。

まず、解く前に段落番号を振ります。そこで全体を「俯瞰＝上から眺める」んでしたね。必ず徹底していって下さいね。

①、②、③、……⑦と振った時に、今回は２つのことに気づいて下さい。一つは「引用があるな」ということ。もう一つは「第⑥・⑦段落は具体化だな」ということです。

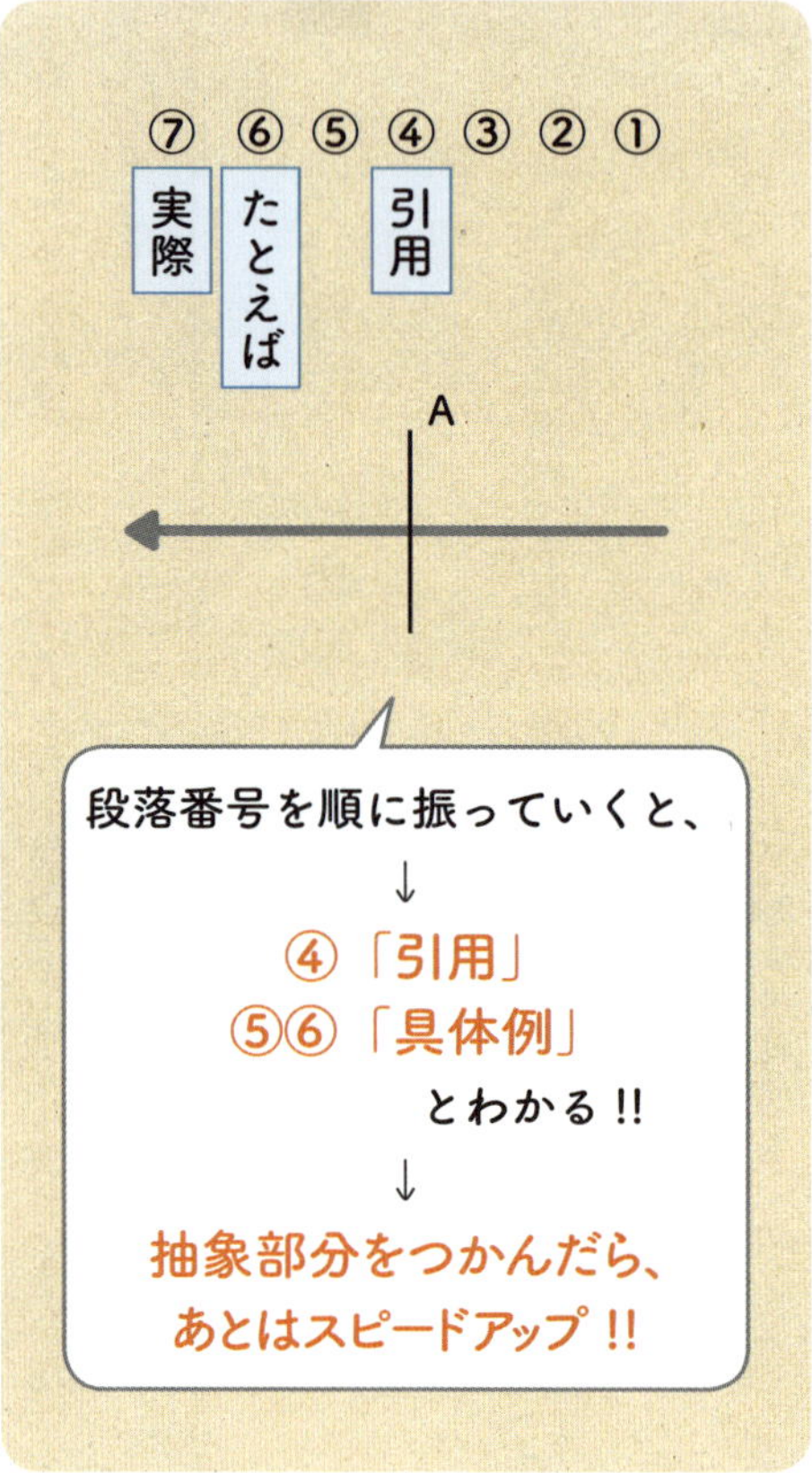

① ② ③ ④ ⑤ ⑥ ⑦
引用
たとえば
実際
A
段落番号を順に振っていくと、
↓
④「引用」
⑤⑥「具体例」
とわかる!!
↓
抽象部分をつかんだら、
あとはスピードアップ!!

「引用」の「時短」については例題1で説明しましたね。**「筆者の主張部分だけつかんであとはスピードアップすればいい」**んでしたね。ちゃんと意識できましたか？　「引用」を時間をかけて読んだりしちゃ絶対ダメですよ。きちんと徹底していって下さいね。

次に第⑥・⑦段落ですが、第⑥段落が「たとえば」、第⑦段落が「実際」とはじまりますから、どちらも「具体化」だとわかります。もちろん「第⑤段落の具体化」ですから、**第⑤段落の主張さえつかめばあとはスピードアップできる**ということです。

では、本文を見ていきましょう。

まず、第①・②段落は「フロイトの意見と筆者の主張の対比」になっていますね。フロイトという超有名人の（つまり多くの一般の人がそう思っている）意見と、筆者の主張の対比ですから、**「通念⇔筆者の主張」**です。ほら、またセンター評論の典型的パターンですよ。頻出の対比はしっかり意識して読んでいって下さいね。

話題になっているのは「人間の自己愛（＝人間が「人間ってすごいんだ」と自分で思う気持ち）」です。それについて、フロイトは「かつて三度痛手をこうむったことがある」と述べている。でも、筆者は「実はもう一回あるんだよ」と言います。そしてそれを語るためには「『ヴェニスの商人』について語らなければならない」と言っています。

第①・②段落

◎「人間の自己愛」について

フロイト ↔ **筆者**

フロイト：三度痛手をこうむったことがある

筆者：もう一つあるんだ!

← そのためには「ヴェニスの商人」について語らなければならない!

次の第③段落では、その「ヴェニスの商人」について詳しく説明されています。

③ヴェニスの商人――それは、人類の歴史の中で「ノアの洪水以前」から存在していた商業資本主義の体現者のことである。海をはるかへだてた中国やインドやペルシャまで航海をして絹やコショウや絨毯《じゅうたん》を安く買い、ヨーロッパに持ちかえって高く売りさばく。遠隔地とヨーロッパとのあいだに存在する価格の差異が、莫大《ばくだい》な利潤としてかれの手元に残ることに

なる。すなわち、ヴェニスの商人が体現している商業資本主義とは、地理的に離れたふたつの国のあいだの価格の差異を媒介して利潤を生み出す方法である。そこでは、利潤は差異から生まれている。

▼「段落」にも「時短」ポイントがある！

今、本文にチェックをつけましたが、1・2行目で「ヴェニスの商人」は「商業資本主義の体現者（身を持って表している存在）」だと述べられていて、5〜7行目では「商業資本主義」は「利潤を差異から生み出す方法」だと述べられています。つまり「ヴェニスの商人」は「価格の差異から利潤を生み出す商業資本主義の体現者だ」というふうにまとめられるのですが、では、僕は**どうしてこんなふうに段落の真ん中を飛ばしてチェックをつけたのでしょうか。**実はここが、今回の新しい時短ポイントです。

センターの秘訣！

「時短」の技巧④「段落」

評論文の段落は**「1パラグラフ＝1アイデア」**つまり**「ひとつの段落はひとつの言いたいこと」**と考えていくのが基本です。もちろん例外の場合もありますが、多くの場合に有効な視点ですから、「時短」の大きなポイントになります。

「筆者の主張」←具体化←再び「筆者の主張」

抽　具　抽

筆者はまず「主張」を述べ、次にそれをわかりやすくするために「具体化」します。最後に段落のまとめとして「再び主張」を述べる、これが基本的な展開です。もちろん最後のまとめがない場合もありますが、これを目安に読んでいきます。

☆段落は「1パラグラフ＝1アイデア」！
「具体部分」はスピードアップ！

今まとめた考え方を、第③段落に当てはめると、

③ヴェニスの商人——それは、人類の歴史の中で「ノアの洪水以前」から存在していた商業資本主義の体現者のことである。海をはるかへだてた中国やインドやペルシャまで航海をして絹やコショウや絨毯《じゅうたん》を安く買い、ヨーロッパに持ちかえって高く売りさばく。遠隔地とヨーロッパとのあいだに存在する価格の差異が、莫大《ばくだい》な利潤としてかれの手元に残ることになる。すなわち、ヴェニスの商人が体現している商業資本主義とは、地理的に離れたふたつの国のあいだの価格の差異を媒介して利潤を生み出す方法である。そこでは、利潤は差異から生まれている。

抽　具　抽

とチェックできるわけです。いったん「ヴェニスの商人は商業資本主義の体現者だ」と述べた後、それをわかりやすくするために「中国で安く買ったものをヨーロッパに持ちかえって高く売るんだよ」と具体化します。最後にもう一度「商業資本主義は価格の差異を媒介して利潤を生み出すんだ」と抽象化してまとめているわけですね。だから段落のはじめと終わりの部分をチェックしたわけです。

次に、第④段落を見ていきます。

④だが、A経済学という学問は、まさに、このヴェニスの商人を抹殺することから出発した。

年々の労働こそ、いずれの国においても、年々の生活のために消費されるあらゆる必需品と有用な物資を本源的に供給する基金であり、この必需品と有用な物資は、つねに国民の労働の直接の生産物であるか、またはそれと交換に他の国から輸入したものである。

引用は「主張」さえつかめばOK!!
↓
――――を繰り返しているだけだと考えてスピードアップ!!

冒頭の傍線部になっている文以外は「引用」です。「引用」は「主張の繰り返し」ですから、さっと流します。

次に第⑤段落です。「アダム・スミス」と出てきますね。「おっ、経済学の話になったな」と思って下さい（アダム・スミスは社会で覚える超基本の経済学者ですよ！）。でも万が一アダム・スミスを知らなくても大丈夫。「アダム・スミスの言葉は、重商主義者に対する挑戦状だ」と述べていますから、両者は対比ですね。「引用」の前と同じ構造が続いているということです。チェックしてみると、こんな感じです。

④だが、 A 経済学という学問は、まさに、このヴェニスの商人を抹殺することから出発した。

年々の労働こそ、いずれの国においても、年々の生活のために消費されるあらゆる必需品と有用な物資を本源的に供給する基金であり、この必需品と有用な物資は、つねに国民の労働の直接の生産物であるか、またはそれと交換に他の国から輸入したものである。

⑤『国富論』の冒頭にあるこのアダム・スミスの言葉は、一国の富の増大のためには外国貿易からの利潤を貨幣のかたちで蓄積しなければならないとする、重商主義者に対する挑戦状にほかならない。スミスは、一国の富の真の創造者を、遠隔地との価格の差異を媒介して利潤をかせぐ商業資本的活動にではなく、勃興しつつある産業資本主義のもとで汗水たらして労働する人間に見いだしたのである。それは、経済学における「人間主義宣言」であり、これ以後、経済学は「人間」を中心として展開されることになった。

アダム・スミスは「価格の差異で利潤をかせぐような商業資本主義」のあり方を否定して、利潤の源泉は「産業資本主義のもとで汗水たらして働く人間の労働」だと考えた、と述べています。「利潤を生み出すのは『差異』じゃなくて『人間の労働だ』」とアダム・スミスは考えたわけです。

最後の第⑥・⑦段落は、先にも述べたように「具体化」です。今の「利潤を生み出すのは『差異』じゃなくて『人間の労働だ』」という第⑤段落の論点が繰り返されているだけだと考えて速読します。案の定、第⑥段落では「商品の価値は労働量が決める」と言ってますし、第⑦段落は「労働者が作る価値が資本主義の利潤の源泉」と述べています。チェックしてみましょう。

⑤『国富論』の冒頭にあるこのアダム・スミスの言葉は、一国の富の増大のためには外国貿易からの利潤を貨幣のかたちで蓄積しなければならないとする、重商主義者に対する挑戦状にほかならない。**スミスは、一国の富の真の創造者を、**遠隔地との価格の差異を媒介して利潤をかせぐ商業資本的活動にではなく、**勃興しつつある産業資本主義のもとで汗水たらして労働する人間に見いだした**のである。それは、経済学における「人間主義宣言」であり、これ以後、経済学は「人間」を中心として展開されることになった。

⑥たとえば、リカードやマルクスは、スミスのこの人間主義宣言を、**あらゆる商品の交換価値はその生産に必要な労働量によって規定される**という労働価値説として定式化した。

⑦実際、リカードやマルクスの眼前で進行しつつあった産業革命は、工場制度による大量生産を可能にし、一人の労働者が生産しうる商品の価値（労働生産性）はその労働者がみずからの生活を維持していくのに必要な消費財の価値（実質賃金率）を大きく上回るようになっ

たのである。**労働者が生産するこの剰余価値――それが、かれらが見いだした産業資本主義における利潤の源泉なのであった。**もちろん、この利潤は産業資本家によって搾取されてしまうものではあるが、リカードやマルクスはその源泉をあくまでも労働する主体としての人間にもとめていたのである。

第⑤段落の論点を第⑥・⑦段落で「繰り返し」ていますね。だから、とにかくここは「超速」で読めたかどうかが重要です。ポイント部分だけはしっかり押さえながら、後は「さっ」と読んでしまって下さい。

さあ、これで本文のポイントはつかめました。問題を解いていくことにしましょう。まず傍線部を分析すると、次のように考えられます。

A 経済学という学問は、まさに、このヴェニスの商人を抹殺することから出発した。

「経済学」と「ヴェニスの商人」の対比ですね。ということは、設問を解くためのポイントは2つです。1つは「経済学という学問」の説明。もう1つは「ヴェニスの商人」の説明です。「このヴェニスの商人」と「指示語」がありますから、「指示内容」をつかんでいきます。この2ポイントについて説明した部分は、先の読解の説明ですでにまとめました。
ポイントだけピックアップすればこうなります。

③ 商業資本主義＝差異によって利潤を生み出す

④ A 経済学という学問は、まさに、このヴェニスの商人を抹殺することから出発した。

⑤⑥⑦ 産業資本主義＝利潤を生み出すのは人間の労働だ

ということですね。**「引用」や「具体化部分」をカットしてしまえば、筆者の主張はとてもシンプルです。**センターは肉づけをカットしてホネを残す「レントゲンテスト」ですから、こういう練習をしていって下さい。

さあ、これでポイントはわかりましたから、選択肢を吟味していくことにしましょう。

では、選択肢を吟味していきましょう。

① 経済学という学問は、差異を用いて莫大な利潤を得る仕組みを暴き、そうした利潤追求の不当性を糾弾することから始まったということ。 ×

↓②③と比較すればわかるが、①の選択肢が他と違うのは「莫大な」利益を得るという点。しかし本文では「莫大な」というような「量」の問題ではなく、汗水たらして働かずに「差異によって得る」という「利潤の得方」を否定しているので×。

また「利潤追求の不当性」という点も×。本文では「利潤を得ること自体」をダメだと言っているのではない。

② 経済学という学問は、差異を用いて利潤を生み出す産業資本主義の方法を排除し、重商主義に挑戦することから始まったということ。 ×

↓前半の「差異を用いて利潤を生み出す産業資本主義」が×。差異から利潤を生み出すのは「商業資本主義」。

③ 経済学という学問は、差異が利潤をもたらすという認識を退け、人間の労働を富の創出の中心に位置づけることから始まったということ。

↓先に図式にまとめたポイントをきちんと満たしており正解。

④ 経済学という学問は、労働する個人が富を得ることを否定し、国家の富を増大させる行為を推進することから始まったということ。

×

→経済学は「個人が富を得るのを否定した」のではないので×。利潤は産業資本主義でも得るので、「富を得ること自体」を否定したのではない。

⑤ 経済学という学問は、地域間の価格差を利用して利潤を得る行為を批判し、労働者の人権を擁護することから始まったということ。

×

→経済学は「労働者の人権を擁護した」が×。人権うんぬんは本文で述べられていない。

以上より、解答は③に決定します。

解答 例題3 ③

繰り返しますが、答えが合ったかどうか以上に、「時短」のための思考回路をしっかり復習して下さい。

▼センター評論の「ディレンマ」と戦う

センター現代文は非常に時間が限られたテストです。だから**素早く解かなくてはならない。それなのに高得点を要求されます。**

みなさんが現実社会に出た時に、短時間で高精度のものを要求されることなんてたくさんあります。だから僕はこのテストのあり方自体を否定しているわけではありません。世の中には理不尽なことなんてたくさんあります。批判しても始まらない。打ち勝っていくしかないんです。「教育」は君たちのためにある。ならば受験生にとってのテストは「乗り越えるための関門」としてあるわけですから、君たちに無理な要求をしたっていいんです。いやむしろするべきなんです。その意味でセンター試験はバランスの取れた、とてもよくできたテストです。

※点数で評価されることもそれでいいんです。むしろ点数ほど平等なものはありません。キレイゴトを除いて考えてみましょう。世の中には理不尽な評価がいっぱいです。就活がいい例ですよ。大学の勉強も就職試験のペーパーテストものすごくがんばったのに、「テストの点数が高い人」よりも結局「かわいい子やイケメン」が採用された、なんてことはザラにあります。その意味で「点数ほど平等なものはない」んです。だからせめて入試ぐらい「点数で決めてあげるべき」なんです。

同様に、「一回限りのテスト」もそれでいいと僕は思います。「たった一回のテストで決められてかわいそうだ」って言うなら、オリンピックなんてやめてしまえばいい。四年間の成績の平均値でメダルをあげればいいんです。でも間違いなくオリンピックは僕たちを感動させます。世界中の人が熱狂する様《さま》にそれは表われている。単なる国威発揚だけではここまで人々を感動させるはずがありません。サッカーのワールドカップも感動を呼ぶし、プロ野球はあんまりだけど高校野球の甲子園は大好きだっていう人もいます。では、どうして僕たちはこれほどまでに熱狂するのでしょうか。アスリートは「たった一度」の勝負のためにすべて

> をかけて努力します。そしてそれをその一瞬に発揮する。その姿に僕たちは感動するんです。そこに自らの「人生」を重ねる人もいるでしょう。そう、僕たちはわかってるんですね。人生には「一回きり」のことなんてたくさんあるんです。だからこそドラマがある。ならばテストだって「一回きり」でいいはずなんです。一回きりだからこそ、そこに「必死の努力」も「ドラマ」も生まれるはずなんです。

僕が言いたいのは、短時間で高得点を取らないといけないっていう「ディレンマ」や「理不尽さ」にやられてしまうのではなくて、**これを乗り越えていくために「智恵」を使いなさい、ということなんです。**短時間だろうが「できるやつはできる」。でも「できない人はできない」。じゃあ、できるやつとできないやつはどこが違うのか。絶対に「要領がいい」んです。それをじっと観察して、自分のものにしていく。そういう「生き抜く力」をつけて欲しい。そのためにテストほどいいものはありません。夢が、人生がかかってるんですから、みんな必死です。

▼「マジメ＝基本に忠実」なだけでは勝負に勝てない！

受験生を見ていて思うのは、できない人、苦手な人ほど「驚くほどまじめ」なんです。できない科目をやろうと決意して取り組むから、どうしても「基本に帰ろう」とする。で「きちんと読もうね」「丁寧に読もうね」なんてやってしまう。挙げ句の果てには「新聞の要約」なんてことまでしてしまうわけです（笑）。やっている人、笑って申し訳ない。でも言わないのはかえって君のためにならないから言います。君が今高校1年で、これから三年間かけて伸ばすならその方法でいい。でも君が受験生なら他にやるべきことはたくさんあります。そのままでは「がんばったけど間に合わなかったね」で終わってしまう。それでは君の「努力」がかわいそうです。

かといって「傍線部の周りだけ見ろ」とか「選択肢だけ見ろ」なんてまやかしの方法では高得点は取れません。**センターは短時間で高得点を要求する、実に矛盾の多いテストなんです。**だから、ここで教えているような「時短の技巧」が大切なんです。

第2章 センター評論・「解」の技巧

複雑な選択肢を「速く解く」ためのテクニック

はじめに

第1章では、センター評論の長文問題を「短時間で読む」ための「時短のテクニック」を講義した。本章では、その読解を踏まえ、問題を「速く、確実に解くための技巧」を講義する。

センターの秘訣！

「解」の技巧　傍線部問題の基本分析

傍線部説明問題は、次の手順で分析するのが基本です。

1 まずは「傍線部自体」を分析

☆「分析」の〈3つのポイント〉

(1) S→V は？
(2) 指・接 は？
(3) 語句 は？

をチェック！

2 目的を持って（(1)(2)(3)を説明するために）前後へ！

例題 4

目標解答時間 3分

問 次の文章を読んで、後の問いに答えよ。

古代以来の日記文学の伝統のあるわが国は措《お》くとして、ヨーロッパにおいては、日記の発達は商人のつける会計簿に一つの起源があるようだ。言いかえれば、自己の内面を日記に綴《つづ》るということは、自己を一種の財と見なして蓄積することであり、それは一方で資本主義、他方で個人主義という、ともに近代ヨーロッパの根幹をなすとも言うべき考え方の成長をまってはじめて現実のものとなった。収集がただの趣味以上のものとして広く行われるようになるのも、おそらくはブルジョワ社会においてのことであって、Bここでも同じ原理が作動しているはずである。ただし、財の蓄積、保存とは言っても、収集や蓄財の場合に対象となるのはいつでも他の財と交換が可能な財であり（たとえば貯《た》めたお金で家を購入する）、したがってこの保存はまだ目的のための手段という性格を多少とも残しているのにたいして、日記に記される自己の他のものに変わりうる余地はほとんどない。それゆえにこそ、日記においては手段の自己目的化が蓄財や収集にもましていっそう激しく進行するのだが。

（富永茂樹『都市の憂鬱《ゆううつ》』による）

問3 **傍線部B「ここでも同じ原理が作動している」とあるが、何について、どのような「原理」が「作動」していると考えられるか。最も適当なものを、次の①～⑤のうちから一つ選べ。**

① 近代ヨーロッパにおいて蓄財の精神が働いているのと同じように、ブルジョワ社会においても、財の蓄積を尊ぶ資本主義の原理が働いているということ。

② 自己の内面を日記に綴る営みの背景に資本主義と個人主義の成長という原理が見られるように、趣味の域を超えた収集活動の広がりにもそのような背景があるということ。

③ 収集はただの趣味以上のものであるが、収集活動と趣味活動の双方に、ブルジョワ社会を支える資本主義と個人主義の原理が働いているということ。

④ 資本主義と個人主義という二つの原理が近代ヨーロッパの基本的な精神を形成したように、その二つの原理が同じようにブルジョワ社会を形成したということ。

⑤ 日記の発達の起源に財の蓄積という商業活動の原理があったように、収集活動が趣味以上のものとなっていくのも商業活動のためであるということ。

分析

本章の冒頭で「傍線部問題の基本分析」として技巧をまとめたように、まずは傍線部を分析することからスタートです。「分析」とは「分けて考えること」。つまり〈3つのポイント〉に注目することでしたね。

▼「戦略」を立てる

僕はよく講義で「戦略」を持つことが大切だと言うんです。要は、戦う前に「作戦」を立てられないといけない、ということです。

ゲーセンにある、銃を持って敵と戦うあのゲームをイメージしてみて下さい。

今、みなさんが銃を持って敵を追跡しているとします。ドアの向こうには敵が隠れている。今からドアを突き破って部屋の中に突入していくわけですが、みなさんは「何も作戦を練らないまんまで」部屋の中に突入しますか？

「え〜、やったことないし、部屋の中なんて見えないんだからわかんないよ」っていう人もいるでしょう。でもね、そういう人はゲームが下手なんです。敵を撃つどころか、すぐに自分が撃たれて終わってしまう（笑）。ところが、うまいヤツは違うんです。ちゃんと知っている。「敵はこう来るから、ここはこうやって、次にこうしたらクリアできる」ってわかってる。頭の中にきちんと「戦略」がある。だから勝てるんです。

センターだって同じです。「戦略」がないといけない。「センター評論はこうなっているから、まずはここに注目して、次にこうすれば選択肢は切れる」っていう具合に**「センターの戦略」がないといけない。**「戦略」のある人は高得点が取れる。さらに、動きに無駄がないから時間内に手早く解けるようにもなる。一石二鳥です。

今回の問題も「戦略」を持って分析していきます。**〈3つのポイント〉**でチェックしてみましょう。

> **ここ**(指) **でも**(接) **同じ原理が**(S)／**作動している**(V)

傍線部に「指示語／接続語（並立）／SV」の**〈3つのポイント〉**がありますね。この3点がポイントです。こんな感じですね。

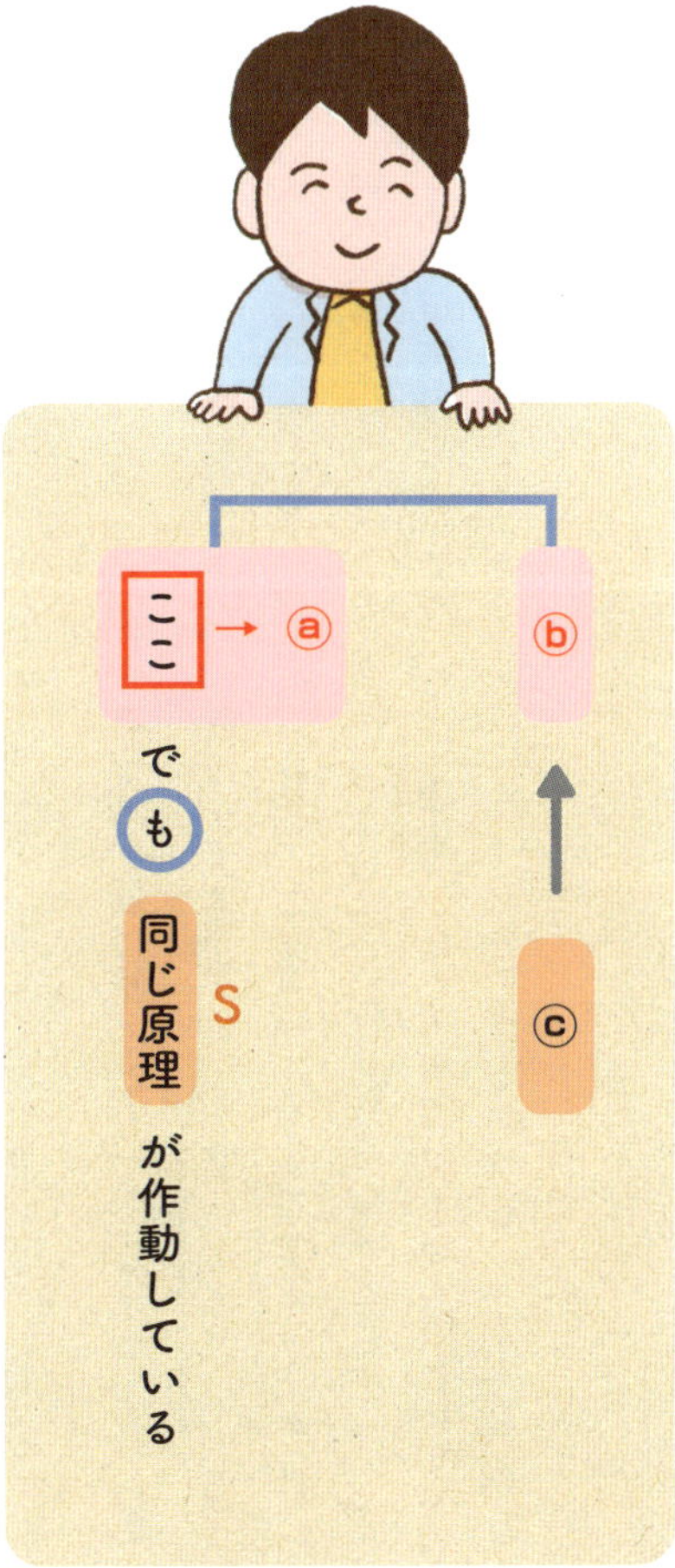

まずは「指示内容＝ⓐ」を、次に「ⓐと並立されているⓑ」をつかみます。最後に、ⓐにもⓑにも働いている**「同じ原理（土台の考え方）＝ⓒ」**が何かをつかめばOKです。

さて、これで「説明すべきポイント」ははっきりしました。いよいよ傍線部の前後の文脈を見ていくわけですが、**僕たちには前後を見にいく「目的」がはっきりある。ここが大事なんです。**今から「ⓐ・ⓑ・ⓒ」を探そう、と思いながら文脈をチェックしていきましょう。

本文分析

……。**収集**がただの趣味以上のものとして広く行われるようになるのも、おそらくはブルジョワ社会においてのことであって B**ここでも同じ原理が作動している**はずである。ただし……

まず、傍線部の直前の文が「収集が……も」となっていますね。矢印で結んだように、これが傍線部の「ここでも」と対応しています。これでⓐは「収集」と確定できます。

次に、ⓐと並立されるⓑを探していきます。今結んだ文の、前の二文はいずれも主語が「日記」です。

古代以来の日記文学の伝統のあるわが国は措《お》くとして、ヨーロッパにおいては、**日記の発達は**商人のつける会計簿に一つの起源があるようだ。**言いかえれば**、**自己の内面を日記に綴《つづ》るということは、**自己を一種の財と見なして蓄積することであり、それは一方で資本主義、他方で個人主義という、ともに近代ヨーロッパの根幹をなすとも言うべき考え方の成長をまってはじめて現実のものとなった。**収集がただの趣味以上のものとして広く行われるようになるのも、**おそらくはブルジョワ社会においてのことであって、Bここでも同じ原理が作動しているはずである。

ということは、こんなふうに整理できます。

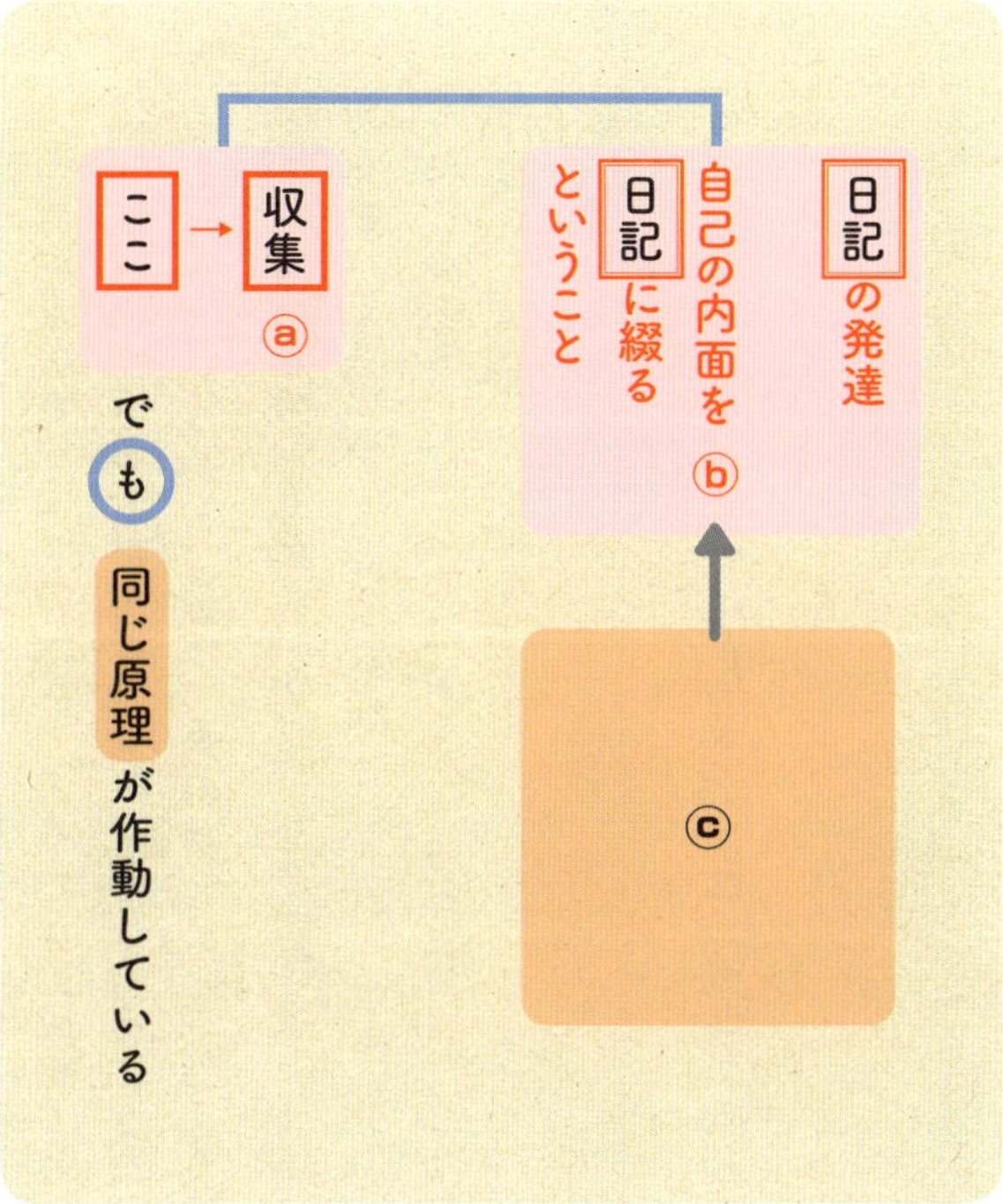

これで「ⓐ＝収集」「ⓑ＝日記」に決定しました。あとは「同じ原理＝ⓒ」がわかればOKです。もう一度本文を見ていきましょう。

「同じ原理」の説明は、傍線部のすぐ直前にあります。

本文分析

古代以来の日記文学の伝統のあるわが国は措《お》くとして、ヨーロッパにおいては、日記の発達は商人のつける会計簿に一つの起源があるようだ。言いかえれば、自己の内面を日記に綴《つづ》るということは、自己を一種の財と見なして蓄積することであり、それは**一方で資本主義、他方で個人主義という、ともに近代ヨーロッパの根幹をなすとも言うべき考え方**の成長をまってはじめて現実のものとなった。収集がただの趣味以上のものとして広く行われるようになるのも、おそらくはブルジョワ社会においてのことであって、Bここでも**同じ原理**が作動しているはずである。

「……根幹をなすとも言うべき考え方」は「原理（土台の考え方）」ですから、ここが「同じ原理」の説明だとすぐにわかります。

これですべてのポイントが揃いました。もう一度まとめておきましょう。

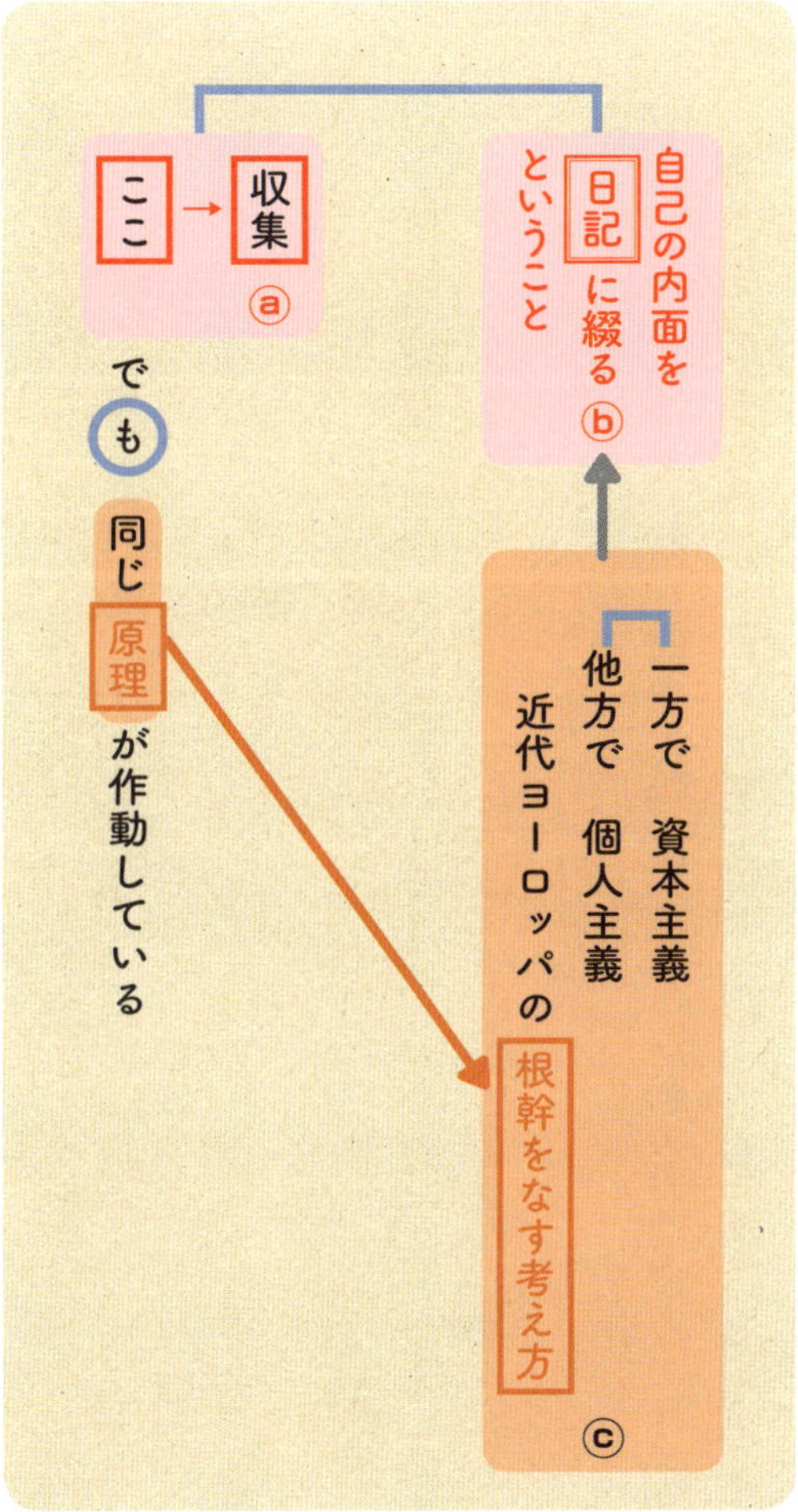

今まとめたポイントを元に、選択肢を吟味していきましょう。

① **近代ヨーロッパにおいて**蓄財の精神が働いているのと同じように、**ブルジョワ社会においても**、財の蓄積を尊ぶ資本主義の原理が働いているということ。

③ 収集はただの趣味以上のものであるが、**収集活動と趣味活動の双方に**、ブルジョ

ワ社会を支える資本主義と個人主義の原理が働いているということ。

④　資本主義と個人主義という二つの原理が**近代ヨーロッパの基本的な精神**を形成した**ように**、その二つの原理が同じように**ブルジョワ社会**を形成したということ。

↓「ⓐⓑの並立」は「日記と収集」なのに、①・③・④はいずれも異なっているので×。

僕らが今答えている「ⓐⓑの並立」は「日記と収集」です。それなのに、①・③・④はいずれも並立になっているものが異なっているので×です。

残る②と⑤は、いずれも並立されている内容は○です。

②　**自己の内面を日記に綴る営み**の背景に資本主義と個人主義の成長という原理が見られるように、**趣味の域を超えた収集活動の広がり**に**も**そのような背景があるということ。

⑤　**日記の発達**の起源に財の蓄積という商業活動の原理があったように、**収集活動が趣味以上のものとなっていく**の**も**商業活動のためであるということ。

▼「二項共存」の意識

意外と意識していない人が多いのですが、「並立／添加」で結ばれた2つの事項の一方が欠けていると、とんでもないことになってしまいます。

> 彼の受験には、英語と国語が必要だ。
> ←
> ① 彼の受験には、英語が必要だということ。
> ② 彼の受験には、英語と国語が必要だということ。

①の選択肢は一見間違ってはいません。たしかに彼の受験に英語は必要です。でもよく考えて下さい。試験に「両方必要だ」って言っているのに「一方だけ」答えています。この説明では「国語が必要だ」ということが伝わらない。だから説明としてはダメなんです。

ところが、みんな「マーク式は消去法で。本文に書いていないものを×にする」って思ってるから①のような選択肢が切れない。もちろん今挙げたような具体例ならわかるかもしれませんが、評論の言葉になると途端にひっかかってしまう。ポイントを「自分で整理する」んじゃなくて「書いてあるか、ないか」を見る、間違った習慣になってしまっているからです。

でもね、残念ながらそれではセンターの選択肢は切れないんです。次の2つがいい例です。

②　**自己の内面を日記に綴る営み**の背景に資本主義と個人主義の成長という原理が見られるように、**趣味の域を超えた収集活動の広がり**にもそのような背景があるということ。

⑤　**日記の発達**の起源に財の蓄積という商業活動の原理があったように、**収集活動が趣味以上のものとなっていく**のも商業活動のためであるということ。

②では「同じ原理」の説明が「資本主義と個人主義」となっていて、きちんと説明されていますが、⑤では「商業活動の原理」となっています。「商業活動」を「資本主義」だと捉えたとしても「個人主義」の説明がありません。「資本主義と個人主義」の「並立」がポイントになっている以上、先に説明したように両方の説明が必要です。したがって⑤は×となります。以上より、解答は②に決定します。

解答　例題4　②

繰り返しますが、答えが合ったかどうかではありません。どのような「思考回路」で正解にたどりついたのか。それをしっかり確認して下さい。

では、もう一問解いてみましょう。

例題 5

目標解答時間 4分30秒

問 次の文章を読んで、後の問いに答えよ。

かつて映画は時間の芸術という美しい名前で呼ばれた時代があった。しかもそれは時間とスピードに魅せられ、幻惑された二十世紀を象徴する言葉でもあっただろう。映画はそのフィルムのひと齣《こま》、ひと齣が、一秒間に二十四齣という眼にはとまらぬ速度で動くことによって、網膜に残像がしるしづけられ、われわれはそれを連続する映像として見るのである。そのかぎりでは映像のひと齣、ひと齣に加えられた速度、時間を停止してしまえば、映し出されているものは一枚の写真とかわらず、絵のタブローと同様にわれわれの眼が自由にそれを見ることができるはずである。

従ってC映画が映画であるのは、この速度を産み出す時間に依存しているのであり、それはフィルムのひと齣、ひと齣の動きのみならず、一時間、あるいは二時間と連続して映写される時間の流れを誰《だれ》もが疑わず、停止しようとはしなかったからであった。そして息つく間もないスピードの表現であることが、わずか二時間たらずのあいだに人間の一生を描くことができた理由であり、神による天地創造の神話から一億光年の彼方《かなた》の宇宙の物語まで映画は語りえたのである。

しかしながら映画を見るという行為は、一瞬たりとも休むことのない時間の速度にとらわれ、その奴隷と化することでもあった。静止して動くことのない絵画や写真の場合は、さまざまな視点から自由に眺めながら、みずからの内面でゆっくりと対話することもできるだろう。だが映画は一方通行的に早い速度で流れる時間に圧倒されて、ついにはひとつの意味しか見出せない危険な表現であり、二十世紀の国家権力やコマーシャリズムが濫用し、悪用したのも、こうした映画における見ることの死であったのである。

それにしても小津さん(注)は新たなメディアとしての映画が持ちあわせた特権、その魅力をことごとく否定する、まさしく反映画の人であったと言うほかはない。カメラのレンズをとおして現実を切り取り、それを映像化することが世界の秩序を乱すと懸念する小津さんであれば、われわれの無用な、無償の眼差しを許そうとしない映画の独占的な支配を受け入れるはずもなかった。ましてや反復とずれによって気づかぬうちに移ろいゆくのが小津さんが感じる時間とその流れであり、二時間たらずの映画の上映で人間の一生が語りつくされたり、一億光年の宇宙の果てまで旅するような時間の超スピードぶりは、われわれの眼を欺くまやかしでしかなかった。

(吉田喜重『小津安二郎の反映画』による)

(注)　小津さん —— 映画監督・小津安二郎《おづやすじろう》(一九〇三～六三)のこと。この文章の執筆者である吉田喜重《よしだよししげ》自身も映画監督であり、小津安二郎の映画に制作スタッフとしてかかわったことがある。

問4 **傍線部C「映画が映画であるのは、この速度を産み出す時間に依存している」とあるが、筆者は「映画」が「時間に依存している」ことでどのような結果が生じたと考えているか。その説明として最も適当なものを、次の①〜⑤のうちから一つ選べ。**

① 映画は、人間の一生をわずか二時間たらずで映し出すことを可能にしたが、観客をひきつける動く映像の迫真性によって、国家権力やコマーシャリズムに利用されてしまうという結果になった。

② 映画は、一秒間に二十四齣というフィルムの映写速度で観客の眼差しを支配し、神話などの虚構まで表現することを可能にしたが、そうした錯覚によるまやかしは見ることの死をもたらした。

③ 映画は、限られた時間のなかで壮大な時空間を描き出すようなことを可能にしたが、映画に見入っている時間をきびしく制限しようとすることで、観客の眼差しを抑圧してしまうことになった。

④ 映画は、息つく間もないスピード感に満ちた物語や広大な宇宙の物語を表現することをも可能にしたが、ゆるやかに移ろいゆく時間を、反復とずれによって表現することが不可能になった。

⑤ 映画は、画像が連続する新しい芸術として発展したが、ひとたびその速度に慣らされてしまった観客には、絵画や写真のように静止した画像と内面でゆっくりと対話することが困難になった。

分析

今回の問題も「戦略」を持って分析していきます。〈3つのポイント〉でチェックしてみましょう。

映画が映画であるのは、この速度を産み出す時間に依存している

S　指　V

傍線部に「指示語／SV」の〈2つのポイント〉がありますね。これは文中で確認します。

さらに、この設問は、

筆者は「映画」が「時間に依存している」ことでどのような結果が生じたと考えているか。

と問うていますね。ですから、僕たちは「傍線部の理解」だけではなく「そこから生じる結果」もチェックする必要があります。

これで「説明すべきポイント」ははっきりしました。いよいよ傍線部の前後の文脈を見ていくわけですが、いいですか。**僕たちには前後を見にいく「目的」がはっきりあります。** まず「**傍線部の説明＝指示語**」のチェックをし、次に「**そこから生じる結果**」を探すんです。今、そう思えていること

が大事なんです。
では、文脈を見ていきましょう。

本文分析

かつて映画は時間の芸術という美しい名前で呼ばれた時代があった。しかもそれは時間とスピードに魅せられ、幻惑された二十世紀を象徴する言葉でもあっただろう。映画はそのフィルムのひと齣《こま》、ひと齣が、一秒間に二十四齣という眼にはとまらぬ速度で動くことによって、網膜に残像がしるしづけられ、われわれはそれを連続する映像として見るのである。そのかぎりでは映像のひと齣、ひと齣に加えられた速度、時間を停止してしまえば、映し出されているものは一枚の写真とかわらず、絵のタブローと同様にわれわれの眼が自由にそれを見ることができるはずである。

従ってC映画が映画であるのは、この速度を産み出す時間に依存しているのであり、それはフィルムのひと齣、ひと齣の動きのみならず、一時間、あるいは二時間と連続して映写される時間の流れを誰《だれ》もが疑わず、停止しようとはしなかったからであった。そして息つく間もないスピードの表現であることが、わずか二時間たらずのあいだに人間の一生を描くことができた理由であり、神による天地創造の神話から一億光年の彼方《かなた》の宇宙の物語まで映画は語りえたのである。

しかしながら映画を見るという行為は、一瞬たりとも休むことのない時間の速度にとらわれ、その奴隷と化することでもあった。静止して動くことのない絵画や写真の場合は、さまざまな視点から自由に眺めながら、みずからの内面でゆっくりと対話することもできるだろう。だが映画は一方通行的に早い速度で流れる時間に圧倒されて、ついにはひとつの意味しか見出せない危険な表現であり、二十世紀の国家権力やコマーシャリズムが濫用し、悪用したのも、こうした映画における見ることの死であったのである。

こうチェックできます。
まず「傍線部の指示語」の指示内容は、前段落の□で結んだ部分です。
次に「傍線部から生じる結果」は、傍線部の後ろの文脈でこう説明されています。

息つく間もないスピードの表現である

ことが

・わずか二時間たらずのあいだに人間の一生を描くことができた
・神による天地創造の神話から一億光年の彼方の宇宙の物語まで映画は語りえた

ここでは（　　）によって出てくる結果を「プラス評価」していますね。「わずか二時間たらずのあいだに人間の一生を描くことができ」たり、「神による天地創造の神話から一億光年の彼方《かなた》の宇宙の物語まで映画は語りえた」りすると言っていますから、「たった二時間の映画の中に、かなり長い時間やとてつもなく広い空間を描けるようになった」という意味ですね。

ところが次の段落に入ると（　　）が「マイナス評価」されています。

時間の速度にとらわれ ＝ 一方通行的に早い速度で流れる時間に圧倒されて

↓

その奴隷と化することでもあった ＝ ひとつの意味しか見出せない

「時間の奴隷になる」という表現は比喩ですが、直後に「一方通行的に早い速度で流れる時間に圧倒されて→ひとつの意味しか見出せない」とありますから、「時間の奴隷になる」というのは「映像を見た時にひとつの意味しか見出せず、違ったようには解釈できなくなる」という意味だとわかります。だからこそ「国家権力に悪用された」と続いていくわけです。

これで内容は理解できました。図式にまとめてみましょう。

映画のフィルムの**眼にはとまらぬ速度**

映画が映画であるのは、**この速度**を産み出すⓐ

時間に依存している

息つく間もないスピードの表現である

↓

ⓑ わずか二時間たらずで、かなり長い時間やとてつもなく広い空間を描けるようになった

ⓒ 時間の速度の奴隷＝映像が次々流れていってしまうので、内容を吟味できず、ひとつの意味しか見出せないという面**も**ある

これでポイントは整理できました。僕らは「ⓐによってⓑ・ⓒ」という選択肢を探せばいいわけです。

では、選択肢を見ていきましょう。

まず、正解は③です。

③ 映画は、限られた時間のなかで壮大な時空間を描き出すようなことを可能にしたが、映画に見入っている時間をきびしく制限しようとすることで、観客の眼差しを抑圧してしまうことになった。

ⓐ ⓑ ⓒ

図式にまとめた「ⓐ・ⓑ・ⓒ」という3つのポイントをばっちり説明していますね。他の選択肢を見ていきましょう。

① 映画は、人間の一生をわずか二時間たらずで映し出すことを可能にしたが、観客をひきつける動く映像の迫真性によって、国家権力やコマーシャリズムに利用されてしまうという結果になった。

×

② 映画は、一秒間に二十四齣というフィルムの映写速度で観客の眼差しを支配し、神話などの虚構まで表現することを可能にしたが、そうした錯覚によるまやかしは見ることの死をもたらした。

×

④　映画は、息つく間もないスピード感に満ちた物語や広大な宇宙の物語を表現することを**も**可能にしたが、ゆるやかに移ろいゆく時間を、反復とずれによって表現することが不可能になった。

×

①は**ⓐ**の説明が×です。本文では「**ⓐ＝眼にはとまらぬ速度**」と言っているのに、「迫真性」となっています。「迫真性」は「真に迫っている／現実に近い」という意味ですから内容が違います。

②・④はいずれも「**ⓑ＝プラス面**」の説明が違っています。

②は「神話などの虚構まで表現することを可能にした」が×です。「神話」の意味を「虚構＝ウソの物語」というふうに説明していますが、本文では「天地創造の神話＝時間的に遠く離れた昔のこと」という意味でしたから、違ってしまっています。

④は「息つく間もないスピード感に満ちた物語」が×です。本文で述べられていたプラス面は「時間的にも空間的にも広い範囲が描ける」という意味でしたから、「スピード感に満ちた物語」ではありません。筆者の言うスピードは映画の「フィルムが流れるスピード」であって、物語の内容の「スピード感」のことではありません。

最後に⑤を見ましょう。

⑤ 映画は、画像が連続する新しい芸術として発展したが、ひとたびその速度に慣らされてしまった観客には、絵画や写真のように静止した画像と内面でゆっくりと対話することが困難になった。

本文では「ひとつの意味しか見出せない＝映画の映像の意味をじっくり考えることができなくなった」とは述べていますが、「絵画や写真のような静止画」を見た時にまで「ゆっくりと対話することが困難になった」とは述べていませんね。ですから×です。

以上より、解答は③に決定します。

解答 例題5 ③

どうでしたか？
以上この章で見てきたように、「戦略を持って」問題を解くことが大切です。これからは傍線部を見た時に「すぐに前後を見ようとする」のではなく、「傍線部を吟味する」習慣を持って下さい！

第3章 評論攻略の全体的イメージ

「設問を解くタイミング」と「問6の対策法」

はじめに

評論分析編もいよいよ最後の章、「評論攻略の全体的イメージ」に入った。ここでは、「設問をいつ解くのか」と「問6の表現効果・論の構成問題の対策法」を講義していく。これまでの章と同様、コテ先の解答テクニックではなく、過去問題の出題傾向から「出題者の思考と視点」を分析していく。

この章では、過去問題の全問を制限時間で解いてもらい、全体像を踏まえながら各設問の攻略ポイントを講義していきます。

まずは問題を解いてみて下さい。制限時間は20分とします（もちろん志望大学の関係で長い時間をかけられる人は、自分の解答時間で解いて下さい）。

例題 6

目標解答時間 20分

問 次の文章を読んで、後の問い（問1〜6）に答えよ。

わたしは思い出す。しばらく前に訪れた高齢者用のグループホーム(注1)のことを。

住むひとのいなくなった木造の民家をほとんど改修もせずに使うデイ・サーヴィス(注2)の施設だった。もちろん「バリアフリー」からはほど遠い。玄関の前には石段があり、玄関の戸を引くと、玄関間がある。靴を脱いで、よいしょと家に上がると、こんどは襖《ふすま》。それを開けてみなが集《つど》っている居間に入る。軽い「認知症」を患っているその女性は、お菓子を前におしゃべりに興じている老人たちの輪にすぐには入れず、呆然《ぼうぜん》と立ちつくす。が、なんとなくいたたまれず腰を折ってしゃがみかける。とっさに「どうぞ」と、いざり(注3)ながら、じぶんが使っていた座布団を差しだす手が伸びる。「おかまいなく」と座布団を押し戻し、「何言うて(注4)おすな。遠慮せんといっしょにお座りやす」とふたたび座布団が押し戻される……。

和室の居間で立ったままでいることは「不自然」である。「不自然」であるのは、いうまでもなく、人体にとってではない。居間という空間においてである。居間という空間がもとめる(ア)キョソの「風」に、立ったままでいることは合わない。高みから他のひとたちを見下ろすことは「風」に反する。だから、いたたまれなくなって、腰を下ろす。これはからだで憶《おぼ》えているふるまいである。からだはひとりでにそんなふうに動いてしまう。

A からだが家のなかにあるというのはそういうことだ。からだの動きが、空間との関係で、ということは同じくそこにいる他のひとびととの関係で、ある形に整えられているということだ。「バリアフリー」に作られた空間ではそうはいかない。人体の運動に合わせたこの抽象的な空間では、からだは空間の内部にありながらその空間の〈外〉にある。からだはその空間にまだ住み込んでいない。そしてそこになじみ、そこに住みつくというのは、これまでからだが憶えてきたキョソを忘れ去るということだ。だだっぴろい空間にあって立ちつくしていても「不自然」でないような感覚がからだを侵蝕《しんしょく》してゆくということだ。単独の人体がただ物理的に空間の内部にあるということがまるで自明であるかのように。こうして、さまざまなふるまいをまとめあげた「暮らし」というものが、人体から脱落してゆく。

　心ある介護スタッフは、入所者がこれまでの「暮らし」のなかで使いなれた茶碗《ちゃわん》や箸《はし》を施設にもってくるよう「指導」する。洗う側からすれば、割れやすい陶器製の茶碗より施設が供するプラスチックのコップのほうがいいに決まっているが、それでも使いなれた茶碗を奨《すす》める。割れやすいからていねいに持つ、つまり、身体のふるまいに気をやる機会を増すことで（注5）「痴呆《ちほう》」の進行を抑えるということももちろんあろう。が、それ以上に、身体を孤立させないという配慮がそこにはある。

　停電のときでも身の回りのほとんどの物に手を届けることができるように、からだは物に身をもたせかけている。からだは物の場所にまでいつも出かけていっている。物との関係が切断されれば、身は宙に浮いてしまう。新しい空間で高齢者が転びやすいのは、比喩《ひゆ》ではなく、まさに身が宙に浮いてしまうからである。まわりの空間への手がかりが奪われているからである。「バリアフリー」で楽だとおもうのは、あくまで介護する側の視点である。まわりの空間への手がかりがあって、他の身体――それは、たえず動く不安定なものだ――との丁々発止のやりとりもはじめて可能になる。とすれば、人体の運動に対応づけられた空間では、他のひととの関係もぎくしゃくしてくることになる。あるいは、物とのより滑らかな関係に意を配るがために、他者に関心を寄せる余裕もなくなってくる。そう、たがいに「見られ、聴かれる」という関係がこれまで以上に成り立ちにくくなる。空間が、いってみれば、「中身」を失う……。

X「中身」？

この言葉をいきいきと用いた建築論がある。青木淳《じゅん》（注6）の『原っぱと遊園地』（王国社、二〇〇四年）だ。青木によれば、「遊園地」が「あらかじめそこで行われることがわかっている建築」だとすれば、「原っぱ」とは、そこでおこなわれることが空間の「中身」を創《つく》ってゆく場所のことだ。原っぱでは、子どもたちはとにもかくにもそこへ行って、それから何をして遊ぶか決める。そこでは、たまたま居合わせた子どもたちの行為の糸がたがいに絡まりあい、縒《よ》りあわされるなかで、空間の「中身」が形をもちはじめる。その絡まりや縒りあわせをデザインするのが、巧《うま》い遊び手のわざだということであろう。

青木はこの「原っぱ」と「遊園地」を、二つの対立する建築理念の比喩として用いている。そして前者の建築理念、つまりは、特定の行為のための空間を作るのではなく、行為と行為をつなぐものそれ自体をデザインするような建築を志す。「B空間がそこで行われるだろうことに対して先回りしてしまってはいけない」というわけだ。

では、造作はすくないほうがいいのか。ホワイトキューブ（注7）のようなまったく無規定のただのハコが理想的だということになるのだろうか。ちがう、と青木はいう。

まったくの無個性の抽象空間のなかで、理論的にはそこでなんでもできるということではない。たとえば、工場をアトリエやギャラリーに改装した空間が好まれるのは、それが特性のない空間だからではない。工場の空間はむしろ逆に、きわめて明確な特性を持っている。工場には、様々な機械の自由な設置を可能にするために、できる限り無柱の大きな容積を持った空間が求められる。そこでの作業を考え、部屋の隅々まで光が均等に行き渡るように、天井にはそのためにもっとも適切な採光窓がとられる。その目標から逸脱する部位での建設コストは切り詰められる。工場はこうした論理を徹底することでつくられてきた。この結果として、工場は工場ならではの空間の質を持つに至る。工場は、無限定の空間と均一な光で満たされるということと引き替えに、一般的な意味での居心地の良さを捨てるという、明確な特性を持った空間なのである。工場は、単に、空間と光の均質を実現した抽象的な空間なのではない。工場は、そこでの作業を妨害しない範囲で、柱や梁《はり》のトラス(注8)が露出されている、きわめて物質的で具体的な空間なのである。

このような空間に「自由」を感じるのは、そこではその空間の「使用規則」やそこでの「行動基準」がキャンセルされているからだ。「使用規則」をキャンセルされた物質の(イ)カタマリが別の行為への手がかりとして再生するからだ。原っぱもおなじだ。そこは雑草の生えたでこぼこのある(ウ)サラチであり、来るべき自由な行為のために整地されキューブとしてデザインされた空間なのではない。そこにはいろんな手がかりがある。

木造家屋を再利用したグループホームは、逆に空間の「使用規則」やそこでの「行動基準」がキャンセルされていない。その意味では「自由」は限定されているようにみえるが、そこで開始されようとしているのは別の「暮らし」である。からだと物や空間とのたがいに浸透しあう関係のなかで、別のひととの別の暮らしへと空間自体が編みなおされようとしている。その手がかりの(エ)ジュウマンする空間だ。青木はいう。「文化というのは、すでにそこにあるモノと人の関係が、それをとりあえずは結びつけていた機能以上に成熟し、今度はその関係から新たな機能を探る段階のことではないか」、と。そのかぎりでC高齢者たちが住みつこうとしているこの空間には「文化」がある。

住宅は「暮らし」の空間である。「暮らし」の空間が他の目的を明確にもった空間と異なるのは、そこでは複数の異なる行為がいわば同時並行でおこなわれることにある。何かを見つめながらまったく別の物思いにふけっている。食事をしながら、おしゃべりに興ずる。食器を洗いながら、子どもたちと打ち合わせをする。電話で話しながら、部屋を片づける。ラジオを聴きながら、カケイ(オ)ボをつける……。(注9)食事、労働、休息、調理、育児、しつけ、介護、習い事、寄りあいと、暮らしのいろいろな象面がたがいに被《かぶ》さりあっている。これが住宅という空間を濃くしている。(犬なら、餌《えさ》を食いながら人の顔を眺めるということができない?　排尿しながら、他の犬の様子をうかがうということができない?)

住宅は、いつのまにか目的によって仕切られてしまった。リヴィングルーム、ベッドルーム、仕事部屋、子ども部屋、ダイニングルーム、キッチン、バスルーム、ベランダ……。生活空間が、さまざまの施設やゾーニング(注10)によって都市空間が切り分けられるのとおなじように、用途別に切り分けられるようになった。当然、ふるまいも切り分けられる。襖を腰を下ろして開けるというふうに、ふるまいを鎮め、それにたしかな形をあたえるのが住宅であったように、歩きながら食べ、ついでにコンピュータのチェックをするというふうに、（注意されながらも）その形をはみだすほどに多型的に動き回らせるのも住宅である。かつての木造家屋には、いろんなことがそこでできるという、空間のその可塑性によって、からだを眠らせないという知恵が、ひそやかに挿し込まれていた。木造家屋を再利用したグループホームは、たぶん、そういう知恵をひきつごうとしている。D行為と行為をつなぐこの空間の密度を下げているのが、現在の住宅である。

（鷲田清一《わしだきよかず》「身ぶりの消失」による）

（注）1　グループホーム――高齢者などが自立して地域社会で生活するための共同住居。
2　デイ・サーヴィス――高齢者などのため、入浴、食事、日常動作訓練などを日帰りで行う福祉サービス。
3　いざりながら――座った状態で体の位置をずらしながら。
4　「何言うておすな」・「お座りやす」――それぞれ「何をおっしゃっているんですか」・「お座りなさいませ」の意。
5　「痴呆」――認知症への理解が深まる前に使われていた言葉。
6　青木淳――建築家（一九五六〜）。
7　ホワイトキューブ――美術作品の展示などに使う、白い壁面で囲まれた空間。
8　トラス――三角形を組み合わせた構造。
9　象面――ここでは暮らしのなかの場面のこと。
10　ゾーニング――建築などの設計において、用途などの性質によって空間を区分・区画すること。

問1 傍線部(ア)～(オ)の漢字と同じ漢字を含むものを、次の各群の①～⑤のうちから、それぞれ一つずつ選べ。

(ア) キョソ
① 教科書にジュンキョする
② キョシュウを明らかにする
③ トッキョを申請する
④ キョジツが入り混じる
⑤ ボウキョに出る

(イ) カタマリ
① 疑問がヒョウカイする
② キカイな現象
③ カイモク見当がつかない
④ ダンカイの世代
⑤ カイコ趣味にひたる

(ウ) サラチ
① セイコウウドクの生活
② 大臣をコウテツする
③ コウキュウテキな対策
④ 技術者をコウグウする
⑤ キョウコウに主張する

(エ) ジュウマン

① ジュウコウを向ける
② ジュウナンに対応する
③ 他人にツイジュウする
④ 施設をカクジュウする
⑤ ジュウオウに活躍する

(オ) カケイボ

① ゲンボと照合する
② 世界的なキボ
③ 亡母をシボする
④ 懸賞にオウボする
⑤ ボヒメイを読む

問2 **傍線部A「からだが家のなかにあるというのはそういうことだ」とあるが、それはどういうことか。その説明として最も適当なものを、次の①～⑤のうちから一つ選べ。**

① 身体との関係が安定した空間では人間の身体が孤立することはないが、他のひとびとと暮らすなかで自然と身に付いた習慣によって、身体が侵蝕されているということ。

② 暮らしの空間でさまざまな記憶を蓄積してきた身体は、不自然な姿勢をたちまち正してしまうように、人間の身体はそれぞれの空間で経験してきた規律に完全に支配されているということ。

③ 生活空間のなかで身に付いた感覚によって身体が規定されてしまうのではなく、経験してきた動作の記憶を忘れ去ることで、人間の身体は新しい空間に適応し続けているということ。

④ バリアフリーに作られた空間では身体が空間から疎外されてしまうが、具体的な生活経験を伴う空間では、人間の身体は空間と調和していくことができるのでふるまいを自発的に選択できているということ。

⑤ ただ物理的に空間の内部に身体が存在するのではなく、人間の身体が空間やその空間にいるひとびとと互いに関係しながら、みずからの身体の記憶に促されることでふるまいを決定しているということ。

問3 **傍線部B「空間がそこで行われるだろうことに対して先回りしてしまってはいけない」とあるが、それはなぜか。その説明として最も適当なものを、次の①〜⑤のうちから一つ選べ。**

① 原っぱのように、遊びの手がかりがきわめて少ない空間では、行為の内容や方法が限定されやすく空間の用途が特化される傾向を持ってしまうから。

② 原っぱのように、使用規則や行動基準が規定されていない空間では、多様で自由な行為が保証されているためにかえってその空間の利用法を見失わせてしまうから。

③ 遊園地のように、明確に定められた規則に従うことが自明とされた空間では、行為が事前に制限されるので空間を共有するひとびとの主体性が損なわれてしまうから。

④ 遊園地のように、その場所で行われる行為を想定して設計された空間では、行為相互の偶発的な関係から空間の予想外の使い方が生み出されにくくなるから。

⑤ 遊園地のように、特定の遊び方に合わせて計画的にデザインされた空間では、空間の用途や行為の手順が誰《だれ》にでも容易に推測できて興味をそいでしまうから。

問4 **傍線部C「高齢者たちが住みつこうとしているこの空間には『文化』がある」とあるが、それはどういうことか。その説明として最も適当なものを、次の①～⑤のうちから一つ選べ。**

① 木造家屋を再利用したグループホームという空間では、人のふるまいが制約されているということとひきかえに、伝統的な暮らしを取り戻す可能性があるということ。

② 木造家屋を再利用したグループホームという空間では、多くの入居者の便宜をはかるために設備が整えられているので、暮らすための手がかりが豊富にあり、快適な生活が約束されているということ。

③ 木造家屋を再利用したグループホームという空間では、そこで暮らす者にとって、身に付いたふるまいを残しつつ、他者との出会いに触発されて新たな暮らしを築くことができるということ。

④ 木造家屋を再利用したグループホームという空間では、空間としての自由度がきわめて高く、ひとびとがそれぞれ身に付けてきた暮らしの知恵を生かすように暮らすことができること。

⑤ 木造家屋を再利用したグループホームという空間では、さまざまな生活歴を持ったひとびとの行動基準の多様性に対応が可能なため、個々の趣味に合った生活を送ることができるということ。

問5 傍線部Ｄ「行為と行為をつなぐこの空間の密度を下げているのが、現在の住宅である」とあるが、それはどういうことか。その説明として最も適当なものを、次の①～⑤のうちから一つ選べ。

① 現在の住宅では、仕事部屋や子ども部屋など目的ごとに空間が切り分けられており、それぞれの用途とはかかわらない複数の異なる行為を同時に行ったり、他者との関係を作り出したりするような可能性が低下してしまっていること。

② 現在の住宅では、ゾーニングが普及することでそれぞれの空間の独立性が高められており、家族であってもそれぞれが自室で過ごす時間が増えることで、人と人とが触れあい、関係を深めていくことが少なくなってしまっていること。

③ 現在の住宅では、空間の慣習的な使用規則に縛られない設計がなされており、居住者たちがそのときその場で思いついたことを実現できるように、各自がそれぞれの行為を同時に行えるようになっていること。

④ 木造家屋などかつての居住空間では、居間や台所など空間ごとの特性が際立っていたが、現代の住宅では、居住者が部屋の用途を交換でき、空間それぞれの特性がなくなってきていること。

⑤ 木造家屋などかつての居住空間では、人体の運動と連動して空間が作り変えられるような特性があったが、空間ごとの役割を明確にした現在の住宅では、予想外の行為によって空間の用途を多様にすることが困難になっていること。

問6 この文章の表現について、次の(i)・(ii)の各問いに答えよ。

(i) 波線部Xの表現効果を説明するものとして最も適当なものを、次の①〜④のうちから一つ選べ。

① 議論を中断し問題点を整理して、新たな仮説を立てようとしていることを読者に気づかせる効果がある。

② これまでの論を修正する契機を与えて、新たに論を展開しようとしていることを読者に気づかせる効果がある。

③ 行き詰まった議論を打開するために話題を転換して、新たな局面に読者を誘導する効果がある。

④ あえて疑問を装うことで立ち止まり、さらに内容を深める新たな展開に読者を誘導する効果がある。

(ii) 筆者は論を進める上で青木淳の建築論をどのように用いているか。その説明として最も適当なものを、次の①～④のうちから一つ選べ。

① 筆者は青木の建築論に異を唱えながら、一見すると関連のなさそうな複数の空間を結びつけ、「暮らし」の空間として木造家屋を再利用したグループホームに関する主張を展開している。

② 筆者は青木の建築論の背景にある考え方を例に用いて、それぞれの作業ごとに切り分けられた現代の「暮らし」の空間を批判し、木造家屋を再利用したグループホームの有用性を説く主張を補強している。

③ 筆者は青木の建築論を援用しながら、空間の編みなおしという知見を提示することで、「暮らし」の空間として木造家屋を再利用したグループホームに価値を見いだす主張に説得力を与えている。

④ 筆者は青木の建築論を批判的に検証したうえで、現代の「暮らし」の空間と工場における空間とを比較し、木造家屋を再利用したグループホームに自由な空間の良さがあると主張している。

さて、例題6を解いてみてどうですか。傍線部問題は、第1章・2章で教えたことを意識しながら解けましたか?

この章のポイントは、「本番での解答イメージ」と「問6」です。ですから、まずは「問題文はどこまで読むのか」「問題はどのタイミングで解くのか」を説明しながら問題を解いていきます。そして、本番と同様、最後に「問6の表現効果・論の構成問題」を解いていきます。

▼解答の単位は「意味段落」。話題のカタマリごとに解け!

講習会などで教える生徒からよく質問されるのが「先生、全文を読んでから解かなくてもいいんですか?」ということです。きっと今まで「全文を読んでから解け!」って習ってきたのに、僕が途中で解きはじめるから驚いたんでしょうね。でも、そういう質問が出ること自体が実は問題です。

僕が普段教えている生徒に繰り返し言っていることは、**センター評論(本試験)は全文を読んでから解く必要はない。「話題のカタマリ」ごとに解ける**ということです。それはセンター評論の傍線部の引き方が、次のようになっているからです。

センターの秘訣!

傍線部付加のパターン

センター評論では「話題のカタマリ（意味段落）」ごとに傍線部が付加されています。

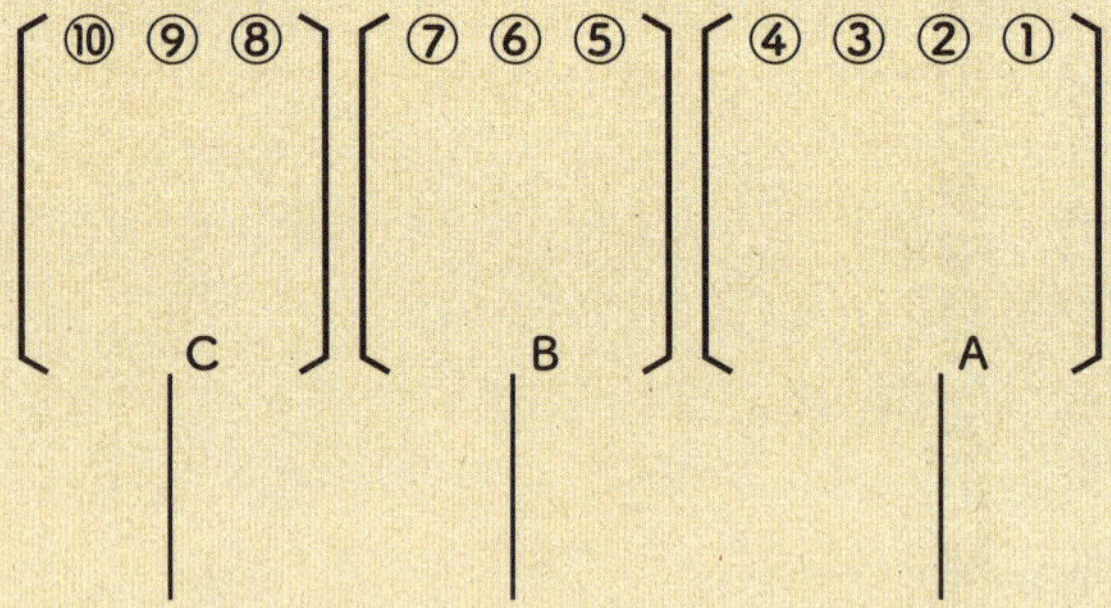

☆傍線部は「意味段落単位」で付加されている!!

↓

設問が「意味段落単位」で出題されているということは、「意味段落ごとに解答できる」ということ!!

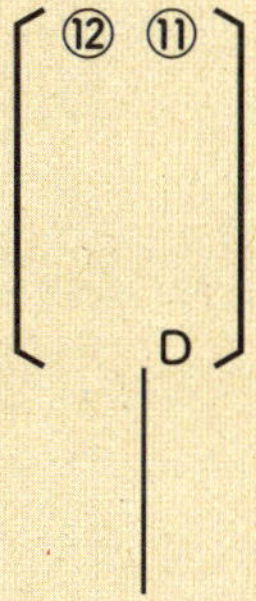

各意味段落の内部は、次のようになっています。

☆意味段落内は「抽↓具↓抽」の展開になるのが基本。
☆傍線部付加の位置は、意味段落の「前置または後置」になるのが基本である。

92ページで説明した「段落の基本展開」と同じように、「意味段落内の文脈」も基本的には「抽↓具↓抽」の展開になります（もちろん例外はあります）。

そして「意味段落」に傍線部を付加する時には、62ページで説明したように、意味段落の「前置または後置」になるのが基本です。

これらのことを意識しつつ、俯瞰視点で解いていくことで、手早く解答していくことができます。

では、「意味段落＝話題のカタマリ」を意識しながら、問題文を読んでいきましょう。

分析

第Ⅰ意味段落（①〜⑦段落）

①わたしは思い出す。しばらく前に訪れた高齢者用の「グループホーム」のことを。②住むひとのいなくなった木造の民家をほとんど改修もせずに使うデイ・サーヴィスの施設だった。もちろん「バリアフリー」からはほど遠い。玄関の前には石段があり、玄関の戸を引くと、玄関間がある。靴を脱いで、よいしょと家に上がると、こんどは襖《ふすま》。それを開けてみなが集《つど》っている居間に入る。軽い「認知症」を患っているその女性は、お菓子を前におしゃべりに興じている老人たちの輪にすぐには入れず、呆然《ぼうぜん》と立ちつくす。が、なんとなくいたたまれず腰を折ってしゃがみかける。とっさに「どうぞ」と、いざりながら、じぶんが使っていた座布団を差しだす手が伸びる。「おかまいなく」と座布団を押し戻し、「何言うておすな。遠慮せんといっしょにお座りやす」とふたたび座布団が押し戻される……。

木造の民家を利用した「グループホーム」について、「バリアフリーの建築」と対比させながら話が始まります。ここではこの「対比軸」がつかめればいいでしょう。

③和室の居間で立ったままでいることは「不自然」である。「不自然」であるのは、いうまでもなく、人体にとってではない。居間という空間においてである。居間という空間がもとめる(ア)キョソの「風」に、立ったままでいることは合わない。高みから他のひとたちを見下ろすことは「風」に反する。だから、いたたまれなくなって、腰を下ろす。これはからだで憶《おぼ》えているふるまいである。からだはひとりでにそんなふうに動いてしまう。

④A からだが家のなかにあるというのはそういうことだ。からだの動きが、空間との関係で、ということは同じくそこにいる他のひとびととの関係で、ある形に整えられているということだ。

⑤「バリアフリー」に作られた空間ではそうはいかない。人体の運動に合わせたこの抽象的な空間では、からだは空間の内部にありながらその空間の〈外〉にある。からだはその空間にまだ住み込んでいない。そしてそこになじみ、そこに住みつくというのは、これまでからだが憶えてきたキョソを忘れ去るということだ。だだっぴろい空間にあって立ちつくしていても「不自然」でないような感覚がからだを侵蝕《しんしょく》してゆくということだ。単独の人体がただ物理的に空間の内部にあるということがまるで自明であるかのように。こうして、さまざまなふるまいをまとめあげた「暮らし」というものが、人体から脱落してゆく。

⑥心ある介護スタッフは、入所者がこれまでの「暮らし」のなかで使いなれた茶碗《ちゃわん》や箸《はし》を施設にもってくるよう「指導」する。洗う側からすれば、割れやすい陶器製の茶碗より施設が

供するプラスチックのコップのほうがいいに決まっているが、それでも使いなれた茶碗を奨《すす》める。割れやすいからていねいに持つ、つまり、身体のふるまいに気をやる機会を増すことで「痴呆《ちほう》」の進行を抑えるということももちろんあろう。が、それ以上に、身体を孤立させないという配慮がそこにはある。

⑦停電のときでも身の回りのほとんどの物に手を届けることができるように、からだは物に身をもたせかけている。からだは物の場所にまでいつも出かけていっている。物との関係が切断されれば、身は宙に浮いてしまう。新しい空間で高齢者が転びやすいのは、比喩《ひゆ》ではなく、まさに身が宙に浮いてしまうからである。まわりの空間への手がかりが奪われているからである。「バリアフリー」で楽だとおもうのは、あくまで介護する側の視点である。まわりの空間への手がかりがあって、他の身体――それは、たえず動く不安定なものだ――との丁々発止のやりとりもはじめて可能になる。とすれば、人体の運動に対応づけられた空間では、他のひととの関係もぎくしゃくしてくることになる。あるいは、物とのより滑らかな関係に意を配るがために、他者に関心を寄せる余裕もなくなってくる。そう、たがいに「見られ、聴かれる」という関係がこれまで以上に成り立ちにくくなる。空間が、いってみれば、「中身」を失う……。

③から⑦段落では、「グループホーム」と「バリアフリー」について、詳しく説明がなされていっています。ここではチェックした2点、つまり、

和室	↔	バリアフリーの建築
＝空間にあわせて人間の方が腰を下ろす		＝人体の運動に空間を合わせる
身体が空間から孤立していない		身体が孤立・単独／空間の外にある

という対比を押さえておいて下さい。

次の段落からは「青木淳の建築論」の話になります。ですから、**ここで話題が変わると考えていったん話を区切り、設問に解答します。**問2を解くことにしましょう。

問2

まずは傍線部をチェックします。

> A からだが家のなかにあるというのは**そういうこと**だ。

述部に「指示語」がありますから、当然「指示内容」は解答のポイントです。

さらにこの問題には、もう一つポイントがあります。傍線部から直後の文まで続けて読むと「……は～**ことだ**。～**ことだ**」となっているのに気づきましたか？

A……は～ことだ。～ことだ。
S → V1　V2

傍線部が「SV」。その後もう一度「V」が続いているわけです。こういう文の時、V_2はV_1の言い換えになることがあります。「彼のがんばりとはそういうことだ。限界まで努力し抜いたということだ。」のような文体ですね。V_2がV_1の説明になっています。

今回の問題文もこの形式になっています。本文で確認してみましょう。

③和室の居間で立ったままでいることは「不自然」である。「不自然」であるのは、いうまでもなく、人体にとってではない。居間という空間においてである。居間という空間がもとめる(ア)キョソの「風」に、立ったままでいることは合わない。高みから他のひとたちを見下ろすことは「風」に反する。だから、いたたまれなくなって、腰を下ろす。これはからだで憶えているふるまいである。からだはひとりでにそんなふうに動いてしまう。

④Aからだが家のなかにあるというのはそういうことだ。からだの動きが、空間との関係で、ということは同じくそこにいる他のひとびととの関係で、ある形に整えられているということだ。

「そういうこと」の指示内容は直前の第③段落ですね。まとめると「＝＝＝、・・・だから＝＝＝」と言っています。そして、傍線部に続く文を見ると、ここも「＝＝＝と・・・で＝＝＝」と言っています。V_1の「指示内容」とV_2が同じことを言っていますね。まとめてみましょう。

③
居間という空間がもとめるキョソの「風」に、立ったままでいることは合わない
高みから他のひとたちを見下ろすことは「風」に反する
⇦〔だから〕
いたたまれなくなって、腰を下ろす
これはからだで憶えているふるまいである

④
A からだが家のなかにあるというのは
そういうことだ。
＝
からだの動きが
空間との関係で
同じく
そこにいる他のひとびととの関係で
ある形に整えられているということだ。

では、選択肢を見ていきましょう。ポイントは「═、┅だから━」です。

① 身体との関係が安定した空間では人間の身体が孤立することはないが、他のひとびとと暮らすなかで自然と身に付いた習慣によって、身体が侵蝕されているということ。

→①は「身体が侵蝕されている」が×。第⑤段落にあるように「身体が侵蝕される」というのは「バリアフリー空間」の説明。

② 暮らしの空間でさまざまな記憶を蓄積してきた身体は、不自然な姿勢をたちまち正してしまうように、人間の身体はそれぞれの空間で経験してきた規律に完全に支配されているということ。

→②は「規律に完全に支配されている」が×。「完全に支配されている」などとは述べられていない。

③ 生活空間のなかで身に付いた感覚によって身体が規定されてしまうのではなく、経験してきた動作の記憶を忘れ去ることで、人間の身体は新しい空間に適応し続けているということ。

→③は「経験してきた動作の記憶を忘れ去る」が正反対で×。

④ バリアフリーに作られた空間では身体が空間から疎外されてしまうが、具体的な生活経験を伴う空間では、人間の身体は空間と調和していくことができるのでふるまいを自発的に選択できているということ。

×

→④は「ふるまいを自発的に選択できる」がこれも正反対で×。「ひとりでに動いてしまう」のだから「自発的に」ではない。

正解は⑤です。きちんとポイントを満たしていますね。

⑤ ただ物理的に空間の内部に身体が存在するのではなく、人間の身体が空間やその空間にいるひとびとと互いに関係しながら、みずからの身体の記憶に促されることでふるまいを決定しているということ。

以上より、解答は⑤に決定します。

解答 問2 ⑤

第Ⅱ意味段落（⑧〜⑪段落）

⑧ X「中身」？

この言葉をいきいきと用いた建築論がある。青木淳《じゅん》の『原っぱと遊園地』（王国社、二〇〇四年）だ。青木によれば、「遊園地」が「あらかじめそこで行われることがわかっている建築」だとすれば、「原っぱ」とは、そこでおこなわれることが空間の「中身」を創《つく》ってゆく場所のことだ。原っぱでは、子どもたちはとにもかくにもそこへ行って、それから何をして遊ぶか決める。そこでは、たまたま居合わせた子どもたちの行為の糸がたがいに絡まりあい、縒《よ》りあわされるなかで、空間の「中身」が形をもちはじめる。その絡まりや縒りあわせをデザインするのが、巧《うま》い遊び手のわざだということであろう。

⑨青木はこの「原っぱ」と「遊園地」を、二つの対立する建築理念の比喩として用いている。そして前者の建築理念、つまりは、特定の行為のための空間を作るのではなく、行為と行為をつなぐものそれ自体をデザインするような建築を志す。「B空間がそこで行われるだろうことに対して先回りしてしまってはいけない」というわけだ。

ここからは青木淳の建築論の話になります。

青木は「遊園地」と「原っぱ」を対比させて、自分の目指す建築は「原っぱ」のような建築だと言います。

「遊園地」は「あらかじめそこで行われることがわかっている」空間です。たしかにジェットコースターはジェットコースターとしてしか使えませんし、観覧車は観覧車としてあります。まさか観覧車を超ハイスピードで回して「絶叫マシーン」としては使いませんね（笑）。つまり「遊園地」は「あらかじめそこで行われることは決まっている」のです。

ところが「原っぱ」は違います。その日その時にそこに居たメンバーによって遊びの内容が変わっていきます。たとえば、そこに置いてある「土管」は、子どもたちが乗っかることで「宇宙船」になるかもしれないし、中に入ることで「基地」になるかも知れません。メンバーによって、どんな行為をするかによって変わるわけです。青木はそういう「原っぱ」のような建築、「行為と行為をつなぐものそれ自体」をデザインすることを志していると述べています。

とはいえ、それは「何もない空間がいい」というわけではない、と青木は言います。

⑩では、造作はすくないほうがいいのか。ホワイトキューブのようなまったく無規定のただのハコが理想的だということになるのだろうか。ちがう、と青木はいう。

まったくの無個性の抽象空間のなかで、理論的にはそこでなんでもできるということではない。たとえば、工場をアトリエやギャラリーに改装した空間が好まれるのは、それが特性のない空間だからではない。工場の空間はむしろ逆に、きわめて明確な特性を持っている。工場には、様々な機械の自由な設置を可能にするために、できる限り無柱の大きな容積を持った空間が求められる。そこでの作業を考え、部屋の隅々まで光が均等に行き渡るように、天井にはそのためにもっとも適切な採光窓がとられる。その目標から逸脱する部位での建設コストは切り詰められる。工場はこうした論理を徹底することでつくられてきた。この結果として、工場は工場ならではの空間の質を持つに至る。工場は、無限定の空間と均一な光で満たされるということと引き替えに、一般的な意味での居心地の良さを捨てるという、明確な特性を持った空間なのである。工場は、単に、空間と光の均質を実現した抽象的な空間なのではない。工場は、そこでの作業を妨害しない範囲で、柱や梁《はり》のトラスが露出されている、きわめて物質的で具体的な空間なのである。

⑪このような空間に「自由」を感じるのは、そこではその空間の「使用規則」やそこでの「行動基準」がキャンセルされているからだ。「使用規則」をキャンセルされた物質の(イ)カタマリ

が別の行為への手がかりとして再生するからだ。**原っぱ**もおなじだ。そこは雑草の生えたでこぼこのある(ウ)サラチであり、来るべき自由な行為のために**整地されキューブとしてデザインされた空間**なのではない。そこにはいろんな**手がかり**がある。

引用がありますね。第1章で教えたことはしっかり実践できましたか？

引用は「筆者の意見」の側をきちんと理解できていれば「超速」で読めるんでしたね。なぜなら筆者の意見を説明するために出てくるのが引用だからでした。「抽→具→抽」の展開と同じように**「筆者の意見→引用→筆者の意見」という展開**が普通ですから、まずは引用の前の「筆者の意見」を押さえます。

引用の直前で、筆者は「『ホワイトキューブのような空間＝中に何もないただのハコ』が理想かというとそれはちがう、と青木はいう」というように述べていますね。ほら、引用を読む前から、引用の内容がわかってしまいました。

〈「ホワイトキューブのような空間＝中に何もないただのハコ」が理想かというとそれはちがう、と青木はいう。〉

引用 ← 〈　　〉の繰り返し

こう予想できる。だから引用は「ざーっと」読んでいけばいいんです。

案の定、引用の直後で「整地されたキューブのような空間がいいのではない」というように言っていますね。予想通りです。結局、第⑩・⑪段落はほとんどチェックするところがない。こんなに長くても〈　　〉としか言っていないわけです。

まとめておきましょう。

「遊園地」
あらかじめそこで行われることがわかっている建築
特定の行為のための空間

「原っぱ」
そこで行われることが空間の「中身」を創ってゆく
←
たまたま居合わせた子どもたちの行為の糸が絡まりあい縒りあわされて「中身」が形をもつ
←
青木の志す建築
B 空間がそこで行われるだろうことに対して先回りしてしまってはいけない
〔とはいえ〕
何もない空間が理想、というわけではない
←
「原っぱ」には「手がかり」がある

…X
…Y

次の段落からは、話題が再び「グループホーム」に戻ります。ですから、**ここで話題が変わると考えていったん話を区切り、設問に解答します。**問3を解くことにしましょう。

問3

まずは傍線部をチェックします。

B 空間がそこで行われるだろうことに対して先回りしてしまってはいけない

傍線部は青木が「遊園地」のような建築のあり方を否定している部分ですね。「そこで行われるだろうことに先回り＝あらかじめそこで行われることがわかってしまっている」ような建築ではダメだと言っています。

設問は「なぜか」と聞いていますが、答えることはとてもシンプルです。だって、

傍線部　「遊園地のような建築」ではいけない。

（なぜか）

解答　「遊園地のような建築」がダメだから。

「原っぱのような建築」がいいから。

という答えになるからです。それぞれのポイントは既に図式でまとめましたから、もう解答を導くことができますね。

選択肢を見ていきましょう。

① **原っぱ**のように、遊びの手がかりがきわめて少ない空間では、行為の内容や方法が限定されやすく空間の用途が特化される傾向を持っ**てしまう**から。 ×

② **原っぱ**のように、使用規則や行動基準が規定されていない空間では、多様で自由な行為が保証されているためにかえってその空間の利用法を見失わせ**てしまう**から。 ×

①・②はいずれも「原っぱ」の説明です。青木は「原っぱ」を褒めているんですから、選択肢は「肯定的評価」でなければならないはずです。ところが、どちらの選択肢も「〜てしまう」という否定的な語尾になっていますね。これで瞬殺です。さらに①は、「手がかりがきわめて少ない」も「手がかりがある」（図式のY）に反していて×ですね。

③から⑤は「遊園地のような空間」について説明した選択肢です。

③ **遊園地**のように、明確に定められた規則に従うことが自明とされた空間では、行為が事前に制限されるので空間を共有するひとびとの主体性が損なわれてしまうから。

×

⑤ **遊園地**のように、特定の遊び方に合わせて計画的にデザインされた空間では、空間の用途や行為の手順が誰《だれ》にでも容易に推測できて興味をそいでしまうから。

×

↓青木の考える「遊園地」の欠点は「そこで行われる行為が決まっている↓
たまたま居合わせた子どもたちの関係から遊びが生まれることがない」点。
したがって、③は「ひとびとの主体性が損なわれる」、⑤は「興味をそいでしまう」が×。

本文で青木が言っているのは「たまたま居合わせた子どもたちの関係から遊びが生まれる」ような空間がいい、ということでした。「たまたま」なんだから、③の「主体性＝自分から進んでやる」は無関係ですし、⑤の「興味を持つか持たないか」も無関係です。

傍線部は「先回り＝もともと遊び方が決まっている」ような空間ではいけない、という内容です。もともと遊び方が決まっていると、「たまたまの関係から生み出される遊び」が生じにくくなるからですね。④はばっちりこの点を説明しています。

④ 遊園地のように、その場所で行われる行為を想定して設計された空間では、行為相互の**偶発的な**関係から空間の予想外の使い方が生み出されにくくなるから。

○

→青木が「原っぱ」の長所としているのは「たまたま居合わせた子どもたちの行為と行為が縒りあわさって『中身』が生まれる」点＝【図式のX】。④は「遊園地ではそれが起こりにくい」と説明しているので○。

以上より、解答は④に決定します。

解答 問3 ④

では、続きの本文を見ていきましょう。

第Ⅲ意味段落（⑫段落）

⑫ 木造家屋を再利用したグループホームは、逆に空間の「使用規則」やそこでの「行動基準」がキャンセルされていない。その意味では「自由」は限定されているようにみえるが、そこで開始されようとしているのは別の「暮らし」である。からだと物や空間とのたがいに浸透しあう関係のなかで、別のひととの別の暮らしへと空間自体が編みなおされようとしている。その手がかりの(エ)ジュウマンする空間だ。青木はいう。「文化というのは、すでにそこにあるモノと人の関係が、それをとりあえずは結びつけていた機能以上に成熟し、今度はその関係から新たな機能を探る段階のことではないか」、と。C高齢者たちが住みつこうとしているこの空間には「文化」がある。

そのかぎりで

話が「木造家屋のグループホーム」に戻りました。そこでは「別のひととの別の暮らしへと空間自体が編みなおされようとしている」と述べています。「遊園地」のようにあらかじめ決まっているのではなくて、そこに居合わせた人によって新たな「中身」が生まれる空間が「グループホーム」だというわけです。

筆者はここで「文化＝そこにあるモノと人の関係が、もともとあった以上に成熟し新たな機能を探る段階のことだ」という青木の言葉を出して、「その」意味では、グループホームには「文化」がある、と述べています。グループホームでも「そこに居る人の関係の中で新たな暮らしが生み出されている」からですね。

まとめると、こうなります。

木造家屋のグループホーム
別のひととの別の暮らしへと空間が編みなおされようとしている

青木はいう。

そのかぎりで → 「文化とは、すでにそこにあるモノと人の関係が、それをとりあえずは結びつけていた機能以上に成熟し、新たな機能を探る段階のこと」

C
高齢者たちが住みつこうとしているこの空間には「文化」がある

これを問うているのが問4です。ポイントは「文化＝そこに居る人の関係によって新たなものが生み出されていく」ということですね。これを満たしている選択肢を探します。

そのかぎりで＝そこに居る人との関係で新たな空間が生まれる

① 木造家屋を再利用したグループホームという空間では、人のふるまいが制約されているということとひきかえに、伝統的な暮らしを取り戻す可能性があるということ。

② 木造家屋を再利用したグループホームという空間では、多くの入居者の便宜をはかるために設備が整えられているので、暮らすための手がかりが豊富にあり、快適な生活が約束されているということ。

③ 木造家屋を再利用したグループホームという空間では、そこで暮らす者にとって、身に付いたふるまいを残しつつ、**他者との出会いに触発されて新たな暮らしを築くことができる**ということ。

④ 木造家屋を再利用したグループホームという空間では、空間としての自由度がきわめて高く、ひとびとがそれぞれ身に付けてきた暮らしの知恵を生かすように暮らすことができること。

⑤ 木造家屋を再利用したグループホームという空間では、さまざまな生活歴を持ったひとびとの行動基準の多様性に対応が可能なため、個々の趣味に合った生活を送ることができるということ。

※「そのかぎりで」の指示内容が説明できているのは③だけ！

以上より、解答は③に決定します。

解答 問4 ③

選択肢からスタートしてひとつひとつ本文と照合する見方では、吟味にかなりの時間がかかってしまいます。でも、今のように、**説明すべきポイントを明確にした上で選択肢を見る**と手早く吟味できます。特に「指示内容」を含む問題の時はかなり速い。「時短」のポイントとして意識しておいて下さい。

では、最後の意味段落に入っていきましょう。

第Ⅳ意味段落（⑬⑭段落）

⑬住宅は「暮らし」の空間である。「暮らし」の空間が他の目的を明確にもった空間と異なるのは、そこでは複数の異なる行為がいわば同時並行でおこなわれることにある。何かを見つめながらまったく別の物思いにふけっている。食事をしながら、おしゃべりに興ずる。食器を洗いながら、子どもたちと打ち合わせをする。電話で話しながら、部屋を片づける。ラジオを聴きながら、カケイ(オ)ボをつける……。食事、労働、休息、調理、育児、しつけ、介護、習い事、寄りあいと、暮らしのいろいろな象面がたがいに被《かぶ》さりあっている。これが住宅という空間を濃くしている。（犬なら、餌《えさ》を食いながら人の顔を眺めるということができない？排尿しながら、他の犬の様子をうかがうということができない？）

⑭住宅は、いつのまにか目的によって仕切られてしまった。リヴィングルーム、ベッドルーム、仕事部屋、子ども部屋、ダイニングルーム、キッチン、バスルーム、ベランダ……。生活空間が、さまざまの施設やゾーニングによって都市空間が切り分けられるのとおなじように、用途別に切り分けられるようになった。当然、ふるまいも切り分けられる。襖を腰を下ろして開けるというふうに、ふるまいを鎮め、それにたしかな形をあたえるのが住宅であったように、歩きながら食べ、ついでにコンピュータのチェックをするというふうに、（注意されながらも）その形をはみだすほどに多型的に動き回らせるのも住宅である。D行為と行為をつなぐこの空間の密度を下げているのが、現在の住宅である。かつての木造家屋には、いろんなことがそこでできるという、空間のその可塑性によって、からだを眠らせないとい

う知恵が、ひそやかに挿し込まれていた。木造家屋を再利用したグループホームは、たぶん、そういう知恵をひきつごうとしている。

第⑬・⑭段落では、「本来の住宅空間」と「それを失った現在の住宅」の対比の説明をしています。

本来の住宅

複数の異なる行為が同時並行でおこなわれる

〔歩きながら食べ、ついでにコンピュータをチェックする〕

←

〔行為と行為をつなぐこの空間の密度〕

↕

現在の住宅

目的によって仕切られてしまった用途によって切り分けられた

D〔　　　〕を下げている

整理してしまえば、ポイントはこれだけです。

では、選択肢を見ていきましょう。

①現在の住宅では、仕事部屋や子ども部屋など目的ごとに空間が切り分けられており、それぞれの用途とはかかわらない〔複数の異なる行為を同時に行ったり、他者との関係を作り出したりする〕ような可能性が低下してしまっていること。

○

→ポイントがきちんと説明されているので、これが正解。

②現在の住宅では、ゾーニングが普及することでそれぞれの空間の独立性が高められており、家族であってもそれぞれが自室で過ごす時間が増えることで、人と人とが触れあい、関係を深めていくことが少なくなってしまっていること。

×

→本文が述べているのは、複数の「行為と行為が重なりあう」という意味であって、「人間と人間が触れあう」という意味ではない。

③現在の住宅では、空間の慣習的な使用規則に縛られない設計がなされており、居住者たちがそのときその場で思いついたことを実現できるように、各自がそれぞれの行為を同時に行えるようになっていること。

×

×

→③は「使用規則に縛られない」が本文の記述と正反対。また「行えるようになっている」という文末表現も肯定的評価なので×。傍線部は「現在の住宅」を否定的に評価しているところ。

④ 木造家屋などかつての居住空間では、居間や台所など空間ごとの特性が際立っていたが、現代の住宅では、居住者が部屋の用途を交換でき、空間それぞれの特性がなくなってきていること。

×

×

→「空間の特性がなくなる」という説明が本文と逆になっている。「空間の特性が際立つ＝現代の住宅」である。

⑤ 木造家屋などかつての居住空間では、人体の運動と連動して空間が作り変えられるような特性があったが、空間ごとの役割を明確にした現在の住宅では、予想外の行為によって空間の用途を多様にすることが困難になっていること。

×

→第⑦段落に「人体の運動に対応づけられた空間」とあったように、「人体の運動と連動して空間が作り変えられる」という説明は「バリアフリー空間」の説明で逆。

以上より、解答は①に決定します。

解答 問5　①

さて、これで問2から問5の傍線部説明問題には解答できました。今まで解いてきたように、**センター評論は話題のカタマリごとに問題を解いていくことができますから、先に全文を読んでしまう必要はありません**。第一、最後まで読んでいたら、前の方の細かいところなんて忘れてしまいます。記憶が鮮明なうちに、部分ごとに手早く処理していって下さい。

では、残る問6に解答していきましょう。

問6

設問を見て下さい。

この文章の表現について、次の(i)・(ii)の各問いに答えよ。

(i)　波線部Xの**表現効果**を説明するものとして最も適当なものを、次の①〜④のうちから一つ選べ。

(ii)　筆者は**論を進める上で青木淳の建築論をどのように用いているか**。その説明として最も適当なものを、次の①〜④のうちから一つ選べ。

センター評論の問6は、右のように(i)・(ii)の2題構成で「**表現効果**」と「**論の構成**」等を問う問題です。今回のように(i)・(ii)に分けずに一題の形式で問われる時でも、選択肢はこのいずれかのポイントでできていますから、この2点に注目していきます。

▼「表現問題」は多様な設問内容。でも平易なので大丈夫!!

まず「**表現効果**」を問う問題ですが、過去の出題を見る限り問われる内容は多様です。たとえば、

- ・普通の段落の中に「短い一文の段落」をはさむことの効果
- ・文中のダッシュ記号「——」の効果
- ・文末の「です・ます」という表現の効果
- ・「引用」や「具体例」の効果

などがこれまでに問われています。他にも例題2の問6のように、波線部が「通念⇕筆者の主張」になっていて、その理解を問うような問題もあります。

でもね、心配はいりません。**「表現効果」の問題は、問題としては平易なものが多く、解答のポイントもはっきりしているものが多いのが特徴です。**ですから、特に構える必要はなく、その場で問われたことに対処すれば大丈夫でしょう。

さて安心してもらった上で、ここで一つとっておきの「吟味のコツ」を教えておきます。

次の例は例題3で扱った、岩井克人「資本主義と『人間』」の最終段落と問6の(i)です。紙面の関係ですべてを掲載することはできませんが、ピックアップして例として紹介します。

▼岩井克人「資本主義と『人間』」より

差異を媒介して利潤を生み出していたヴェニスの商人X——あのヴェニスの商人の資本主義こそ、まさに普遍的な資本主義であったのである。そして、「人間」は、この資本主義の歴史のなかで、一度としてその中心にあったことはなかった。

問6 (i) **波線部Xのダッシュ記号「——」のここでの効果を説明するものとして適当でないものを、次の①〜④のうちから一つ選べ。**

① 直前の内容とひと続きであることを示し、語句のくり返しを円滑に導く効果がある。
② 表現の間《ま》を作って注意を喚起し、筆者の主張を強調する効果がある。
③ 直前の語句に注目させ、抽象的な概念についての確認を促す効果がある。
④ 直前の語句で立ち止まらせ、断定的な結論の提示を避ける効果がある。

各選択肢は「表現の説明部分」と「その効果を説明した部分」の二要素で構成されています。

①直前の内容とひと続きであることを示し、語句のくり返しを円滑に導く効果がある。
②表現の間《ま》を作って注意を喚起し、筆者の主張を強調する効果がある。
③直前の語句に注目させ、抽象的な概念についての確認を促す効果がある。
④直前の語句で立ち止まらせ、断定的な結論の提示を避ける効果がある。

表現部分　効果部分

こういう問題が苦手な人は、最初に「表現部分」を見た時に「どれも本文に合致してそうだよなぁ〜。ひと続きって言われればそうだし、間を作ってるって言われたらそれもそうな気がするし…」と悩んでしまうんですね。

でもね、実はこの問題、「効果部分」に注目すれば瞬殺できる問題なんです。④の「効果部分」に「断定的な結論の提示を避ける効果」とありますが、避けるどころか、波線部Xの「ダッシュ」に続く部分はまさにこの本文の結論なんです。ということで簡単に×できるんです。「表現問題」は二要素に分けて考え、「表現部分」が？なら「効果部分」を見ればいい。この選択肢の見方はポイントですよ。しっかり覚えておいて下さい。

▼「論の構成」は「意味段落」で解ける！

次に「論の構成」を問う問題ですが、基本的に**傍線部説明問題を解く時に意識した「意味段落」の構成で解けます。**何度も言ってきたように、時間が本当に厳しいテストですから、このあたりはよく考えて作られています。

ポイントをまとめておきましょう。

センターの秘訣！

問6「表現効果」と「論の構成」問題のポイント

(i)の「表現効果」は、選択肢を「表現」と「効果」に二分して考えよ！

(ii)の「論の構成」は、傍線部説明問題を解く時に意識した「意味段落」の構成で解ける！

※この考え方は、(i)・(ii)に分かれていない場合にも適応できます。

では、以上の解法を踏まえて、今回の問題に解答していきましょう。

(i)は波線部X「『中身』？」の表現効果を説明する問題です。選択肢を見ると、解法通り、選択肢の前半が「表現」、後半が「効果」の説明になっています。

（表現部分／効果部分）

① 議論を中断し問題点を整理して、（×）新たな仮説を立てようとしていることを読者に気づかせる効果がある。

② これまでの論を修正する契機を与えて、（×）新たに論を展開しようとしていることを読者に気づかせる効果がある。

③ 行き詰まった議論（×）を打開するために話題を転換して、新たな局面に読者を誘導する効果がある。

④ あえて疑問を装うことで立ち止まり、さらに内容を深める新たな展開に読者を誘導する効果がある。

この問題は「表現部分」だけで解答が即決できます。先に述べたように「平易な」問題です（ちなみに「効果部分」は、「新たな仮説を立てよう」「新たに論を展開しよう」等となっていてほぼ同内容ですね）。

①は「中身？」と言うだけでは問題点は整理できませんし、②は波線部以降で「これまでの論を修正」してはいないので×です。むしろ同じ主張が続いていました。③は「行き詰まった議論」が×です。筆者のここまでの論に行き詰まりはありません。

ということで、正解は④になります。

筆者は「『中身』？」と、直前に自分で言ったことに対してツッコミを入れているわけですから前半の「疑問を装う」は問題ないし、それで論が先に進むのはいったん止まりますから「立ち止まる」も問題なしです。

以上より、解答は④に決定します。

次に(ii)です。今回の(ii)は「論の構成」ではなく、「筆者が自論を進める上で『青木淳の建築論』をどのように用いているか」を問うています。つまり「引用」について問うています。

「引用」については、第1章の例題1でやりました。覚えていますか？「引用は筆者の主張と『イコールか対比か』の関係を考える」んでしたね。今回の場合は、当然「イコール」と考えます。

① 筆者は青木の建築論に異を唱えながら、一見すると関連のなさそうな複数の空間を結びつけ、「暮らし」の空間として木造家屋を再利用したグループホームに関する主張を展開している。

×

→「異を唱え」が×。筆者と同意見であり、むしろ援用している。

② 筆者は青木の建築論の背景にある考え方を例に用いて、それぞれの作業ごとに切り分けられた現代の「暮らし」の空間を批判し、木造家屋を再利用したグループホームの有用性を説く主張を補強している。

×

→「現代の『暮らし』の空間」については最後の意味段落で論じられていた。青木の建築論はその前の意味段落で出てきたものであり、「現代の『暮らし』の空間を批判するための例」ではないので×。

③ 筆者は青木の建築論を援用しながら、空間の編みなおしという知見を提示することで、「暮らし」の空間として木造家屋を再利用したグループホームに価値を見いだす主張に説得力を与えている。

④ 筆者は青木の建築論を批判的に検証したうえで、現代の「暮らし」の空間と工場に

×

おける空間とを比較し、木造家屋を再利用したグループホームに自由な空間の良さがあると主張している。

↓①同様、「批判的に検証し」が×。筆者は青木の論を批判してはいない。

以上より、正解は③に決定します。④なども他の部分にも×できるところはありますが、あくまで「青木の論をどう用いているか」なので、まずはその点にしぼって選択肢を吟味することです。

繰り返しますが、**問6はポイントがつかめていれば「平易な」ものが多い**んです。できるだけ「短時間で解答するための思考回路」を構築することを意識していこう!

解答 問6 (i)＝④ (ii)＝③

問1

(ア)の「挙措(＝立ち居振る舞いのこと)」や(ウ)の「更地」は難しかったかも知れません。センターでは文脈の内容を踏まえないと選びにくい漢字も出題されますから、はじめに漢字だけやってしまうというよりは、読解を進めながら解いていくのがいいでしょう(もちろん、すべて解き終わってから最後に選んでも構いません)。

解答 問1 (ア)＝⑤ (イ)＝④ (ウ)＝② (エ)＝④ (オ)＝①

第2部

小説分析編

小説分析編／開講オリエンテーション

きっとあなたの「心情把握」は間違っています

さて、ここからは小説分析編に入っていきます。いきなりなんだか「すごい見出し」をつけてしまいましたが、僕は別に大げさなことを言っているのではありません。**本当にみなさんは小説読解については「曖昧に」しか習ってないいんですね。**それが「センター対策」となるとさらにいいかげんです。平気で一般の「マーク式××問題集」をやればそれで対策になると教わっている。とんでもないことです。だからこの小説分析編のオリエンテーションでは、まず「ダメなものはダメ」とはっきり言い切ることからはじめていきたいと思います。

では、さっそく講義に入っていきますが、中には「小説読解」を勉強したことがないという人もいるでしょうから、センター対策の「核心」に入る前にまずは本当に「基本の基本」から入っていくことにしましょう。

▼まずは基本から。「小説」ってどんなもの

小説は「物語文」と言われることもあるように、

登場人物たちが、ある物語（ストーリー）を展開していく文章

です。ということは、僕たちがチェックしていくべきポイントは2つで、

(1)「登場人物」の把握 → どんな「人間関係」のお話なの？
(2)「ストーリー」の把握 → どんな「お話」が展開しているの？

ということになります。

▼結局、すべては「人間」だ！

それじゃあ、その「人間関係」や「ストーリー」はどうやって読解していけばいいのか。結論から言うと、

結局すべては「人間」だ！

ってことになります。だって「ストーリー」を作っているのは「人間」だし、「人間関係」はもちろん「人間同士の関係」です。だから**とにかく「人間」が大切**なんです。**つまり、小説読解は「人間読解」だということができます。**

「人間を読む」。うーん、なんてかっこいい響きなんでしょう。だから僕は「現代文」が好きなんですよ。「人生そのもの」に関わる学びですから。だってみなさんのこれからの人生で「人間を読む」ことが必要な場面なんていっぱいあるはずですよ。たとえば、

「好きな人の仕草から、自分のことをどう想っているか感じ取る」

「友達の普段と違う様子から『何か悩んでるんじゃないか』、と気づいてあげる」

「ふとした息子の表情から、彼の決意を察してあげる」

等々。これって全部「人間を読んでいる」わけです。

「人間を読め」ないと大変ですよ。人に優しくもしてあげられないし、恋人だってできない。将来子どもがグレちゃうかも知れません（笑）。

だから**「自分中心の理解」や「自分にはこう思える」っていう主観の押しつけではなくて、客観的に相手の気持ちをつかむ訓練が必要なんです。**そうやって「他者の心を追体験する」ことによって「そういう感じ方もあるんだな」とか「こんな生き方もいいな」と、自分の世界が広がっていく。いろんな人生を生きられるわけです。それが小説読解です。つまり「小説読解ができるようになること＝自分が人として大きくなっていくこと」と言えます。そう考えると、入試に小説があることも大切です。そう思いませんか？　なんだか、小説の勉強にわくわくしてくるでしょ？

▼「人間を読む」ことは「心を読む」こと

さて、じゃあその「人間」はどうやって読んでいけばいいのかを考えていきましょう。だいたい「人間を読む」ってどういうことなんでしょう。答えは簡単です。「心」を読むんです。人間は「心」がすべてです。とにかくすべてのことが「心」に帰着していく。さっき挙げた例だって、「仕草や表情」から「心」を読み取っています。**ただ「心」こそ大切なんです。**

つまり、小説では「登場人物の心理」を読んでいくことが重要だということになります。そしてこの**「登場人物の心を読んでいくこと」を一般に「心情把握」と言います。**

☆「心情把握」＝「登場人物（中心は主人公）の心理を読む」こと

さて、これで「小説」では何を読んでいけばいいのかわかりましたね。結局**「ストーリー」の中で「人間関係」を整理しながら、それぞれの人物の「心理」を読んでいけばいい**わけです。それだけです。しかも「それぞれの人物」とは言っても**中心は「主人公」**ですから、「ストーリー」も「人間関係」も全部「主人公」を中心に整理してしまえばいいわけです。至って単純です。

▼曖昧すぎる多くの参考書の「心情把握」

さて、今までのは本当に基本です。だから**ここまでだったら他の参考書にも書いてあるかもしれません。**そしてここからがこのオリエンテーションの「核心」の部分です。よく一般の参考書に書かれている「間違ったポイント」をばさっと切っていきます。しっかり理解して下さい。

もちろん、今ここに書いてきた「小説読解のポイントは心情把握だ！」という点には、僕も異論はありません。でもね、その**「心情把握」の仕方が、世の中の参考書にはあまりにも「アバウト」にしか書かれていないん**です。

その結果多くの生徒たちが、「心情把握」と言うと、たとえばこんなふうに理解しているんです。

> 長年夢みてきた作品の創作に、彼は今取り組もうとしていた。
> 胸の高鳴りとともに、筆を執《と》った。
> 彼は我を忘れて作業に熱中した。
> どのぐらいの時が流れただろうか。
> ふと我に返ると、不思議にも空虚な後味がしきりにした。
>
> 主人公の心理を追いかけて読んでいく

どうでしょう？　こんなふうに「主人公の心理をチェックして追いかける」ことが「心情把握」だと習っている人、けっこういるんじゃないですか？　それで一生懸命「心理に関わる表現」に○をつけたりしている。で、成績が上がらないって困っているんです。

でもね、上がらなくて当然です。そんなアバウトな方法で成績が上がるなんてとんでもない。はっきり言って、こんなの甘すぎます。**これでセンター対策なんて「お笑い」です。**

そりゃあ「マーク式××問題集」をやれば対策になるって言うはずですよ。センターの設問がどうなっているか、まったくわかってないんですから。センター試験は「選択肢の分析の勝負」。だから今挙げたような読み方では答えにたどりつけません。たどりつけると思っている人は完全に騙されています。

▼「小説では心情把握が大切」のウソ

先に述べてきたように、一般に小説読解と言えば「心情把握が大切だ」と言われます。**たしかに「心情把握」は大事なことです。でも本当にそれでいいんでしょうか？**

「え？ 船口、なに急に怪しいことを言い出すんだ？」と思った人。落ち着いて僕の話を聞いて下さい。僕の言ってることが怪しいかどうかなんて、過去問を見れば一目瞭然です。次の問題を見て下さい。

▼堀江敏幸「送り火」

問3 傍線部B「絹代さんにはなぜかそれが<u>とても嬉しかった</u>」とあるが、この部分を含む子どもたちとのやりとりを通してうかがえる「絹代さん」の心情とはどのようなものか。その説明として最も適当なものを、次の①～⑤のうちから一つ選べ。

① 「おねえちゃん」と呼ばれて当然だと思っていたが、「おばちゃん」という呼び方に表れた子どもたちの気さくな態度に触れたので、仲間意識の高まりを感じて**嬉しく思っている**。

② まだ二十代なのに「おばちゃん」と呼ばれるのは不本意ではあるが、自分を頼りにする子どもたちの気持ちが伝わってくるので、保護者になったように感じて**嬉しく思っている**。

③ 子どもたちから「おばちゃん」と呼ばれると年寄り扱いされているようで嫌だったが、陽平さんに近づいたような気がしたので、書道教室を一緒に経営しているように感じて**嬉しく思っている**。

④ 父親の死後、母親とふたりきりで寂しく暮らしていたが、自分になついて遠慮なく振る舞う子どもたちとにぎやかに交流するようになったので、家族に対するような親密さを感じて**嬉しく思っている**。

⑤ 部屋を貸すまで、大人ばかりで静かに暮らしていたが、泣くふりをすると喜ぶ生意気盛りの子どもたちが出入りするようになったので、以前の活気がよみがえったように感じて**嬉しく思っている**。

設問は「とても嬉しかった」という絹代さんの心情を問う問題です。なのに**選択肢の心理は全部「嬉しく思っている」です。「心理」は全部同じです。**心理で選択肢を選べるわけがありません。

もう一つ、例を挙げてみます。

▼牧野信一「地球儀」

問3 傍線部B「突然テレ臭くなって慌てて母の傍を離れた」のはなぜか。その理由の説明として最も適当なものを、次の①〜⑤のうちから一つ選べ。

① 父には頼らない生活を始めるという母の決意を頼もしく受け止めたが、今後も父親からの金銭的援助をあてにしている自分を思い出し、母の決意とかけ離れている自分を**恥ずかしく感じた**から。

② 父との決別による困窮を覚悟する母に同調せざるを得なかったが、短篇の執筆にかまけるなど母に頼るばかりの自分の生活を改めて意識し、経済的に自立できていない自分を**恥ずかしく感じた**から。

③　新たな生活をしようとする母を支えていくと宣言したが、夢想がちであった子ども時代の思い出に浸り続けていたことを思い返し、過去にばかりとらわれ現実を直視できない自分を**恥ずかしく感じた**から。

④　ひとりで家を支えていくという母の覚悟に心を大きく動かされたが、短篇の中に不在の父を思う温かな家族の姿を描いたことを改めて意識し、感情に流されやすく態度の定まらない自分を**恥ずかしく感じた**から。

⑤　母を苦しめる父を拙《つたな》い言葉を用いてののしったが、大人に褒められたいとばかり考えていた幼い自分を短篇の中に描いたことを思い出し、いつまでも周囲に媚びる癖の抜けない自分を**恥ずかしく感じた**から。

これも、設問は「私が母の傍を離れた理由」つまり「心理」を聞いています。なのに**選択肢の心理は全部「恥ずかしく感じた」で同じです。**これで心理がポイントのはずがない。

どうでしょう。僕の言いたいことはわかりましたか？

「心理」を問うている問題の心理が「全部同じ」。ビックリだけどこれが真実です。今はじめてこれを知って驚いた人。厳しいけれどはっきり言います。「今まで習ってきたこと」は一体何だったんでしょう？「心理が大切」なんて、一体過去問の何を見てそんなことを言ってるんでしょうか？　残念ながら、かなりの「ウソ」を習ってきたんです。

「心理が全部同じ」じゃあ、どう見たって「心理をポイントにして選択肢が選べる」はずがない。なのに君たちは「小説読解では心理が大切だ！」と思って小説問題を解いている。そう習ってきたからです。そりゃあ成績も上がるはずがない。

いいですか。もう一度言います。**過去問を見れば一目瞭然。センター小説の選択肢のポイントは「心理」ではないんです。これがセンター小説なんです。**こんな一目瞭然のことを知らずに解いている人があまりにも多いんです。苦手な君が今までできるようにならなかった原因はここにある。だから正しい着眼がわかれば成績は上がるんです。大丈夫です。僕がこの本でみなさんに伝えたいのはそういうことなんです。

もちろん、小説を「読む」段階においては「心情把握」は大切です。僕も、後で具体的に例題を解説する時には「心情」の説明はもちろんしています。そんなことは当然です。でもね、**小説を「読むこと」と「解くこと」は違う。着眼が違うんです。**

※これは、決して僕がセンター試験の問題を批判しようとしているわけではありません。むしろ評論問題も含めて、とても素晴らしい問題だと思っています。過去問題を見るたび、毎年毎年、よくぞここまで良い問題を作ってこられたな、と出題者の先生方の深慮に敬服する限りです。逆に「センターなんて悪問だ」と批判している人たちの方が浅慮なのです。

▼「センター風テスト」に騙されるな！

「先生……。でも、今までやった問題では『心理』を見て正解してました」って？

そうです。それは「模試」や「問題集」だからです。「模試」や「問題集」はあくまでセンター「風」テストです。センター「っぽい」だけです。センターではない。偽物は偽物。どこまでいっても「本物」ではないんです（もちろん例外的に良い出題もありますが）。なのに見た目が似ているから、みんなそれでセンター対策しているつもりになっているんですね。本当に恐ろしいことです。

じゃあどうすればいいのかって？

それはこれから僕が教えていきます。

「とっておき」を教えていきますから。そうすれば、「本当のセンター対策」はどうすべきか、なぜセンター小説の選択肢は「心理が全部同じ」になっているのか等、「本当の視点」が見えてきます。

オリエンテーションはここまで。これでこの本で僕が教えたいことがどういうことかがわかってもらえたはずです。これから、「本当のセンター対策」を学んでいきましょう。

第1章 センター小説・「心情把握問題」の攻略

心情把握の2つのパターン

はじめに

この章では、オリエンテーションの内容を踏まえて、センター小説の「心情把握問題」がどのように作られているのかを分析していく。傍線部の引かれ方、選択肢の構成等、さまざまなことを講義するので、しっかりと身につけて欲しい。

▼「2つ」の心情把握

ここからは本格的に「心情把握」の方法を教えていきます。これから僕が教えていく「心情把握」には2つの種類があります。

1 全体把握…物語の「全体像」を読み取る
2 部分把握…ある場面における登場人物の「一つの心理」を読み取る

1「全体を見る眼」と2「部分を見る眼」の両方が必要なのですが、理想は、まずはざっと通読していったん「全体像」をつかみ、その上で設問を中心に「部分」をもう一度読みなおしつつ解答を出す、というスタイルを取りたいところです。ところが、近年のセンター小説の出題は、物語の「全文」が出題されており、問題文が長文化しています。その結果、よほど得意でないと今挙げた「2度読み」する時間がないというのが現実でしょう。

とはいえ心配はありません。近年の出題は場面ごとに解答可能ですから、**時間が厳しい人は無理せず「場面ごと」に解答していけばいいでしょう。**

では、1・2それぞれで「どこに注目していくのか」をまとめておきます。

センターの秘訣！

心情把握問題の着眼点

1 全体把握…「人物関係」と「場面展開」を意識。
ざっくりとストーリーをつかめばOK！

（ポイント）
＊「人物関係」を整理しつつ、主人公の心理を追って読むのが基本
＊「場面」は「時・場所・人物の出入り」に注目。「回想」には特に注目!!

2 部分把握…「傍線部」を中心に分析。

（ポイント）
＊「事態→心理→行動」の3要素をチェック！（↓詳しくは後述）

このまとめを見て気づいてほしいことがあります。それは、センター小説では**「全体把握のポイント」**と**「部分把握のポイント」がまったく違っている**ということです。

時間が限られたテストなんだから、「全体把握」の時に細部を読み込む必要はありません。そんなことができるのはごく一部の得意な人だけでいいんです。そんなことできなくても高得点は取れます。逆に「部分把握＝設問を解く時」には、徹底して「設問関連部分をきっちり分析」すればいいんです。これから解いていく例題を見れば、そのことは一目瞭然でわかります。

オリエンテーションで、僕が「世間の参考書の心情把握は『甘い』と言った理由」はここにあります。そう、**本当は2つの心情把握が必要なのに「全体把握」の説明ばかりしている本がほとんど**なんです。平気で「主人公の心理を追いかけて読んでいけば解答を導ける」みたいに書いてある。でもそんなアバウトな読みでは選択肢は選べません。逆に全体把握を丁寧にやりすぎると時間が足りなくなってしまいます。丁寧に読むのは「部分把握」だけでいいんです。

また「小説も評論と同じ解法で解ける」と書いてある本もあります。はっきり言ってお話になりません。そんなはずがない。たしかにごく一部「論理」で解ける問題もあります。でも本当に一部に過ぎないんです。当然のことながら「小説には小説の解法が必要」です。そんなこと当たり前のことです。

可哀想にもそんなやり方で勉強しているから、いつまでたっても「選択肢が切れるようにならない」んですね。**小説の「内容はわかった」はずなのに「選択肢にひっかかる」。**根本から着眼を変えないと、今のままではまた同じようになってしまいます。**きちんと「設問や選択肢を分析的に見る眼」を知らないとダメなんです。**

だからね、これから僕が教えるセンター小説の「設問の作られ方」、「選択肢の作られ方」を根本からきっちり理解していって下さい。そうすればまったく見方が変わります。「コテ先の解法パターン」ではなくて、考え方の根本からきっちり教えますから。理解して身につけて下さい！

▼センター小説の「心情設問の作られ方」

まずみなさんに、**「センター試験の小説問題は矛盾をはらんだテストである」という前提**を知ってほしいと思います。

どういうことか。

「マーク式問題＝客観テスト」ですから、答えは「客観的に」決まらなければならないわけです。つまりきちんと読めていれば「誰が解いても同じ答え」にならねばならない。ところが「心理」は「主観的なもの」です。同じ場所にいて、同じものを見たり聞いたりしても、感じ方は人によってさまざまに異なります。

心理　＝主観的なもの

↕

マークセンス式＝客観テスト

もう少し具体的に説明してみましょう。たとえば「失恋という場面」を考えてみます。一体どんな「心理」になるでしょうか。「辛い、悲しい、苦しい、切ない…」。いろんな気持ちが考えられます。当然、人によって感じ方は違うし、同じ人でも時によって、場合によって異なるでしょう。また一つの心理にしぼれるものでもなく、「切なくて辛い」とか「苦しくて切ない」というような場合もあるでしょう。

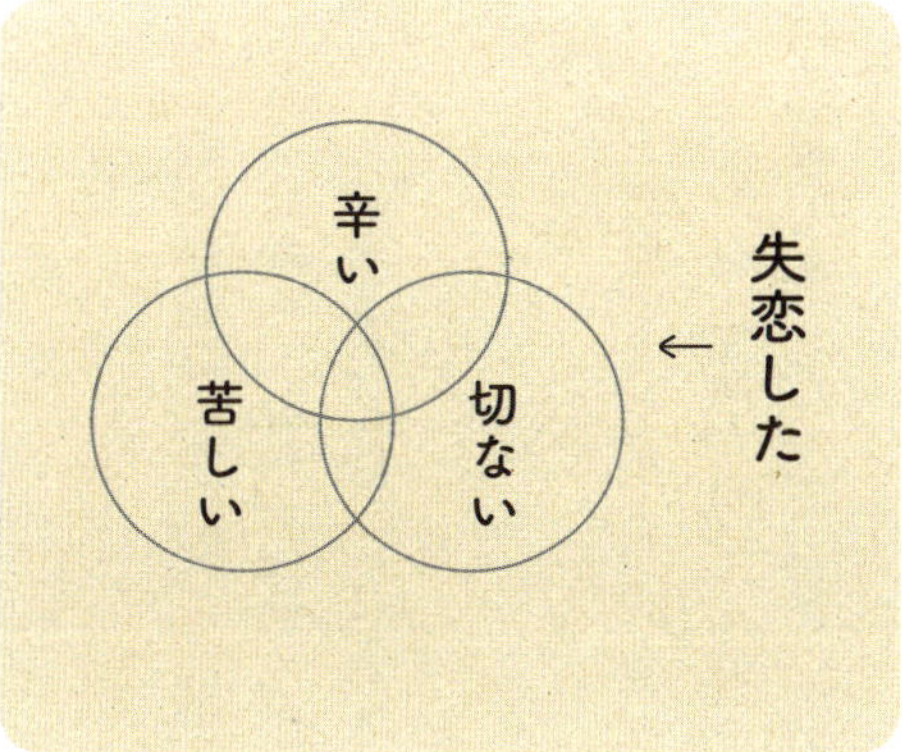

これらの気持ちは、どれか一つが正解でもなければどれが間違いというわけでもありません。どれも失恋の感情として十分にあり得るわけで、間違ってはいないのです。

こんなふうに、心理は「だいたいこんな感じの気持ちだな」というぐらいにしか確定できないものなんです。それなのにセンター試験では「答えが一つ」にならないといけない。しかもその答えは「簡単すぎてはテストにならない」わけですから、「引っかけ」を作らないといけない。だけれども答えは「客観的に決まらないといけない」。**これは選択肢を作る側は大変です。**

☆出題者は「主観的な心理」で「客観的な選択肢」を作らないといけない。しかも「みんなが引っ掛かるような微妙な選択肢を作らないといけない」のに「答えは客観的に決まることが求められている」。

この矛盾がセンター小説を分析する出発点になるんです。

もちろん、**「誰が見ても答えはこれ！」とわかるような問題を作っていいんなら選択肢を作るのは簡単です。**だって「×の選択肢の心理を全部はっきり違うものにすればいい」んですから。でもそれじゃあ入試になりません。

センターはこういう「矛盾」を抱えている。その結果、センター小説の選択肢には次のようなルールが生まれます。

センターの秘訣！

選択肢の作られ方の「ルール」

◎ **微妙な心理では×は作れない。**

① **心理で×にできるのは「大ボケ」の時のみ！**
② **必然的に「心理以外の部分」に×のポイントを作る。**

これまで説明してきたように、「微妙な心理で×を作る」と客観テストになりません。そこで必然的に、「①心理で×を作るとしたら『はっきり×とわかるもの』を作る」ことになります。

でも、それだけだと簡単すぎて入試にならない。だからどうしてもみんながひっかかるような「微妙な選択肢」を作らないといけないわけです。その結果、「②心理以外のところで選択肢の×が作られる」ことになります。

オリエンテーションで取り上げた次の選択肢を思い出して下さい。「心理は全部同じ」でしたね。当然「心理以外のところ」がポイントだということです。

①「おねえちゃん」と呼ばれて当然だと思っていたが、「おばちゃん」という呼び方に表れた子どもたちの気さくな態度に触れたので、仲間意識の高まりを感じて**嬉しく思っている**。

②まだ二十代なのに「おばちゃん」と呼ばれるのは不本意ではあるが、自分を頼りにする子どもたちの気持ちが伝わってくるので、保護者になったように感じて**嬉しく思っている**。

③子どもたちから「おばちゃん」と呼ばれると年寄り扱いされているようで嫌だったが、陽平さんに近づいたような気がしたので、書道教室を一緒に経営しているように感じて**嬉しく思っている**。

④父親の死後、母親とふたりきりで寂しく暮らしていたが、自分になついて遠慮なく振る舞う子どもたちとにぎやかに交流するようになったので、家族に対するような親密さを感じて**嬉しく思っている**。

⑤部屋を貸すまで、大人ばかりで静かに暮らしていたが、泣くふりをすると喜ぶ生意気盛りの子どもたちが出入りするようになったので、以前の活気がよみがえったように感じて**嬉しく思っている**。

「心理が全部同じ」なんだから、明らかに「心理以外の部分」がポイントです。ルール通りですね。

▼「選択肢のポイントになる心理以外の部分」とは

では、「選択肢のポイントになる心理以外の部分」とは、一体どういう部分なのでしょうか。心理を客観的に分析する時には、次のように考えるのが基本です。

センターの秘訣！

「解」の技巧「シークエンス」分析法

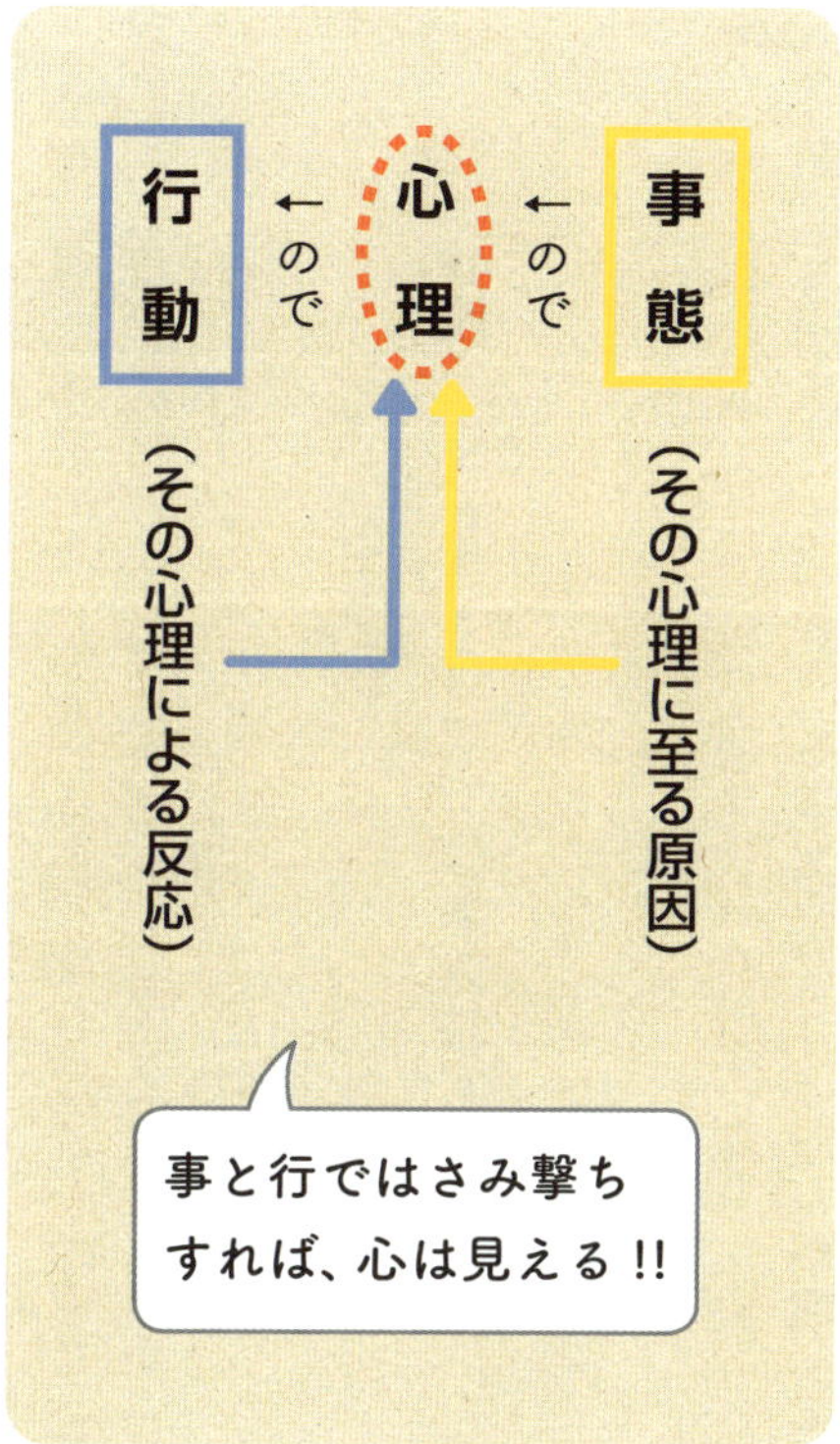

人間は「ある原因があった」から「ある気持ち」になります。そしてそのあと「何らかの反応」

をします。「転んだ↓痛い↓泣いた」というような感じですね。この時**「心理の原因」のことを「事態」**、**「心理から出た反応」のことを「行動」と呼びます。**

「心理」は、「事態」と「行動」から推測できます。「どんな転び方をしたか」と「どんな泣き方をしているか」の両方から考えれば、「どの程度の痛みなのか」はわかりますね。つまり**「心理」は「事・行」ではさみ撃ち**すればわかるわけです。

☆「心理」は「事・行」ではさみ撃ち、せよ！

※ここでは、たとえば「彼に冷たくされたので↓悲しい↓黙り込んだ」の「黙り込んだ」は「行動」と考えます。とにかく「心理の原因」はすべて**「事態」**と呼び、「心理から出てきた反応」はすべて**「行動」**と呼ぶわけです。ですから「『黙り込む』っていうのは動作をしていないから『行動』じゃないんじゃないか？」というふうには考えないようにして下さい。

さらに理解を深めるために具体例で考えてみましょう。

(例①)

「俺たちの間には何の心の溝もないんだ」と思いながら長い間付き合ってきたのに、突然彼女から「ごめんなさい。実は価値観が合わないとずっと思ってたの。許して」と別れを切り出された。

↓ので

悲しい

↓

彼は一週間、食事も喉《のど》を通らず、塞《ふさ》ぎ込んでしまった。

（例②）

今まで何回も付き合っては別れ、また付き合ってということを繰り返していた中学生のカップルだったが、彼に「そろそろ高校入試も近いし、別れて、真面目に勉強しようよ」と別れを切り出された。

←ので

悲しい

←

「わたしもそう思っていたけど……」そう呟《つぶや》いて、彼女はちょっと唇をかみしめた。

（例①）（例②）の心理はどちらも「悲しい」です。でも**同じ「悲しい」でも、「事態」や「行動」を加えると両者が違う気持ちだということがわかるはずです。**

（例①）では、「俺たちの間には何の心の溝もないんだ」と思っていたのに「突然別れを切り出された」んだから、「それだけショックは大きい」と推測できます。案の定、行動は「一週間も食事が喉を通らなかった」んだから、先の推測が正しいということがわかります。

（例②）は、「今まで何回も別れてきている」んだから別れようと言われてもそれなりに免疫はあるはずです。

案の定、行動は「ちょっと唇をかみしめた」という程度ですから、「悲しみは（例①）ほどは深くはない」と推測できます。

もうわかりましたか？

センター小説の選択肢はこの考え方を使って作られているんです。だから先の例に挙げた過去問題の選択肢のように、「すべての心理が同じ」でもいいんです。

「心理」が同じでも、それを修飾する「事態」や「行動」が加われば、心理の違いはわかる。**つまり、僕たちが注目すべきセンター小説の選択肢のポイントは「事・行」なんです。**

先の選択肢をもう一度見ておきましょう。

①「おねえちゃん」と呼ばれて当然だと思っていたが、**「おばちゃん」という呼び方に表れた子どもたちの気さくな態度に触れたので**、仲間意識の高まりを感じて**嬉しく思っている**。

② まだ二十代なのに「おばちゃん」と呼ばれるのは不本意ではあるが、**自分を頼りにする子どもたちの気持ちが伝わってくるので**、保護者になったように感じて**嬉しく思っている**。

③ 子どもたちから「おばちゃん」と呼ばれると年寄り扱いされているようで嫌だったが、**陽平さんに近づいたような気がしたので**、書道教室を一緒に経営しているように感じて**嬉しく思っている**。

④ 父親の死後、母親とふたりきりで寂しく暮らしていたが、**自分になついて遠慮なく振る舞う子どもたちとにぎやかに交流するようになったので**、家族に対するような親密さを感じて**嬉しく思っている。**

⑤ 部屋を貸すまで、大人ばかりで静かに暮らしていたが、**泣くふりをすると喜ぶ生意気盛りの子どもたちが出入りするようになったので**、以前の活気がよみがえったように感じて**嬉しく思っている。**

ほら、すべての選択肢に「〜ので」という「事態」が含まれているのがわかりますね。ここが「選択肢吟味のポイント」になるということです。

☆ 選択肢吟味のポイントは「事・行」だ!

▼再確認。模試とセンターの「違い」

その意味で**「センター小説の選択肢」と「模試の選択肢」は、作られ方が違っている場合がほとんどなんですね。**模試ではやはり「心理が焦点になっている問題」が多い。

たしかに「小説の問題」なんですから、「微妙な心理・心情を生徒たちに読み取らせたい」のはよくわかります。でも、それでは「センター小説の対策」にはならないんです。

それなのに、模試をやれば「センター対策」になっていると思っている人は多い。これは大問題です。オリエンテーションでも述べたように、このことを知らない人があまりにも多すぎるんです。

もちろん、だからといって模試ができなくていいというわけではありません。そりゃあ模試もできることに越したことはない。ただ、**模試ができるからってセンター本番もできるとはかぎらない**ということを意識しておくべきだと言いたいんです。やりこむべきは過去問です。

僕の経験から言えば、むしろ「どちらかといえば小説は得意だ」っていう子に多いんですが、「模試ではできていたのに本番になるとできなかった」って言って浪人してくる子は多いんです。僕がそういう子たちに「対策はしなかったの？」と聞くと、ほとんどの子は「センター予想問題集で対策してました」と言います。予備校から出ている「予想問題集」は「模試の過去問」です。

模試の問題では「さらさら〜っと」フィーリングで解いて高得点が取れていた。スピードも速い。なのに「過去問題になると急にできなくなった」「時間もかかる」って言うんです。でもね、それは当然です。**模試では心理が焦点になっているから、心理を見れば解けた。でもセンターは違うんです。**

いいですか、みなさんが本番で解くのは「センター試験」なんです。模試じゃないんです。ここを絶対に勘違いしてはいけません。読者の中には「センター国語」の成績が受験全体を大きく左右するっていう人も多いでしょう。まずは徹底してこの本を繰り返すことです。その上で過去問です。**模試はトレーニング程度の意識でいい。絶対に「模試バカ」になってしまってはいけません。**

では、ここまで学んだことを使って、実際に例題7を解いてみましょう。

例題7

目標解答時間 8分

問 次の文章は、岡本かの子の小説「快走」の全文（ここでは部分抜粋）である。これを読んで、後の問いに答えよ。

中《なか》の間《ま》で道子は弟の準二の正月着物を縫い終《おわ》って、今度は兄の陸郎の分を縫いかけていた。

「それおやじのかい」

離れから廊下を歩いて来た陸郎は、通りすがりにちらと横目に見て訊《き》いた。

「兄さんのよ。これから兄さんも会社以外はなるべく和服で済ますのよ」

道子は顔も上げないで、忙《いそ》がしそうに縫い進みながら言った。

「国策（注1）の線に添ってというのだね」

「だから、着物の縫い直しや新調にこの頃《ごろ》は一日中大変よ」

「ははははは、一人で忙がしがってら、だがね、断って置くが、銀ぶら（注2）なぞに出かけるとき、俺《おれ》は和服なんか着ないよ」

そう言ってさっさと廊下を歩いて行く兄の後姿《うしろすがた》を、道子は顔を上げてじっと見ていたが、Aほーっと吐息をついて縫い物を畳の上に置いた。すると急に屈託《くったく》（注3）して来て、大きな脊《せ》伸びをした。肩が凝って、坐《すわ》り続けた両腿《りょうもも》がだるく張った感じだった。道子は立上《たちあが》って廊下を歩き出した。そのまま玄関で下駄《げた》を履くと、冬晴れの午後の戸外へ出てみた。

陽《ひ》は既に西に遠退《とおの》いて、西の空を薄桃色に燃え立たせ、眼《め》の前のまばらに立つ住宅は影絵のように黝《くろ》ずんで見えていた。道子は光《ひか》りを求めて進むように、住宅街を突っ切って空の開けた多摩川(注4)脇《わき》の草原に出た。一面に燃えた雑草の中に立って、思い切り手を振った。

冬の陽はみるみるうちに西に沈んで、桃色の西の端《はず》れに、藍色《あいいろ》の山脈の峰を浮き上《あが》らせた。(注5)秩父《ちちぶ》の連山だ！　道子はこういう夕景色をゆっくり眺めたのは今春女学校(注6)を卒業してから一度もなかったような気がした。あわただしい、始終追いつめられて、縮こまった生活ばかりして来たという感じが道子を不満にした。

ほーっと大きな吐息をまたついて、彼女は堤防の方に向《むか》って歩き出した。冷たい風が吹き始めた。彼女は勢い足に力を入れて草を踏みにじって進んだ。道子が堤防の上に立ったときは、輝いていた西の空は白く濁って、西の川上から川霧と一緒に夕靄《ゆうもや》が迫って来た。東の空には満月に近い月が青白い光りを(ア)刻々に増して来て、幅三尺(注7)の堤防の上を真白な坦道《たんどう》(注8)のように目立たせた。道子は急に総毛立ったので、身体をぶるぶる震わせながら堤防の上を歩き出した。途中、振り返っていると住宅街の窓々には小さく電灯がともって、人の影も定かではなかった。ましてその向《むこ》うの表通りはただ一列の明《あか》りの線となって、川下の橋に連なっている。

誰《だれ》も見る人がない……よし……思い切り手足を動かしてやろう……道子は心の中で呟《つぶや》いた。膝《ひざ》を高く折り曲げて足踏みをしながら両腕を前後に大きく振った。それから下駄を脱いで駈《か》け出してみた。女学校在学中ランニングの選手だった当時の意気込みが全身に湧《わ》き上って来た。道子は着物の裾《すそ》を端折《はしょ》って堤防の上を駆けた。髪はほどけて肩に振りかかった。ともすれば堤防の上から足を踏み外しはしないかと思うほどまっしぐらに駆けた。もとの下駄を脱いだところへ駈け戻って来ると、さすがに身体全体に汗が流れ息が切れた。胸の中では心臓が激しく衝《う》ち続けた。その心臓の鼓動と一緒に全身の筋肉がぴくぴくとふるえた。——ほんとうに潑剌《はつらつ》と活《い》きている感じがする。女学校にいた頃はこれほど感じなかったのに。毎日窮屈な仕事に圧《おさ》えつけられて暮《くら》していると、こんな駈足《かけあし》ぐらいでもこうまで活きている感じが珍《めず》らしく感じられるものか。いっそ毎日やったら——

道子は髪を束ねながら急ぎ足で家に帰って来た。彼女はこの計画を家の者に話さなかった。両親はきっと差止《さしと》めるように思われたし、兄弟は親し過ぎて揶揄《からか》うぐらいのものであろうから。いやそれよりも彼女は月明の中に疾駆する興奮した気持ちを自分独りで内密に味わいたかったから。

翌日道子はアンダーシャツに(注9)パンツを穿《は》き、その上に着物を着て隠し、汚れ足袋《たび》も新聞紙にくるんで家を出ようとした。

「どこへ行くんです、この忙がしいのに。それに夕飯時じゃありませんか」

母親の声は鋭かった。道子は(イ)腰を折られて引返《ひきかえ》した。夕食を兄弟と一緒に済ました後でも、道子は昨晩の駈足の快感が忘れられなかった。外出する口実はないかと頻《しき》りに考えていた。

「ちょっと銭湯に行って来ます」

道子の思いつきは至極当然のことのように家の者に聞き流された。道子は急いで石鹸《せっけん》と手拭《てぬぐい》と湯(注10)銭を持って表へ出た。彼女は着物の裾を蹴《け》って一散に堤防へ駈けて行った。冷たい風が耳に痛かった。堤防の上で、さっと着物を脱ぐと手拭でうしろ鉢巻《はちまき》をした。凛々《りり》しい女流選手の姿だった。足袋を履くのももどかしげに足踏みの稽古《けいこ》から駈足のスタートにかかった。爪先立《つまさきだ》って身をかがめると、冷たいコンクリートの上に手を触れた。オン・ユアー・マーク、ゲットセッ、道子は弾条仕掛《ばねじかけ》(注11)のように飛び出した。昨日の如《ごと》く青白い月光に照らし出された堤防の上を、遥《はる》かに下を多摩川が銀色に光って淙々《そうそう》(注12)と音を立てて流れている。

次第に脚の疲れを覚えて速力を緩めたとき、道子は月の光りのためか一種悲壮な気分に衝たれた——自分はいま潑剌と生きてはいるが、違った世界に生きているという感じがした。人類とは離れた、淋《さび》しいがしかも厳粛な世界に生きているという感じだった。

道子は着物を着て小走りに表通りのお湯屋へ来た。湯につかって汗を流すとき、初めてまたもとの人間界に立ち戻った気がした。道子は自分独特の生き方を発見した興奮にBわくわくして肌を強くこすった。

家に帰って茶の間に行くと、母親が不審そうな顔をして「お湯から何処《どこ》へまわったの」と訊いた。道子は「お湯にゆっくり入ってたの。肩の凝りをほごす(注13)ためにに」傍《そば》で新聞を読んでいた兄の陸郎はこれを聞いて「おばあさんのようなことをいう」と言って笑った。道子は黙って中の間へ去った。

（注）
1　国策――国家の政策。この小説が発表された昭和一三（一九三八）年前後の日本では、国家総動員法が制定されるなど国民生活に様々な統制が加えられた。
2　銀ぶら――東京の繁華街銀座通りをぶらぶら散歩すること。
3　屈托――「屈託」に同じ。
4　多摩川――山梨県に発し、南東へ流れて東京湾に注ぐ川。
5　秩父の連山――東京、埼玉、群馬、山梨、長野の都県境にまたがる山地。秩父は埼玉県西部の地名。
6　女学校――旧制の高等女学校の略。
7　幅三尺――一尺は約三〇・三センチメートル。
8　坦道――平坦な道。
9　パンツ――運動用のズボン。
10　湯銭――入浴代のお金。
11　オン・ユアー・マーク、ゲットセッ――競走のスタートの際のかけ声。
12　淙々――よどみなく水の流れるさま。
13　「ほごす」――「ほぐす」に同じ。

問1 **傍線部(ア)・(イ)の本文中における意味として最も適当なものを、次の各群の①～⑤のうちから、それぞれ一つずつ選べ。**

(ア) 刻々に
① 突然に
② あっという間に
③ 順番通りに
④ ときどきに
⑤ 次第次第に

(イ) 腰を折られて
① 下手《したて》に出られて
② 思わぬことに驚いて
③ やる気を失って
④ 途中で妨げられて
⑤ 屈辱を感じて

問2 傍線部A「ほーっと吐息をついて縫い物を畳の上に置いた」とあるが、このときの道子の心情はどのようなものか。その説明として最も適当なものを、次の①〜⑤のうちから一つ選べ。

① 家族のための仕事をひたすらこなすよう強いられているにもかかわらず、兄にその辛い状況を理解してもらえず、孤独を感じている。

② 家族のための仕事を精一杯こなしていたつもりが、その仕事の使命感に酔っていると兄に指摘され、恥ずかしさにいたたまれなくなっている。

③ 家族のための仕事に精一杯取り組んできたのに、その苦心が兄には真剣に受け止められていないことに気づき、張りつめた気持ちが緩んでいる。

④ 家族のための仕事は正しいものであると信じてきたので、その重要性を理解しようとしない兄に対して、憤りを抑えがたくなっている。

⑤ 家族のための仕事が自分には楽しいものとは思えないうえ、兄に冷やかされながらその仕事を続けなければならないので、投げやりな気分になっている。

問3 傍線部B「わくわくして肌を強くこすった」とあるが、この様子からうかがえる道子の内面の動きはどのようなものか。その説明として最も適当なものを、次の①～⑤のうちから一つ選べ。

① 月光に照らされて厳かな雰囲気の中を「走る」うちに、身が引き締まるような思いを抱くとともに自分の行為の正しさを再認識し、その自信を得たことで胸の高鳴りを抑えきれずにいる。

② 月光に照らされた堤防を人目につかないように「走る」うちに、非常時では世間から非難されるかもしれないことに密《ひそ》かな喜びを感じ始め、その興奮を自分一人のものとしてかみしめようとしている。

③ 月光に照らされて「走る」という行為によって、まるで女学校時代に戻ったような気持ちになり、窮屈に感じていた生活が変わるかもしれないという明るい予感を繰り返し味わっている。

④ 月光の下を一人で「走る」という行為によって、社会や家族の一員としての役割意識から逃れた別の世界を見つけられたことに胸を躍らせ、その発見をあらためて実感しようとしている。

⑤ 月光の下を一人で「走る」という行為によって、他者とかかわりを持てないことの寂しさを強く実感しつつも、社会や家庭の中で役割を持つ自分の存在を感覚的に確かめようとしている。

分析

まずは本章のポイントである「心情把握問題」、問2・問3から解説していきます。

問2

まずは、与えられた「設問の条件」をしっかり見ます。

傍線部A「ほーっと吐息をついて縫い物を畳の上に置いた」とあるが、このときの道子の心情はどのようなものか。

設問は「傍線部における心情」を問うていますから「部分把握」ですね。ということは「事態→心理→行動」がポイントです。

「部分把握」では、まずは**傍線部が「事→心→行」のどの部分にあるかをチェックします。**

「ほーっと吐息をついて縫い物を畳の上に置いた」

傍線部は「吐息をついた」「縫い物を畳の上に置いた」ですから「行動」です。それがわかれば、**あとは「事態」を発見してはさみ撃ちすれば解答は導けます。**

☆傍線部は行→あとは事と心を探せ！

こんなふうに、問題を見たらすぐに「パッ、パッ」と思考が進むことが大事です。**センターは時間が厳しいテストですから、「流れるような思考回路」を持つことが重要**です。しっかり慣れていって下さい。

では、探すべきポイントが明確になったところで、本文を見ていきましょう。

本文分析

中の間《なかま》で道子は弟の準二の正月着物を縫い終《おわ》って、今度は兄の陸郎の分を縫いかけていた。

「それおやじのかい」

離れから廊下を歩いて来た陸郎は、通りすがりにちらと横目に見て訊《き》いた。

「兄さんのよ。これから兄さんも会社以外はなるべく和服で済ますのよ」

道子は顔も上げないで、忙《いそ》がしそうに縫い進みながら言った。

「国策の線に添ってというのだね」

「だから、着物の縫い直しや新調にこの頃《ごろ》は一日中大変よ」

「ははははは、一人で忙がしがってたら、だがね、断って置くが、銀ぶらなぞに出かけるとき、俺《おれ》は和服なんか着ないよ」

そう言ってさっさと廊下を歩いて行く兄の後姿を、道子は顔を上げてじっと見ていたが、A ほーっと吐息をついて縫い物を畳の上に置いた。すると急に屈托《くったく》して来て、大きな脊《せ》伸びをした。肩が凝って、坐《すわ》り続けた両腿《りょうもも》がだるく張った感じだった。道子は立上《たちあが》って廊下を歩き出した。そのまま玄関で下駄《げた》を履くと、冬晴れの午後の戸外へ出てみた。

「事態」は、傍線部の直前の「そう言ってさっさと廊下を歩いて行く兄の後姿を見ていると」です。傍線部は「行動」ですから、はさみ撃ちすると次のようになります。

事

家族のために一日忙がしくがんばって縫い物をしている
←しかも兄の分を縫っていると言っているのに
←「ははは、そんなものは着ないよ」と笑って去っていく兄の後姿を見ていると

←心

「道子の心情」

←行

ほーっと吐息をついて縫い物を畳の上に置いた

こうまとめられます。「道子」は、「家族のために一生懸命がんばっているのに、兄にそれを笑われたので→ある気持ちになって→ほーっと吐息（ため息）をついた」という流れです。

こう整理できればもう選択肢は切れます。「心理」はだいたいストライクゾーンに入っていればＯＫですから、**「事態」と「行動」をポイントにして選択肢を選んでいきます。**

ポイントをきちんと満たしているのが③です。

③ 家族のための仕事に精一杯取り組んできたのに、その苦心が兄には真剣に受け止められていないことに気づき、張りつめた気持ちが緩んでいる。 ○

「事態」も問題文に合致していますし、「吐息（ため息）をつく」という「行動」から逆算した心理として「張りつめた気持ちが緩む」はバッチリですね。これが正解です。

他の選択肢も見ておきましょう。

①・②・④は「心理」が「ほーっと吐息をついた」という行動と合っていません。

① 家族のための仕事をひたすらこなすよう強いられているにもかかわらず、兄にその辛い状況を理解してもらえず、孤独を感じている。 ×

② 家族のための仕事を精一杯こなしていたつもりが、その仕事の使命感に酔っていると兄に指摘され、恥ずかしさにいたたまれなくなっている。 ×

④ 家族のための仕事は正しいものであると信じてきたので、その重要性を理解しようとしない兄に対して、憤りを抑えがたくなっている。 ×

①「孤独を感じる」、②「恥ずかしい」、④「憤り」はいずれも「ほーっと吐息をついた」という「行動」に合致しませんね。ですから×です。

⑤は「事態」が×です。

⑤ 家族のための仕事が自分には楽しいものとは思えないうえ、**兄に冷やかされながらその仕事を続けなければならないので、****投げやりな気分になっている。**

×

ここでの「事態」は「兄に冷やかされながらその仕事を続けなければならないので」ではありません。「家族のためにがんばっているのにそれを小馬鹿にされた」です。

しかも道子は傍線部の直後で、すぐにその仕事を止めてしまっていますから、その点でも「仕事を続けなければならない」は×です。

以上より、解答は③に決定します。

解答 問2 ③

どうですか？　客観的吟味のポイントが「事態」や「行動」になるという意味がわかりましたか？

センターの「心情把握問題」はこんなふうにできているんです。じゃ、同じように次の問題も見ていきましょう。

問3

まずは「与えられた設問の条件」をしっかり見ます。

傍線部B「わくわくして肌を強くこすった」とあるが、この様子からうかがえる道子の内面の動きはどのようなものか。

設問は「傍線部から読み取れる道子の内面」を問うています。傍線部の説明ですから「部分把握」ですね。

ということは、問2と同様に「事態→心理→行動」で考えていけばいいわけですから、まずは**傍線部が「事→心→行」のどの部分にあるかをチェックします。**

「わくわくして肌を強くこすった」

「わくわくして肌を強くこすった」ですから「わくわくして＝心理」と「肌をこすった＝行動」と分けられます。その瞬間

☆傍線部は心と行→あとは事を探せ！

と考えられます。これで解答のポイントは決定しました。

もう一度言います。ここまでの思考が「流れるように」できることが大切です。センターは短時間勝負のテストですから、**「シンプルな思考回路で」「すばやく」が勝利の秘訣です。**

今まで、もし君が複雑な解法で解いてきたとしたら、そんなものは忘れてしまって下さい。複雑な解法なんてなくても解けますから（笑）。安心してここで僕が教えるシンプルな解き方を身につけていって下さい。

では、ポイントが明確になったところで、本文を分析していきましょう。

本文分析

次第に脚の疲れを覚えて速力を緩めたとき、道子は月の光りのためか一種悲壮な気分に衝たれた——自分はいま溌剌と生きてはいるが、違った世界に生きているという感じがした。人類とは離れた、淋《さび》しいがしかも厳粛な世界に生きているという感じだった。

道子は着物を着て小走りに表通りのお湯屋へ来た。湯につかって汗を流すとき、初めてまたもとの人間界に立ち戻った気がした。道子は自分独特の生き方を発見した興奮にBわくわくして肌を強くこすった。

傍線部の直前の「自分独特の生き方を発見した興奮に」が「事態」です。ここでちょっとポイントです。

センターの秘訣！

「解」の技巧　「事態」分析のポイント

「事態」は「ので／から／ため」のような「理由を示す語」だけで表されるわけではありません。

・……ので、心。

・……［が　を　に　に対して　など］、心。

「ので」を使わなくても、「が・を・に」などで「事態」を表すことができる!!

たとえば「彼が合格したので僕は嬉しかった」という文は「彼の合格に僕は喜んだ」と言い換えることができます。どちらも「嬉しかった」という「心理」の「事態」は「彼が合格したこと」です。

右に挙げた「が・を・に・に対して」などは「事態」を示しますから、覚えておくといいでしょう（丸暗記しなくてもちょっと考えればわかるとは思います）。

右のように考えれば、「事態」は「自分独特の生き方を発見した興奮に」です。「自分独特の生き方」の内容は本文分析に示した部分ですね。

傍線部は「心・行」ですから、これで「事→心→行」すべてが揃いました。もう答えは出ます。

まとめると次のようになります。

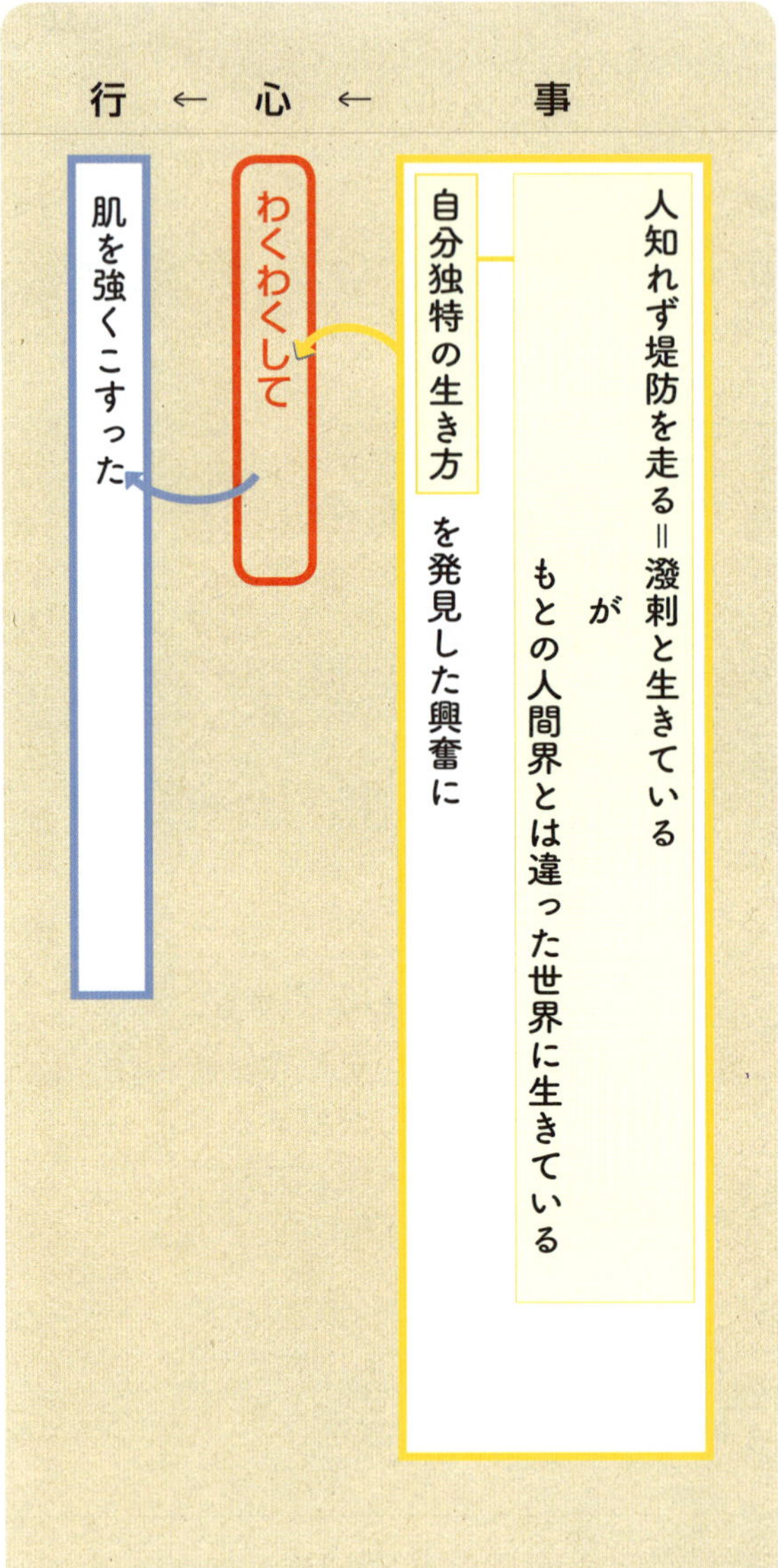
事
心
行
人知れず堤防を走る＝溌剌と生きている
が
もとの人間界とは違った世界に生きている
自分独特の生き方
を発見した興奮に
わくわくして
肌を強くこすった

「道子」は「人知れず堤防を疾走するという自分独特の生き方を発見した興奮」に「わくわくして」、「肌を強くこすった」という流れです。あとは「事・行」の内容をきちんと満たしている選択肢を選べばOKです。

今まとめた内容をきちんと満たしているのが④です。

④ 月光の下を一人で「走る」という行為によって、**社会や家族の一員としての役割意識から逃れた別の世界を見つけられたことに胸を躍らせ、その発見をあらためて実感しようとしている。**

「事態」も□部分に合致していますし、「心理」も「胸を躍らせ＝わくわく」で合致しています。さらに「肌を強くこすっている」という行動は「その発見を再実感しようとしてそうしている」と逆算できますから、「行動」部分もばっちりと言えます。これが正解です。

他の選択肢を見ていきます。

①・②はいずれも「心理」は「わくわくして」に反していませんが、「事態」が□に合致していません。

①　月光に照らされて厳かな雰囲気の中を「走る」うちに、身が引き締まるような思いを抱くとともに**自分の行為の正しさを再認識し、その自信を得たことで胸の高鳴りを抑えきれずにいる。**

×

②　月光に照らされた堤防を人目につかないように「走る」うちに、**非常時では世間から非難されるかもしれないことに密《ひそ》かな喜びを感じ始め、その興奮を自分一人のものとしてかみしめようとしている。**

×

①は「**自分の行為が正しいという自信を持った**［から］わくわくしている」のではありませんし、②も「**非常時**（**戦争時**）**では非難されるようなことをこっそりすること**［に］わくわくしている」のではありませんね。

③・⑤はいずれも「心理」が大ボケで×です。

③　月光に照らされて「走る」という行為によって、まるで女学校時代に戻ったような気持ちになり、**窮屈に感じていた生活が変わるかもしれないという明るい予感**を繰り返し味わっている。

×

⑤　月光の下を一人で「走る」という行為によって、他者とかかわりを持てないことの寂しさを強く実感しつつも、**社会や家庭の中で役割を持つ自分の存在を感覚的に確かめようとしている。**

×

③・⑤ともに「心理」の内容が「［　　］から推測できる内容」に反しています。

［　　］で道子は「悲壮感」を感じていますが、それは「自分が今潑剌と生きている世界は、人類の世界とは違った世界に生きているという感じ」だとあります。現実の世界とは「別世界」だと言ってるんですから、③の「窮屈に感じていた生活が変わるかもしれない」は×です。もし「現実が変わる」なら「悲壮感」を感じる必要はありません。今道子が生きている潑剌とした世界は、あくまで現実とは切り離された「自分だけの世界」なのです。したがって③は×。

⑤も同様に、「現実の世界とは切り離された自分だけの世界」なのですから、「社会や家庭の中で役割を持つ自分の存在を感覚的に確かめよう」は×です。

以上より、解答は④に決定します。

解答　問3　④

どうですか？　センター小説の選択肢の切り方がわかってきましたか？

この思考回路を、続く例題を解く中で、しっかり身につけていって下さいね。

では、最後に問1を解説しておきましょう。

問1

通常、センター小説では問1に「語句の意味」を問う問題が出てきます。意識しておいてほしいのは、**センター小説の「語句の意味」は「辞書的意味重視」の問題**だということです。**受験生の中には、これを「前後の文脈から推測する問題」だと勘違いしてしまっている人が多いんですね。**困ったことに模試の問題にもそういうものが多いから、それでいいと思い込んでしまうんです。設問の条件に「本文中における意味として」と書いてあるから騙されてしまうんですね。「なんとなくの意味さえわかっていれば、あとは前後の文脈から推測できる問題」だと思ってしまう。でも違います。

文部科学省管轄の大学入試センターが作る試験で、高等学校三年間のうちに蓄積してきた「語彙力」を問うのは当然のことです。英語では単語力を問われるのに国語の単語力を問わないなんてあり得ない。本末転倒です。ですから、**まずは前提として「辞書的意味の知識」が必要なんです。**その上で「それを文中に当てはめた意味を答えよ」という問題なのです。

では、対策はどうすればいいのか。何を覚えればいいんだ?

センターでは過去に出題されたものが繰り返し問われている場合が多くあります。そこで「付録」として「過去の語句の意味『全問題』」を掲載した別冊をつけました（一部の年度の語句の意味問題ではないものは除く）。早い時期から取り組んで、コツコツと覚えていって下さい。

最後に、今回の問題の解説をしておきましょう。

(ア)「刻々に」は「刻々」の意味を問われています。「刻々」には「(1)名詞で使う時は『その時々』」という意味、「(2)副詞の時には『次第に』」という意味がありますが、今回は「刻々に増して来て」ですから、(2)の意味で「時が経つにつれて次第に」という意味です。したがって⑤となります。

(イ)「腰を折られて」は「腰を折る」の意味を問われています。よく「話の腰を折る」という形で使いますが、「途中で妨げる」という意味ですから④に即決です。

解答　問1　(ア)＝⑤　(イ)＝④

第2章

小説問題攻略の全体的イメージ

短時間で高得点を得るために

はじめに

この章では、オリエンテーションおよび第1章の内容を踏まえて、実際にセンター小説の問題を「まるまる1題」解きながら、センター小説攻略の「全体像」を講義していく。加えて「心情把握問題」以外の設問のポイントにも触れていく。

まずは次の例題8を解いてみて下さい。一度やったことがあるという人も、必ずもう一度解いてから続きを読んで下さいね。解答時間は、最終的な目標は20分ですが、今はまだ時間は気にせずしっかり取り組めばいいでしょう。では、スタート！

例題8

目標解答時間 20分

問 次の文章は、中沢《なかざわ》けいの小説『楽隊のうさぎ』の一節である。学校嫌いで引っ込み思案だった克久《かつひさ》は、花の木中学校に入学後、勧誘されて吹奏楽部に入り、夏の地区大会さらには県大会をめざして練習づけの毎日を送っていた。以下はそれに続く部分である。これを読んで、後の問い（問1～6）に答えよ。

譜面をパートごとに練習して、セクションごとに音として仕上げていくのは、山から石を切り出す作業だが、そのごろごろした石がようやくしっかりとした石組みになろうとしていた。森勉(注1)が細やかに出す指示は、石と石の接続面をぴったりと合わしていく仕事だった。

この日、何度目かで「くじゃく」(注2)をさらっていた時、克久はばらばらだった音が、一つの音楽にまとまる瞬間を味わった。スラブ風の曲だが、枯れ草の匂《にお》いがしたのである。斜めに射《さ》す入り陽《ひ》の光が見えた。それは見たことがないほど広大な広がりを持っていた。(ア)いわく言い難い哀《かな》しみが、絡《から》み合う音の底から湧《わ》き上がっていた。悔しいとか憎らしいとか、そういういらいらするような感情は一つもなくて、大きな哀しみの中に自分がいるように感じた。つまり、A音が音楽になろうとしていた。地区大会前日だった。

オーボエの鈴木女史(注3)の苦情から有木部長(注4)が解放されたのは、地区大会の翌日からだ。一年生にもようやく自分たちが求められているものがどの水準にあるのかが解《わか》ったのだ。ベンちゃんが初期の頃《ころ》は苦労していた部員の統制は、今では指揮者を煩わせることなく鈴木女史のようなメンバーで守られているのだから有木部長もそうそう閉口という顔もできなかったが、とにもかくにも苦情を聞かずにすむのは喜ばしい。「音になってない」という森勉の決まり文句をはじめとして、「やる気があるのか」とか「真面目《まじめ》にやれ」とか言われる理由がのみ込めたのだ。B怒られるたびに内心で「ちゃんとやってるじゃないか」とむくれていた気持ちがすっかり消えた。

スゴイ学校は他《ほか》にいくらでもあった。

今年こそは地区から県大会を突破しようという気迫で迫ってくる学校があった。

その中でも、課題曲に「交響的譚詩《たんし》」(注5)を選んだある中学校の演奏は、克久(注6)の胸のうさぎが躍り上がるような音を持っていた。

花の木中学とは音の質が違った。花の木中学はうねる音だ。大海原のうねりのような音を作り出していた。ところが、その学校の音はもっと硬質だった。

「スゲェナ」

有木がつぶやいた隣で克久は掌《て》を握り締めた。

「(イ)和声理論の権化だ」

密《ひそ》かに音楽理論の勉強を始めていた宗田がそう言い放つのも無理はない。

最初のクラリネットの研ぎ澄ました音は、一本の地平線を見事に引いた。地平線のかなたから進軍してくる騎馬隊がある。木管は風になびく軍旗だ。金管は四肢に充実した筋肉を持つ馬の群れであった。打楽器が全軍を統括し、西へ東へ展開する騎兵をまとめあげていた。

わずか六分間のこととはとても思えない。

遠く遠くへ連れ去られた感じだ。

克久の目には騎兵たちが大平原に展開する場面がはっきり見えた。宗田の脳髄には宇宙工学で必要とされるような精密機器の設計図が手際良く作製される様子が浮かんでいた。宗田は決して口に出しては言わなかったが、最近、人が人間的なと呼ぶような感情に嫌悪を感じ始めていた。

うんと唸《うな》った川島が、

「負けた」

といった一言ほど全員の感情を代弁している言葉は他になかった。

「完成されているけど、音の厚みには欠けるよ」

「負けた」と言う全員の感情、とりわけ一年生たちの驚きを代弁した川島の一言だけでは、出番を控えていた花の木中学吹奏楽部は気持ちの立て直しはできなかったかもしれない。川島の唸り声は全員の気持ちは代弁していたが、気持ちを向ける方向の指示は持っていなかった。

「完成されているけど、音の厚みには欠けるな」

こんなことを言うOBがいなかったら、自分たちの出番前だということも忘れただろう。

「やっぱり、中学生はね。技術が良くても音の量感には乏しいよ」

「うちはまあ、中学生にしては音の厚みはあるしさ」

現役の生徒の後方の席でOBたちはこんな批評をしていたのだ。昨日まで、鳥の鳴き声みたいに聞こえたOBの言葉が、今日はちゃあんと人間の話し声に聞こえる。

これは克久にとって、驚きに値した。

克久がいちばん間抜けだと感じたのは（注7）百合子《ゆりこ》だった。なにしろ、地区大会を終わって家に戻って最初に言ったのは次の一言だ。

「やっぱり、強い学校は高い楽器をたくさん持っているのね」

それを言っては、（ウ）みもふたもない。言ってはならない真実というものは世の中にはある。それに高価な楽器があれば演奏できるというものでもない。演奏する生徒がいて、初めて高価な楽器がものを言うのだなんてことを、克久は百合子に懇切丁寧に説明する親切心はなかった。

「小学生とはぜんぜん違う」

実は百合子も少し興奮気味だったのである。克久には小学校時代は太古の昔、悠久のかなただったが、百合子にはわずか六カ月前にもならない。だいたい、その頃、銀行（注8）に申し入れた融資の審査がまだ結論が出ていなかった。伊万里《いまり》焼の皿の並んだテーブルをはさんで恐竜と宇宙飛行士が会話しているという比喩《ひゆ》で良いのかどうか。そのくらい、時の流れの感覚が食い違っていた。これだから中学生は難しい。百合子がうれしい時に使う古典柄の伊万里が照れくさそうに華やいでいた。この皿はうれしい時も出番だが、時には出来合いのロールキャベツを立派に見せるためにお呼びがかかることもあった。

　翌日から一年生は「やる気あるのか」と上級生に言われなくなった。帰宅は毎日九時を過ぎた。

　県大会の前日はさすがに七時前に克久も家に帰って来た。「ただいま」と戻った姿を見た百合子はたちまち全《すべ》てを了解した。了解したから、トンカツなどを揚げたことを後悔した。大会にカツなんて、克久流に言えば「かなりサムイ」しゃれだった。

「ベンちゃんが今日は早く風呂《ふろ》に入って寝ろってさ」

「そうなんだ」

　百合子はこんな克久は見たことがなかった。なんでもなく、普通そうにしているけれども、全身に緊張があふれていた。それは風呂場で見せる不機嫌な緊張感とはまるで違った。ここに何か、一つでも余分なものを置いたら、ぷつんと糸が切れる。そういう種類の緊張感だった。

　彼は全身で、いつもの夜と同じように自然にしてほしいと語っている。「明日は大会だから、闘いにカツで、トンカツ」なんて駄ジャレは禁物。

　もっとスマートな応対を要求していたのである。会話だって、音楽の話もダメなら、大会の話題もダメであった。

そういうことが百合子にも解る顔をしていた。こんなに穏やかな精神統一のできた息子の顔を見るのは初めてだ。一人前の男である。誇りに満ちていた。

もちろん、彼の築き上げた誇りは輝かしいと同時に危ういものだ。

「お風呂、どうだった」

「どうだったって？」

「だから湯加減は」

音楽でもなければ、大会の話でもない話題を探そうとすると、何も頭に浮かばない。湯加減と言われたって、家の風呂は温度調整のできるガス湯沸かし器だから、良いも悪いもないのである。

「今日、いい天気だったでしょ」

「毎日、暑くてね」

「……」

練習も暑くて大変ねと言いかけて百合子は黙った。

「……」

克久も何か言いかけたのだが、目をぱちくりさせて、口へトンカツを放り込んでしまった。

「あのね、仕事の帰りに駅のホームからうちの方を見たら、夕陽が斜めに射して、きれいだった」

「そう。……」

なんだか、ぎこちない。克久も何か言おうとするのだが、大会に関係のない話というのは探しても見つからない。それでも、その話はしたくなかった。この平穏な気持ちを大事に、そっと、明日の朝までしまっておきたかった。

C初めて会った恋人同士のような変な緊張感。それにしては、百合子も克久もお互いを知り過ぎていた。百合子は「こいつは生まれる前から知っているのに」とおかしくて仕方がなかった。

「……」

改めて話そうとすると、息子と話せる雑談って、あまり無いものだなと百合子は妙に感心した。

「……」

克久は克久で、何を言っても、話題が音楽か大会の方向にそれていきそうで閉口だった。

「これ、うまいね」

こういうことを言う時の調子は夫の久夫が百合子の機嫌を取るのに似ていた。ぼそっと言ってから、少し遅れてにやりと笑うのだ。

「西瓜《すいか》でも切ろうか」

久夫に似てきたが、よく知っている克久とは別の少年がそこにいるような気もした。

「……」

西瓜と言われれば、すぐ、うれしそうにする小さな克久はもうそこにいない。

「……」

百合子は西瓜のことを聞こうとして、ちょっとだけ息子に遠慮した。彼は何かを考えていて、ただぼんやりとしていたわけではない。D少年の中に育ったプライドはこんなふうに、ある日、女親の目の前に表れるのだった。

（注）1　森勉——花の木中学校の音楽教師。吹奏楽部の顧問をつとめている。部員たちからは「ベンちゃん」と呼ばれている。
2　「くじゃく」——ハンガリーの作曲家コダーイがハンガリー民謡「くじゃく」の旋律をもとに作った曲。
3・4　鈴木女史・有木部長——ともに吹奏楽部の上級生。
5　「交響的譚詩」——日本の作曲家露木正登《まさと》が吹奏楽のために作った曲。
6　克久の胸のうさぎ——克久が、自分の中にいると感じている「うさぎ」のこと。克久は、小学校を卒業して間もなく花の木公園でうさぎを見かけて以来、何度かうさぎを見つけては注意深く見つめていた。吹奏楽部に入った克久は、いつの間にか一羽の「うさぎ」が心に住み着き、耳を澄ましているように感じ始めていた。
7　百合子——克久の母。夫の久夫は転勤したため、克久とふたりで暮らしている。
8　銀行に申し入れた融資——伊万里焼の磁器を扱う店を出すため、百合子が銀行に借り入れを申し入れた資金のこと。

問1 傍線部(ア)〜(ウ)の本文中における意味として最も適当なものを、次の各群の①〜⑤のうちから、それぞれ一つずつ選べ。

(ア) いわく言い難い

① 言葉にするのが何となくはばかられる
② 言葉では表現しにくいと言うほかはない
③ 言葉にしてしまってはまったく意味がない
④ 言葉にならないほどあいまいで漠然とした
⑤ 言葉にするとすぐに消えてしまいそうな

(イ) 和声理論の権化

① 和声理論で厳しく律せられた演奏
② 和声理論で堅固に武装した演奏
③ 和声理論を巧みに応用した演奏
④ 和声理論を的確に具現した演奏
⑤ 和声理論にしっかりと支えられた演奏

(ウ) みもふたもない

① 現実的でなくどうにもならない
② 大人気なく思いやりがない
③ 露骨すぎて話にならない
④ 計算高くてかわいげがない
⑤ 道義に照らして許せない

問2 傍線部A「音が音楽になろうとしていた」とあるが、それはどういうことか。その説明として最も適当なものを、次の①～⑤のうちから一つ選べ。

① 指揮者の指示のもとで各パートの音が融《と》け合い、具象化した感覚や純化した感情を克久に感じさせ始めたこと。

② 指揮者に導かれて克久たちの演奏が洗練され、楽曲が本来もっている以上の魅力を克久に感じさせ始めたこと。

③ 練習によって克久たちの演奏が上達し、楽曲を譜面通りに奏でられるようになったと克久に感じさせ始めたこと。

④ 各パートの発する複雑な音が練習の積み重ねにより調和し、圧倒するような迫力を克久に感じさせ始めたこと。

⑤ 各パートで磨いてきた音が個性を保ちつつ精妙に組み合わさり、うねるような躍動感を克久に感じさせ始めたこと。

問3 **傍線部B「怒られるたびに内心で『ちゃんとやってるじゃないか』とむくれていた気持ちがすっかり消えた」とあるが、それはなぜか。その理由として最も適当なものを、次の①～⑤のうちから一つ選べ。**

① 日々の練習をきちんと積み重ねているつもりでいた一年生だったが、地区大会で他校の優れた演奏を聴いて、めざすべき演奏のレベルが理解できたと同時に、まだその域に達していないと自覚したから。

② 地区大会での他校の演奏を聴いて自信を失いかけた一年生だったが、演奏を的確に批評するＯＢたちが自分たちの演奏を音に厚みがあると評価したので、あらためて先輩たちへの信頼を深めたから。

③ それまでばらばらだった自分たちの演奏が音楽としてまとまる瞬間を地区大会で初めて経験した一年生は、音と音楽との違いに目覚めると同時に、自分たちに求められている演奏の質の高さも実感したから。

④ 地区大会で他校のすばらしい演奏を聴いて刺激を受けた一年生は、これからの練習を積み重ねていくことで、音楽的にさらに向上していこうという目標を改めて確認し合ったから。

⑤ 自分たちとしては十分に練習をしてきたつもりでいた一年生だったが、地区大会での他校の堂々とした演奏を聴き、自信をもって演奏できるほどの練習はしてこなかったと気づいたから。

問4 **傍線部C「初めて会った恋人同士のような」とあるが、この表現は百合子と克久のどのような状態を言い表したものか。その説明として最も適当なものを、次の①～⑤のうちから一つ選べ。**

① 自分の好意を相手にきちんと伝えたいと願っているのに、当たり障りのない話題しか投げかけられず、もどかしく思っている。

② 互いのことをよくわかり合っているはずなのに、相手を前にしてどのように振る舞えばよいかわからず、とまどっている。

③ 本当は心を通い合わせたいと思っているのに、話をしようとすると照れくささからそっけない態度しかとれず、悔やんでいる。

④ 相手の自分に対する気配りは感じているのに、恥ずかしくてわざと気付かないふりをしてしまい、きまり悪さを感じている。

⑤ なごやかな雰囲気を保ちたいと思って努力しているのに、不器用さから場違いな行動を取ってしまい、笑い出したくなっている。

問5 傍線部D「少年の中に育ったプライドはこんなふうに、ある日、女親の目の前に表れるのだった」とあるが、その説明として最も適当なものを、次の①～⑤のうちから一つ選べ。

① 充実した練習を通して自ら育《はぐく》んできた克久のプライドは、県大会に向けての克久の意気込みと不安を百合子に感じさせるものであった。このプライドは張り詰めて折れそうな心を自覚しながら独り大会に備える自立した少年の姿を通して不意に百合子の前にあらわれ、幼いと思っていた息子が知らないうちに夫に似てきたことを百合子に感じさせた。

② 仲間たちとの交わりの中で自ら育んできた克久のプライドは、仲間への信頼と自分がかけがえのない存在であるという自覚を百合子に感じさせるものであった。このプライドは自らの緊張感を百合子に悟らせまいとしている大人びた少年の姿を通して不意に百合子の前にあらわれ、息子の成長に対する喜びを百合子に感じさせた。

③ 努力を重ねるなかで自ら育んできた克久のプライドは、克久のおごりと油断を百合子に感じさせるものであった。このプライドは他人を寄せつけないほどの緊張を全身にみなぎらせている少年の姿を通して不意に百合子の前にあらわれ、大会を前にした息子の気負いをなだめ、落ち着かせなければならないという思いを百合子に感じさせた。

④ 吹奏楽部の活動に打ち込むなかで自ら育んできた克久のプライドは、りりしさともろさを百合子に感じさせるものであった。このプライドは高まった気持ちを静かに内に秘めた少年の姿を通して不意に百合子の前にあらわれ、よく知っている克久の姿とともに、理解しているつもりでいた克久ではない成長した少年の姿も百合子に感じさせた。

⑤ 同じ目的を持つ仲間たちとの協力を通して自ら育んできた克久のプライドは、どんなことにも動

じない自信と気概を百合子に感じさせるものであった。このプライドは百合子を遠慮させるほど堂々とした少年の姿を通して不意に百合子の前にあらわれ、克久がこれまでとは別の少年になってしまったという錯覚を百合子に感じさせた。

問6 **この文章の叙述の説明として適当でないものを、次の①～⑥のうちから二つ選べ。ただし、解答の順序は問わない。**

① 本文では、「スゴイ学校は他にいくらでもあった」「スゲェナ」「サムイ」などをカタカナで表記することで、これらの表現に話し言葉らしさや若者言葉らしさを与えている。

② 百合子と克久の会話文で多用されている「……」は、適当な言葉を見つけられなくて会話を続けられないでいる二人の様子を効果的に表現している。

③ 本文では、県大会の前日までのできごとが克久の経験した順序で叙述されており、このことによって登場人物の心情の変化が理解しやすくなっている。

④ 本文19行目から39行目には比喩を用いて音楽を表現している部分がある。そこでは、「大海原のうねりのような音」といった直喩だけを用いて隠喩を用いないことで、音楽の描写をわかりやすいものにしている。

⑤ 本文47・48行目の「昨日まで、鳥の鳴き声～今日はちゃあんと人間の話し声に聞こえる」の文末が現在形になっていることで、ＯＢたちの話を聞いたときの克久に読み手がより共感しやすくなっている。

⑥ 本文中程の地区大会の後で克久が帰宅した場面では、あえて「恐竜と宇宙飛行士」といった大げさな対比を用いることによって、母親と息子のずれの大きさを強調している。

では、「センター小説攻略の全体像」を講義していきます。はじめに、全体像をまとめておきましょう。

センターの秘訣！

センター小説の「全体像」

1 約20分の解答時間に対して全6問が出題されます。問題文の分量は、近年「小説の全文」が出題されることが多くなった結果、かなりの長文となっています。**小説の長文問題への対策は必須**と言えます。

2 「難易度」は、今解いてもらった例題8のレベルを標準として、これよりやや難しいものもあるし、やや易しいものもある、というイメージを持っておけばよいでしょう。

3 全6問の設問の構成は、以下の通り。

問1　「語句の意味」問題
問2・問3・問4・問5　「傍線部説明」問題
問6　「問題文の表現・叙述」を問う問題

4

問1が「語句の意味」(3題)、問2から問5が「傍線部説明」問題、最後に「問題文の表現や叙述」について問うという流れが標準的な出題です。

「語句の意味」問題については、230ページで説明したように、辞書的な意味の「知識」をベースに問題が作られています。

5

「傍線部説明」問題には、大きく言って次の3種類の問題があります。

(1) 心情把握型問題
(2) 論理型問題
(3) 表現・叙述を問う問題

(1) 「**心情把握型問題**」には、192ページで説明したように「全体把握」と「部分把握」があります。繰り返しますが、センター小説で中心になるのは「部分把握」です。

(2) 「**論理型問題**」は、小説特有の「心情」の説明ではなく、傍線部と他の部分の対応関係で解いたり、指示語の指示内容がポイントになったりする問題です。つまり、評論と同じような考え方で解けるのでこのように呼びます。ただし、近年は「(3) 表現・叙述を問う問題」の出題の増加に伴って減少傾向にあります。

(3) 「**表現・叙述を問う問題**」は、傍線部の「比喩」や「表現の特徴」について問う問題です。問6の「本文全体の表現・叙述」を問う問題とは別に、傍線部について問うものです。

6

問6の「問題文の表現・叙述」を問う問題については、第3章〔→350ページ〕で詳しく解説します。

今解いてもらった例題8も、まったくこの通りの出題になっていました。

問1 **「語句の意味」問題**

問2 傍線部A「音が音楽になろうとしていた」とあるが、それはどういうことか。

↓**傍線部の「音」と「音楽」の内容を説明をする「論理型問題」**

問3 傍線部B「怒られるたびに内心で『ちゃんとやってるじゃないか』とむくれていた気持ちがすっかり消えた」とあるが、その理由を説明せよ。

↓**傍線部の「心理の変化」の理由を説明する「心情把握型問題〔部分把握〕」**

問4 傍線部C「初めて会った恋人同士のような」とあるが、この表現は百合子と克久のどのような状態を言い表したものか。

↓**傍線部の「比喩」を説明をする「表現・叙述を問う問題」**

問5 傍線部D「少年の中に育ったプライドはこんなふうに、ある日、女親の目の前に表れるのだった」とあるが、その説明をせよ。

↓**「主人公と母の関係」を説明する「心情把握型問題〔全体把握〕」**

問6 **「問題文の表現・叙述」を問う問題**

では、問題を解説しながら、さらに具体的に説明していくことにしましょう。

分析

問1

(ア)「いわく言い難い」は「事情が複雑で言葉では簡単に説明できない」という意味です。したがって解答は②になります。①は「はばかられる(=遠慮される)」が×。③は「まったく意味がない」が×。④は「あいまいで漠然とした」「意味がない」のではなくて「言葉で説明できない」という意味ですね。⑤は「すぐに消えてしまいそうな」が×です。

(イ)は「権化=ある抽象的な特質が具体的な形をとってあらわれたもの」という意味が問われています。たとえば「彼は巨悪の権化だ」なら「巨大な悪っていうイメージを形にしたら彼みたいなやつになるんだ」という意味です。したがって解答は④。「具現=実際にモノや形として表すこと」という意味ですから、「権化」の説明になっていますね。①「厳しく律せられた」、②「堅固に武装した」、③「巧みに応用した」、⑤は「しっかりと支えられた」がいずれも「権化」の説明として×です。あくまで辞書的意味がベースです。前後の文脈から推測して選んでしまわないようにして下さい。

(ウ)「みもふたもない」は「言葉が露骨すぎて情緒がない」という意味です。したがって③が正解です。他の選択肢は、いずれも意味がまったく違ってしまっています。

繰り返しますが、あくまで辞書的意味がベースです。「前後の文脈から意味を推測」する問題ではありませんから、まずは付録の語句の意味を覚え、その上で、演習問題や模試など、これから接する問題の中で出てきた知らない意味はコツコツ覚えていって下さい。

解答 問1 (ア)=② (イ)=④ (ウ)=③

問2

まずは与えられた「設問の条件」を見ます。

傍線部A「音が音楽になろうとしていた」とあるが、それはどういうことか。その説明として最も適当なものを、次の①〜⑤のうちから一つ選べ。

傍線部は「心理」ではありませんから「論理型問題」だと考えます。ということは、評論と同様、文中の対応を追いかけて整理すれば、解答は導けます。

傍線部は「**音が音楽になる**」なので「変化」がポイントです。傍線部の直前に「つまり」という「前後イコールの接続語」がありますから、直前部分の内容を言い換えたのが傍線部です。ということで、傍線部の前の文脈を見ていきましょう。

本文分析

譜面をパートごとに練習して、セクションごとに音として仕上げていくのは、山から石を切り出す作業だが、そのごろごろした石がようやくしっかりとした石組みになろうとしていた。森勉が細やかに出す指示は、石と石の接続面をぴったりと合わしていく仕事だった。

この日、何度目かで「くじゃく」をさらっていた時、克久は**ばらばらだった音が**、一つの音楽にまとまる瞬間を味わった。「スラブ風の曲だが、枯れ草の匂いがしたのである。斜めに射す入り陽の光が見えた。それは見たことがないほど広大な広がりを持っていた。(ア)いわく言い難い哀《かな》しみが、絡《から》み合う音の底から湧《わ》き上がっていた。悔しいとか憎らしいとか、そういういらいらするような感情は一つもなくて、大きな哀しみの中に自分がいるように感じた。」

つまり、A音が音楽になろうとしていた。地区大会前日だった。

「つまり」の前の文脈を見ていくと、「**ばらばらだった音が**↓**一つの音楽にまとまる**」という「変化」の説明があるので、ここを軸に本文を整理します。

（それまで）→（地区大会前日の練習）

A 音が **音楽** になろうとしていた

＝ ばらばらだった音が **一つの音楽にまとまる** 瞬間を味わった

←

［感想］
- 枯れ草の匂いがした
- 斜めに射す入り陽の光が見えた
- いわく言い難い哀しみが、絡み合う音の底から湧き上がっていた
- 悔しいとか憎らしいとか、そういういらいらするような感情は一つもなくて、大きな哀しみの中に自分がいるように感じた

このようにまとめられますね。これでポイントは整理できました。選択肢を見ていくことにしましょう。

まず①です。

① 指揮者の指示のもとで各パートの音が融《と》け合い、〔具象化した感覚〈や純化した感情〉を克久に感じさせ始めたこと〕。

選択肢前半の「各パートの音が融け合い」はばっちり○です。

選択肢の後半部分ですが、ここは苦手な人にはちょっと難しかったかも知れません。前ページの図式を見て下さい。〔　〕部分に「枯れ草の匂いがした」や「斜めに射す入り陽の光が見えた」とありますね。これは克久が、音楽を聴いて「具体的な風景」を思い浮かべている、ということです。ですから選択肢の「**具象化した感覚を克久に感じさせ始めた**」は○だとわかります。

あとは、残りの〈純化した感情〉という表現が○であれば、①は正解です。もう一度、図式の〔　〕部分を見てチェックしていきましょう。「悔しいとか憎らしいとか、そういういらいらするような感情は一つもなくて、大きな哀しみの中に自分がいるように感じた」とありますね。他の感情は一つもなくて、ただ哀しみを感じる、そう言ってるんですから「純化した感情」は○です。ということで①は解答の有力な候補となります。

残る選択肢を見ていきましょう。

② 指揮者に導かれて克久たちの**演奏が洗練され**、〔楽曲が本来もっている以上の魅力を克久に感じさせ始めたこと〕。 ×

③ 練習によって克久たちの**演奏が上達し**、〔楽曲を譜面通りに奏でられるようになったと克久に感じさせ始めたこと〕。 ×

②は「洗練され」が「音が音楽になった」の説明として不十分ですし、「楽曲が本来もっている以上の魅力」も253ページの図式の〔　〕部分ではそのようなことは書かれていませんでした。したがって×です。

③も同様に、「演奏が上達し」では「音が音楽になった」の説明として不十分ですし、「楽曲を譜面通りに奏でられるようになった」は253ページの図式の〔　〕部分の説明として×です。

④ **各パートの発する複雑な音が練習の積み重ねにより調和し、**〔圧倒するような迫力を克久に感じさせ始めたこと〕。 ×

⑤ **各パートで磨いてきた音が個性を保ちつつ精妙に組み合わさり、**〔うねるような躍動感を克久に感じさせ始めたこと〕。 ×

④・⑤ともに前半の説明はいいのですが、〔　〕部分の説明が、④は「圧倒するような迫力」が×です。「枯草の匂い」「斜めに射す入り陽（夕陽のことです）」はいずれも「圧倒するような迫力」の説明として×です。

⑤は「うねるような躍動感」が×です。20〜21行目にある「克久の胸のうさぎが躍り上がるような音を持っていた」は、「躍り上がる＝躍動感」でよいのですが、これはライバルの学校の演奏の説明部分で、克久の学校の説明ではありません。

以上より、解答は①に決定します。

解答 問2 ①

問3

傍線部が「心理」ですから、心情把握型問題です。第1章で身につけた「シークエンス分析法＝事→心→行」を徹底していきますよ。まずは、与えられた「設問の条件」をしっかり見ます。

傍線部B「怒られるたびに内心で『ちゃんとやってるじゃないか』とむくれていた気持ちがすっかり消えた」とあるが、それはなぜか。その理由として最も適当なものを、次の①〜⑤のうちから一つ選べ。

傍線部説明問題ですから「部分把握」です。「部分把握」では、まずは**傍線部が「事→心→行」のどの部分にあるのかをチェックする**んでしたね。

傍線部は「心理」、そして、設問はその「理由」を問うていますから、すぐに

☆傍線部は心→その「理由」を問われているんだから、答えは事！

と考えられます。基本通りですね。「さっ」と「流れるような思考回路」で考えて下さいね。

探すべきポイントが明確になったところで、本文を見ていきましょう。

オーボエの鈴木女史の苦情から有木部長が解放されたのは、地区大会の翌日からだ。一年生にもようやく自分たちが求められているものがどの水準にあるのかが解ったのだ。ベンちゃんが初期の頃《ころ》は苦労していた部員の統制は、今では指揮者を煩わせることなく鈴木女史のようなメンバーで守られているのだから有木部長もそうそう閉口という顔もできなかったが、とにもかくにも苦情を聞かずにすむのは喜ばしい。「音になってない」という森勉の決まり文句をはじめとして、「やる気があるのか」とか「真面目《まじめ》にやれ」とか言われる理由がのみ込めたのだ。

B　怒られるたびに内心で「ちゃんとやってるじゃないか」とむくれていた気持ちがすっかり消えた。

スゴイ学校は他《ほか》にいくらでもあった。

今年こそは地区から県大会を突破しようという気迫で迫ってくる学校があった。

「スゲェナ」

うんと唸《うな》った川島が、

「負けた」

といった一言ほど全員の感情を代弁している言葉は他になかった。

地区大会当日の様子

地区大会の当日に他の学校の演奏を聴いた克久たちは、「スゲェナ」「負けた」とかなりのショックを受けたわけです。それは「OBたちの言葉がなかったら、出番前の気持ちの立て直しはできなかったかもしれない」という表現にも表れています。そういう地区大会を経験した結果、翌日から「今まで怒られるたびにむくれていた気持ちがすっかり消えた」わけです。

「地区大会の翌日から、一年生にも自分たちが求められている演奏の水準が解った」とありますね。つまり「他校の演奏を聴いて負けたと思った↓自分たちの演奏がまだまだだから、森勉に怒られるんだと解った」ということです。

図式に整理しなおしてみましょう。

行 ← 心 ← 事

事

地区大会で他の学校の演奏を聴きショックを受けた（「スゲェナ」「負けた」）

←

一年生にも、自分たちが求められている演奏の水準が解った

＝

森勉に「音になってない」「やる気があるのか」「真面目にやれ」と言われる理由がのみ込めた

心

B 怒られるたびにむくれていた気持ちがすっかり消えた

行

なし

今回解答するのは「事態」です。この「図式」を参考に選択肢を見ていくことにしましょう。

正解は①です。

① 日々の練習をきちんと積み重ねているつもりでいた一年生だったが、**地区大会で他校の優れた演奏を聴いて、めざすべき演奏のレベルが理解できたと同時に、まだその域に達していないと自覚した**から。

文句なしに今まとめた「事態」の説明をしていますね。他の選択肢も吟味しておきましょう。

② 地区大会での他校の演奏を聴いて自信を失いかけた一年生だったが、演奏を的確に批評するOBたちが自分たちの演奏を音に厚みがあると評価したので、**あらためて先輩たちへの信頼を深めた**から。

×

③ **それまでばらばらだった自分たちの演奏が音楽としてまとまる瞬間を地区大会で初めて経験した一年生は**、音と音楽との違いに目覚めると同時に、自分たちに求められている演奏の質の高さも実感したから。

×

④　地区大会で他校のすばらしい演奏を聴いて刺激を受けた一年生は、**これからの練習を積み重ねていくことで、音楽的にさらに向上していこうという目標を改めて確認し合った**から。

×

⑤　自分たちとしては十分に練習をしてきたつもりでいた一年生だったが、地区大会での他校の堂々とした演奏を聴き、**自信をもって演奏できるほどの練習はしてこなかったと気づいた**から。

×

②は「あらためて先輩たちへの信頼を深めた」が×です。たしかに先輩たちの「完成されているけど、音の厚みには欠けるよ」という言葉のお陰で、他校の演奏にショックを受けた気持ちを本番前に立て直すことができたわけですが、その結果「先輩たちへの信頼を深めた」とは書かれていませんし、さらに「先輩たちへの信頼を深めたから→むくれていた気持ちが消えた」わけではありません。ですから×です。

③は「それまでばらばらだった自分たちの演奏が音楽としてまとまる瞬間を地区大会で初めて経験した」が×です。問2で解答したように、地区大会前日の練習の時に、克久はその経験をしたのでしたね。

④は「……という目標を改めて確認し合った」が×です。他校の演奏を聴いて刺激された結果、「こ

れから僕たちももっとがんばっていこうね」と、みんなで「目標を確認し合った」とは書かれていませんし、さらに「みんなで目標を確認し合ったから→むくれていた気持ちが消えた」のではありません。

※今の④の解説を読んで「えー、でも部活なんだから、きっとみんなで話し合ったはずだよ～」と思った人は危険です。自分のフィーリングで話を膨らませるのが習慣になってしまっています。そこを修正しておかないと正解にたどりつけない。第1章で説明したように「センター小説」は「客観テスト」です。したがって、設問が成り立つためには「客観的根拠＝書かれていること（もしくは確実にそうだと言えること）」が基準になります。センター小説で推測していいのは「心理」のみです。「事・行」は「客観的根拠」になる部分ですから、書かれていることがすべてと考えなければならない。今回は「事態」を解答しているわけですから「書かれていること」がすべてです。だから「きっとみんなで話し合ったはずだよ～」というような推測は、絶対にしてはいけないのです。

⑤は「自信をもって演奏できるほどの練習はしてこなかったと気づいた」が×です。この選択肢では「自信をもって演奏できるかどうか」という点がポイントになっていますが、ここで焦点になっているのはそういうメンタル面ではなく、「スゲェナ」「和声理論の権化だ」「負けた」という克久たちの感想に示されているように「自分たちが要求されている演奏そのもののレベル」を実感したということです。ですから×です。

以上より、解答は①に決定します。

解答 問3 ①

問4

設問の条件からも明らかなように「表現・叙述を問う問題」です。

傍線部C「初めて会った恋人同士のような」とあるが、この表現は百合子と克久のどのような状態を言い表したものか。その説明として最も適当なものを、次の①～⑤のうちから一つ選べ。

傍線部は「初めて会った恋人同士のような」ですから「直喩」です。「直喩と隠喩」については問6の「問題文の表現・叙述」を問う問題でも頻出のポイントですから、第3章でも個別に取り上げて対策しますが、ここでは「比喩」の考え方の基本をまとめておきます。

センターの秘訣！

「解」の技巧　「比喩問題」のポイント

「比喩問題」では**「何を↓何に」喩えているかを考える**のが基本です。たとえば

（例）
「りんごのほっぺ」

［子どものほっぺ ＝ 赤い］　〔本論〕
↓
［りんご ＝ 赤い］　〔比喩〕

という感じです。当然ですが、両者に「共通点」があるから喩えるので、**比喩では「共通点」に注目します。**右の例では「赤い」ことが共通点ですね。ここでは「喩えられる側」のことを「本論」と言い、「喩え」の方を「比喩」と言います。

では、解法を今回の問題に当てはめてみましょう。傍線部は、

C 初めて会った恋人同士のような 変な緊張感

ですから「共通点」は「変な緊張感」です。つまり、

「百合子と克久の状態＝変に緊張している」を
↓
「初めて会った恋人同士＝変に緊張している」に喩えている

ということです。では、この「共通点＝変に緊張している」に注目しながら、選択肢を見ていきましょう。

「緊張感」についてきちんと説明しているのは②です。

② 互いのことをよくわかり合っているはずなのに、相手を前にしてどのように振る舞えばよいかわからず、とまどっている。 ○

この②の選択肢については、生徒からよく質問があります。「先生、『互いのことをよくわかり合っているはず』という部分は、『初めて会った恋人同士』には当てはまらないから×じゃないんですか？」というものです。

そういう勘違いをしてしまう理由は単純です。**比喩は「何を↓何に」喩えているか考える**ということが意識できていないんですね。だからそこに引きずられてしまう。

先にまとめたように**「本論を↓比喩に」喩える**んですから、あくまでメインは「本論」なんです。だから今回の比喩の焦点は「初めて会った」ではなくて、「緊張してぎこちない行為を取る」なんです。

百合子と克久の状態を → 初めて会った恋人同士に 喩えている
（＝変に緊張している）　（＝変に緊張している）

だからね、「変に緊張している」様子のものならば、別に「初めて会った恋人同士のような」という比喩でなくてもよかったんです（たとえば「互いに好意を抱いていると気づいてしまった幼馴染みのような」という比喩も可能です）。焦点が違う。だから「初めて会った」はどうでもいいんです。ということで、先の質問のような考え方は間違っているんですね。

では、他の選択肢も見ておきましょう。

①**自分の好意を相手にきちんと伝えたいと願っているのに、**当たり障りのない話題しか投げかけられず、もどかしく思っている。

③本当は心を通い合わせたいと思っているのに、話をしようとすると**照れくささからそっけない態度しかとれず、**悔やんでいる。

④相手の自分に対する気配りは感じているのに、**恥ずかしくてわざと気付かないふりをしてしまい、**きまり悪さを感じている。

⑤なごやかな雰囲気を保ちたいと思って努力しているのに、**不器用さから場違いな行動を取ってしまい、**笑い出したくなっている。

②以外の選択肢は「共通点の説明」が違っています。克久と百合子は、あくまで互いに県大会の話題を避けようとして「変に緊張してぎこちない態度をとっている」わけです。それが「初めて会った恋人同士」との共通点です。

ですから、①は「自分の好意を相手にきちんと伝えたいと願っている」が×です。これは恋人同士の説明としてはいいものの、百合子と克久の今の状況の説明になっていませんね。この話は、県大会を前に「母さん、好きだよ」「克久、母さんもよ♥」と伝え合うような変な母子関係（笑）の話ではありません。

同様に、③・④・⑤はそれぞれ、「照れくささから」「恥ずかしくて」「不器用さから」が×です。「ぎこちない態度」の原因はあくまで「変な緊張感」です。さらに③は「そっけない態度しかとれず」も

×ですし、⑤も「場違いな行動」が×です。ここでの二人の行動は別に「場違い」ではありません。

以上より、解答は②に決定します。

解答 問4　②

問5

まずは傍線部と設問の条件を見ます。

傍線部D「少年の中に育ったプライドはこんなふうに、ある日、女親の目の前に表れるのだった」とあるが、その説明として最も適当なものを、次の①～⑤のうちから一つ選べ。

傍線部は、百合子が「克久の中に育ったプライド」を感じ取っている部分です。傍線部に「こんなふうに」という指示語がありますから、まずは指示内容を考えることからはじめます。

「克久の中に育ったプライド（誇り）」については、問題文の中盤以降、県大会の前日に克久が帰宅してからの場面で描かれていました。

本文分析

県大会の前日はさすがに七時前に克久も家に帰って来た。「ただいま」と戻った姿を見た百合子はたちまち全《すべ》てを了解した。了解したから、トンカツなどを揚げたことを後悔した。大会にカツなんて、克久流に言えば「かなりサムイ」しゃれだった。

「ベンちゃんが今日は早く風呂《ふろ》に入って寝ろってさ」

「そうなんだ」

百合子はこんな克久は見たことがなかった。なんでもなく、普通そうにしているけれども、全身に緊張があふれていた。それは風呂場で見せる不機嫌な緊張感とはまるで違った。ここに何か、一つでも余分なものを置いたら、ぷつんと糸が切れる。そういう種類の緊張感だった。

彼は全身で、いつもの夜と同じように自然にしてほしいと語っている。「明日は大会だから、闘いにカツで、トンカツ」なんて駄ジャレは禁物。

もっとスマートな応対を要求していたのである。会話だって、音楽の話もダメなら、大会の話題もダメであった。

そういうことが百合子にも解る顔をしていた。こんなに穏やかな精神統一のできた息子の顔を見るのは初めてだ。一人前の男である。誇りに満ちていた。

もちろん、彼の築き上げた誇りは輝かしいと同時に危ういものだ。

「お風呂、どうだった」

「どうだったって？」

「だから湯加減は」

音楽でもなければ、大会の話でもない話題を探そうとすると、何も頭に浮かばない。湯加減と言われたって、家の風呂は温度調整のできるガス湯沸かし器だから、良いも悪いもないのである。

「今日、いい天気だったでしょ」

「毎日、暑くてね」

「……」

練習も暑くて大変ねと言いかけて百合子は黙った。

「……」

克久も何か言いかけたのだが、目をぱちくりさせて、口へトンカツを放り込んでしまった。

「あのね、仕事の帰りに駅のホームからうちの方を見たら、夕陽が斜めに射して、きれいだった」

「そう。……」

なんだか、ぎこちない。克久も何か言おうとするのだが、大会に関係のない話というのは探しても見つからない。それでも、その話はしたくなかった。この平穏な気持ちを大事に、そっと、明日の朝までしまっておきたかった。

C 初めて会った恋人同士のような変な緊張感。それにしては、百合子も克久もお互いを知り過ぎていた。百合子は「こいつは生まれる前から知っているのに」とおかしくて仕方がなかった。

「……」

改めて話そうとすると、息子と話せる雑談って、あまり無いものだなと百合子は妙に感心した。

「……」

克久は克久で、何を言っても、話題が音楽か大会の方向にそれていきそうで閉口だった。

「これ、うまいね」

こういうことを言う時の調子は夫の久夫が百合子の機嫌を取るのに似ていた。ぼそっと言ってから、少し遅れてにやりと笑うのだ。

「西瓜《すいか》でも切ろうか」

久夫に似てきたが、よく知っている克久とは別の少年がそこにいるような気もした。

「……」

西瓜と言われれば、すぐ、うれしそうにする小さな克久はもうそこにいない。

「……」

百合子は西瓜のことを聞こうとして、ちょっとだけ息子に遠慮した。彼は何かを考えていて、ただぼんやりとしていたわけではない。

D少年の中に育ったプライドは こんなふうに 、ある日、女親の目の前に表れるのだった。

百合子にしてみれば「ついこないだまで小学生だった息子」が、確実に大人になろうとしているわけです。「一人前の男である。誇りに満ちていた」や「西瓜と言われれば、すぐ、うれしそうにする小さな克久はもうそこにいない」という表現に、そのことがよく表れています。

ところが、そんな克久のプライドは「輝かしいと同時に危ういもの」でもあります。「穏やかな精神統一ができている」んだけど、同時に「ここに何か、一つでも余分なものを置いたら、ぷつんと糸が切れる。そういう種類の緊張感」がある状態です。だからこそ問4で見たように「できるだけ県大会の話をしないように気を遣って、お互いにぎこちなくなっている」わけでした。

まとめてみましょう。

克久のプライド…輝かしいと同時に危ういもの
↑
百合子の心情　…一人前の男である／小さな克久はもうそこにいない

これを踏まえて、選択肢を見ていきましょう。

まず「克久のプライド」の説明部分で▁▁と┅┅を満たしているのは①・④だけで、他はその説明が違っています。

②　仲間たちとの交わりの中で自ら育んできた**克久のプライドは、仲間への信頼と自分がかけがえのない存在であるという自覚を百合子に感じさせるものであった。**このプライドは自らの緊張感を百合子に悟らせまいとしている大人びた少年の姿を通して不意に百合子の前にあらわれ、息子の成長に対する喜びを百合子に感じさせた。

×

③　努力を重ねるなかで自ら育んできた**克久のプライドは、克久のおごりと油断を百合子に感じさせるものであった。**このプライドは他人を寄せつけないほどの緊張を全身にみなぎらせている少年の姿を通して不意に百合子の前にあらわれ、大会を前にした息子の気負いをなだめ、落ち着かせなければならないという思いを百合子に感じさせた。

×

⑤　同じ目的を持つ仲間たちとの協力を通して自ら育んできた**克久のプライドは、どんなことにも動じない自信と気概を百合子に感じさせるものであった。**このプライドは百合子を遠慮させるほど堂々とした少年の姿を通して不意に百合子の前にあらわれ、克久がこれまでとは別の少年になってしまったという錯覚を百合子に感じさせた。

×

②は「仲間への信頼と自分がかけがえのない存在であるという自覚」がまったく▬と▪▪▪の説明になっていません。③は「おごり（傲り＝思い上がり）と油断」という悪い面しか書かれていいま

せんから「輝かしい」の説明にあたる部分がありません。さらに■■■■は「ぷつんと切れてしまう危うさ」ですから「油断」というのは×です。⑤は「どんなことにも動じない自信と気概」が、■■■■の「ここに何か、一つでも余分なものを置いたら、ぷつんと糸が切れる」に反していますから×です。

残る①・④を見ていきましょう。

① 充実した練習を通して自ら育《はぐく》んできた**克久のプライドは、県大会に向けての克久の意気込みと不安を百合子に感じさせるものであった。**このプライドは張り詰めて折れそうな心を自覚しながら独り大会に備える自立した少年の姿を通して不意に百合子の前にあらわれ、**幼いと思っていた息子が知らないうちに夫に似てきたことを百合子に感じさせた。**

×

④ 吹奏楽部の活動に打ち込むなかで自ら育んできた**克久のプライドは、りりしさともろさを百合子に感じさせるものであった。**このプライドは高まった気持ちを静かに内に秘めた少年の姿を通して不意に百合子の前にあらわれ、よく知っている克久の姿とともに、**理解しているつもりでいた克久ではない成長した少年の姿も百合子に感じさせた。**

○

○

いずれも━━と┅┅の説明はあります。①の「意気込み」がやや違うようにも思えますが、「地区大会以降、本気になって今日まで練習してきた。明日はいよいよ県大会だ。よしやってやるぜ」と捉えるならば、充分に━━の説明になっていると言えます。

ですが、①は後半の「幼いと思っていた息子が知らないうちに夫に似てきたことを百合子に感じさせた」が×です。たしかに本文に「夫に似てきた」という表現はありますが、本文では

幼いと思っていた　のに　一人前の男になっている　と感じさせる

と言っているのであって、

幼いと思っていた　のに　夫に似ている　と感じさせる

という関係ではありません。したがっては①は×です。

以上より、すべての要素をきちんと説明している④に、解答を決定します。

解答　問5　④

問6

設問の条件にもあるように、センター小説の問6は「問題文の叙述を問う問題」です。

この文章の叙述の説明として適当でないものを、次の①～⑥のうちから二つ選べ。

問6の「問題文の表現・叙述」を問う問題は、選択肢をひとつひとつ本文に照合しながら吟味していくのが理想です。しかし、試験時間が限られたセンター試験で「ひとつひとつ丁寧に」見ている時間は、現実的にはありません。ですから、できるだけ「効率よく」「手際よく」吟味したい、というのが受験生の偽らざる本音でしょう。では、どうすればいいのか。ポイントをまとめておきます。

センターの秘訣！

「解」の技巧
問6「問題文の表現・叙述」問題のポイント

センター小説の問6の定番である「問題文の表現・叙述」問題では、できるだけ「手早く」ポイントを発見できるようにしておくことが重要です。そこで次の2つの点を意識しよう！

☆まずは「頻出ポイント」を探してチェック！
☆「適当でないものを選べ」の場合は、細部を見るより全部見ろ！

「問題文の表現・叙述」を問う問題には、繰り返し問われている「頻出ポイント」があります。ですから、**「まずは頻出ポイントをチェックする」**ことで解答のスピードアップができます［↓どんなポイントがあるかは第3章でまとめます］。

次に、センター小説の**問6で「適当でないものを選べ」と出た場合、「かなりはっきりと×」の場合がほとんどだ**ということを覚えておきましょう。ということは、微妙な表現に時間をかけて悩むのではなく、ざーっとすべての選択肢を見てしまった方が効率的なんです。つまり、合言葉は「細部を見るより全部見ろ！」です。覚えておいて下さい。

では実際の問題で見てみましょう。今回の問題では③と④の選択肢がはっきりと×です。

③ 本文では、**県大会の前日までのできごとが克久の経験した順序で叙述されており、**このことによって登場人物の心情の変化が理解しやすくなっている。

×

③は「克久の経験した順序で叙述されており」が×です。第1章で説明したように、問題文の「全体把握」をする時には2つのチェックポイントがありましたね。その一つが**「場面展開＝時・場所・人物の出入り」に注目する**でした。［↓194ページ参照］

その時に僕はこう講義しています。覚えていますか？ センターは時間が厳しいテストなんだから、「全体把握」も細かいところを見る必要はないんだよ。とにかく「人物関係」と「場面展開」だけは押さえて、あとはストーリーが「ざっくりと」わかればいいよ、と。

ということはね、ざっくりと読みつつも「場面展開」だけはチェックしているはずなんです。今回の文章の前半部分で言うと

地区大会前日　　音が音楽になろうとしていた
↓
地区大会翌日から　　森勉に怒られた時の「むくれていた気持ちが消えた」
↓
地区大会当日の様子　　スゲェナ…

という流れは絶対にチェックしているはずです。それができていれば、③の「克久の経験した順序で叙述されており」は秒殺ですね。はっきりと×です。

④　本文19行目から39行目には比喩を用いて音楽を表現している部分がある。そこでは、「大海原のうねりのような音」といった**直喩だけを用いて隠喩を用いない**ことで、音楽の描写をわかりやすいものにしている。

×

④は「直喩だけを用いて隠喩を用いない」が×です。ほら、問4の解説の時にも言いましたが、センター小説の「表現・叙述を問う問題」では「直喩と隠喩」については「頻出ポイント」ですね。

[→363ページ参照]

「直喩」…「〜ように・ようだ」を用いる
「隠喩」…「〜ように・ようだ」を用いない

ということは、もし④の選択肢にあるように「直喩だけを用いて隠喩を用いない」というのが○だとしたら、本文29行目の「木管は風になびく軍旗だ」や「金管は……馬の群れであった」は「隠喩ではなくて事実だ」ということになります。

でも、もしこれが隠喩じゃなかったら大変です。ライバルの中学校の演奏の時には、舞台の上に馬は出るわ旗は出るわ、とんでもないことになってしまいます（笑）。ですから④の「直喩だけを用いて隠喩を用いない」は秒殺。はっきり×です。

いいですか。こうやって見るんです。

だからね、たとえば今回の問題でいえば、①の選択肢を見た時に、「スゲェナ」っていうのは「若者っぽいのかな？ そうじゃないのかな？ うーんどうだろう？」なんて悩む必要はまったくないんです。他に思いっきり×の選択肢があるんだから、選択肢を見て「微妙だな」と思ったら、放置して次の選択肢にいけばいいんです。これを「ひとつひとつの選択肢を丁寧に吟味」なんて、どこかの過去問題集が言ってるような、そんなキレイゴトをやっているから間に合わずに泣きを見るんです。騙されてはいけませんよ。

解答 問6 ③・④

以上、実際の過去問題を通して「センター小説の全体像」を見てもらいました。全6題出る問題は、こんなふうに解いていけばいいということです。あとは、この本で教えた方法で過去問題をトレーニングしていって下さい。

Good!!

第3章 センター小説・「解」の技巧

特徴的な設問を攻略する

はじめに

この章では、センター小説の特徴的な問題の中から、「心情把握問題」の応用的パターンと、問6の「問題文の表現・叙述」を問う問題を取り上げ、その対策法を集中的に講義していく。

攻略ポイント1／「心情把握問題」の応用的パターン

例題9

目標解答時間 13分

問 次の文章は、井伏鱒二《いぶせますじ》の小説「たま虫を見る」の全文（ここでは部分抜粋）である。これを読んで、後の問いに答えよ。

おそらく私ほど幾度も悲しいときにだけ、たま虫(注1)を見たことのある人はあるまいと思う。よその標本室に行ってみて、そこの部屋で私達《たち》はおびただしい昆虫に出会《でくわ》すであろうが、たま虫ほど美しい昆虫を発見することは出来ないのである。私達はこの昆虫の死骸《しがい》の前に立ち止《どま》って、或《ある》いは感動の瞳《ひとみ》をむけながら囁《ささや》くであろう。

「めったに見たことのない虫だが、これは未《ま》だ生きているのではないかね？」

「死んじまっても羽根の色は変《かわ》らないらしいんだよ。」

「この色は幸福のシンボルだそうだよ。書物にそういって書いてあるんだ。」

「何《ど》ういって鳴く虫だろう？」

「まるで生きているようじゃないか！」

――ところが私の見たのは標本室のではなくて、生きているやつなのである。

私が十歳の時、私の兄と私とは、叔母につれられて温泉場へ行った。叔母は私の母よりも以上に口やかましい人で、私があまり度々お湯へ入ることを厳禁して、その代《かわ》りに算術の復習を命じた。そのため私は殆《ほと》んど終日、尺(注2)を里・町・間になおしたり、坪(注3)を町・段《たん》・畝になおしたりした。或《あ》る日、私は便所の壁に（村杉正一郎のバカ）といううらくがきを発見した。村杉正一郎は私の兄と同級で級長をしていたので、兄は正一郎を羨《うらや》んだものに違いなかった。けれど温泉場は私達の学校から幾(注4)十哩《まいる》も隔ったところにあったので、村杉正一郎や彼の知人が、便所のらくがきを見る筈《はず》はなかったのである。私は兄の(ア)浅慮を全く嘲笑《ちょうしょう》した。

「叔母さんに言いつけてやろう。」

「言ったらなぐるぞ！」

兄は実際に私の頬《ほお》をなぐった。私は木立ちの中に駆け込んで、このことは何うしても叔母に言いつけなくてはならないと考えながら大声に泣いた。この悲しい時、私の頰をくっつけている木の幹に、私は一匹の美しい虫を見つけたのである。私は蟬《せみ》を捕える時と同様に、忍び寄ってそれを捕えた。そしてこの虫は何ういって鳴くのであろうかと、(注5)唖蟬《おしぜみ》をこころみるときと同様にその虫を耳もとでふってみた。

美しい虫であった。羽根は光っていた。私はこの虫を兄にも見せてやろうと思ったが、兄の意地悪に気がついた。叔母は私が算術を怠けたといって叱《しか》るにちがいなかった。誰《だれ》にこの美しい虫を見せてよいかわからなかった。A私はもとの悲しさに返って、泣くことをつづけたのである。

「何故《なぜ》この虫は折角《せっかく》こんなに美しくっても、私が面白い時に飛んで来なかったのだろう」

それから十幾年もたって、私は再びこの昆虫を見つけたのである。

すでに私は大学生になっていて、恋人さえ持っていた。恋人は美しく且つ可憐《かれん》で、彼女は私と一しょに散歩することを最も好んだ。

郊外の畑地は全く耕されていなかったので、彼女が田舎へ出発してしまう前の日にも、私達はその畑地を野原とみなした。積み重ねた煉瓦《れんが》と材木とは、私達の密会をどの家の二階からも電車の窓からも見えなくした。

「きっと、お手紙下されば、私はほんとに幸福ですわ……空があんなに青く晴れているんですもの。」

彼女は日常は極めて快活であったが、恋愛を語ろうとする時だけは、少なからず(イ)通俗的でまた感傷的であった。そして物事をすべて厳密に約束する癖があった。

「明日は午後二時三十分にあそこで待っていますわ。」

「僕等《ら》は三時まで学校があります。」

「では三時三十分頃《ころ》、そしてきっとお待ちしていますわ。」

私は決心して彼女の肩の上に手を置いた。そのとき、急にはその名前を思い出せないほどの美しい一ぴきの昆虫が、私のレインコートの胸にとまっていたのである。彼女はすばやく指先でその昆虫をはじき落《おと》してしまったので、私は周章《あわ》てて叫んだ。

「たま虫ですよ！」

しかし最早たま虫はその羽根を撃ちくだかれて、腹を見せながら死んでいた。私はそれを拾いとろうとしたが、彼女はそれよりも早く草履でふみにじった。

「このレインコートの色ね。」

そして彼女は私の胸に視線をうつしたのであるが、私は彼女の肩に再び手を置く機会を失ってしまった。私達はお互《たがい》に暫《しばら》く黙っていた後で、私は言った。

「あなたは、このレインコートの色は嫌いだったのですね！」

「あら、ちっともそんなことありませんわ。たま虫って美しい虫ですもの。」

「でも、あなたはそれをふみつぶしちゃいました。」

「だってあなたの胸のところに虫がついていたんですもの。」

B私達はお互に深い吐息をついたり、相手をとがめるような瞳をむけあったりしたのである。

牛込《うしごめ》警察署は、私を注意人物とみなした。私が学生でもなく勤め人でもなく、そして誰よりも貧困であったからなのであろう。

呼び出しのあった日に、私の友人は顔を剃《そ》ったり風呂《ふろ》に入ったりしてから、私の代りに警察署へ出頭してくれた。そして彼の報告によれば、私が街で立ちどまっているところを写したキャビネ型(注6)写真を示されたというのである。私は何時《いつ》の間に写されたかそれを知らない。写真では私が冬のインバネス(注7)を着て夏のハンチング(注8)を冠《かぶ》って（これは最近の私の服装である）エハガキ屋(注9)の飾り看板を顔をしかめながら眺め入っているところだそうだ。そうして写真の横のところには朱でもって――危険思想抱懐せるものの疑いあり――と記入されていたという。

私はインバネスを着て外に出た。私は牛込署へ出頭するのではなくて、エハガキ屋の店先へ行ったのである。そして飾り看板を見上げながら顔をしかめてみた。飾り看板の硝子《がらす》の中には、数枚の裸体画と活動(注10)女優の絵葉書とが入れてあった。たしかに私はこの姿勢でもってこの表情で……

「ここに虫がいる！」

たま虫が、硝子の破れ目に一本の脚をかけてぶら下《さが》っている。私は手をのばしてそれを捕えようとした。けれど今も私の直《す》ぐ後ろで警察の人達がカメラをもって私をねらっているかもわからない。彼等は、私が昆虫を摑《つか》まえようとして手をのばしたところを、絵葉書を盗もうとしている姿勢に写すかもしれない。私は随分ながいあいだたま虫を眺めながら、顔をしかめる表情を続けてみた。

C 硝子にうつる私の顔は、泣き顔に見えた。

「この昆虫はどうして斯《こ》んなに私が不機嫌なときに見つかるのだろう？」

（注）1　たま虫――光沢を持つ甲虫の一種。金緑色に赤紫色の二本の縦線がある。また、光線の具合によって色が変わって見える染め色・織り色をたま虫色という。
2　尺――長さの単位。「里」「町」「間」も同じ。
3　坪――面積の単位。「町」「段」「畝」も同じ。
4　哩――距離の単位。一哩は、約一・六キロメートル。
5　啞蟬――鳴かない蟬、雌の蟬。
6　キャビネ型――写真の大きさの一つ。
7　インバネス――和服用に流行した袖なしのオーバーコート。
8　ハンチング――前にひさしのついた平たい帽子。
9　エハガキ屋――絵葉書を売る店。二〇世紀初頭に流行した。
10　活動――「活動写真」の略称で、映画の旧称。

問1 傍線部㋐・㋑の本文中における意味として最も適当なものを、次の各群の①～⑤のうちから、それぞれ一つずつ選べ。

(ア) 浅慮を全く嘲笑した

① 短絡的な考えに対して心の底から見下した
② 卑怯《ひきょう》なもくろみに対してためらわず軽蔑《けいべつ》した
③ 粗暴な行動に対して極めて冷淡な態度をとった
④ 大人げない計略に対して容赦なく非難した
⑤ 軽率な思いつきに対してひたすら無視した

(イ) 通俗的

① 野卑で品位を欠いているさま
② 素朴で面白みがないさま
③ 気弱で見た目を気にするさま
④ 平凡でありきたりなさま
⑤ 謙虚でひかえ目なさま

問2 傍線部A「私はもとの悲しさに返って、泣くことをつづけたのである。」とあるが、その時の心情の説明として最も適当なものを、次の①～⑤のうちから一つ選べ。

① 兄になぐられて木立ちの中に駆け込んだ時の悔しさが思い出され、誰とも打ち解けられずひとりでやり過ごすしかない寂しさをかみしめている。

② 抵抗もできずに兄から逃げ出した時の臆病《おくびょう》さを思い返し、ひとりで隠れていても兄や叔母にいつ見つかるかわからないという恐怖におののいている。

③ 兄に歯向かうことができなかった情けなさを改めて自覚し、自分の切実な望みが兄や叔母によって妨げられることへの憤りを感じている。

④ 兄の粗暴な振る舞いに対する怒りに再びつき動かされ、仕返しをしようとしても叔母への告げ口しか思いつかない無力感に苦しんでいる。

⑤ 兄の過ちを正面から諭さなかったことを後悔し、自分の行動の意図が兄はもちろん叔母にも理解されないだろうという失望感に襲われている。

問3 傍線部B「私達はお互に深い吐息をついたり、相手をとがめるような瞳をむけあったりしたのである。」に至るまでの二人のやりとりの説明として最も適当なものを、次の①～⑤のうちから一つ選べ。

① 私は、幼い時から好んでいるたま虫が邪険にされたことを悲しみ、恋人の優しさに疑いを抱いて発言しているが、恋人は、自分よりもたま虫を大切に扱うかのような私の態度に驚き悲しんでおり、互いに不信感を持ち、うらめしいような気持ちになっている。

② 私は、悲しい体験を思い出させるたま虫が恋人との密会時に現れたことにとまどい、過去の経験にとらわれているが、恋人は、たま虫を私のコートにとまった虫としてはじき落としたのにその配慮に気づかない私に失望し、互いに相手を理解できない気持ちになっている。

③ 私は、肩に置いた手をたま虫を口実にして恋人に振り払われたと考え、ショックを受けているが、恋人は、その私をなだめようとしたのに私がよそよそしい態度をとり続けているので意外に思い、互いに相手の態度にとまどい、責めるような気持ちになっている。

④ 私は、幸福のシンボルとしてのたま虫が恋人との密会時に現れたので気持ちを高ぶらせ、それを恋人に伝えようとしているが、恋人は、私がいったん肩に手を置きながらたま虫に気をとられたことに傷ついており、互いの言葉が通じないことに苛立《いらだ》つ気持ちになっている。

⑤ 私は、突然現れた美しいたま虫を無慈悲に扱われたことに驚き、恋人を責めるような発言をしているが、恋人は、大切な二人の時間を邪魔したたま虫をはじき落としたのに相手が理解してくれないと思い、互いに落胆し、非難するような気持ちになっている。

問4 傍線部C「硝子にうつる私の顔は、泣き顔に見えた。」とあるが、なぜそう見えたのか。その理由として最も適当なものを、次の①～⑤のうちから一つ選べ。

① 飾り看板を眺め入っていただけのところを写真に撮られて、警察に疑いをかけられてしまった自分の立場を意識するあまり、思いがけず見つけたたま虫を摑まえることまでためらってしまう自分に情けなさを感じているから。

② 美しいたま虫を見つけたにもかかわらず、貧乏で社会的にも不安定な立場にあるとの理由で警察に疑いをかけられてしまう可能性があるため、たま虫を摑まえたいという長年の希望をかなえられない自分に悔しさを感じているから。

③ たま虫を摑まえようとしていたために警察に誤解されたのだと気がついたが、今おかれている立場ではそれを説明しても誤解は解けないと予想して、たま虫に手をのばすことができない自分に無力さを感じているから。

④ 自分が写真に撮られた理由を確認するという目的があって来たのにもかかわらず、警察に疑われている立場を忘れて突然現れたたま虫の美しさに心を奪われ、ながいあいだたま虫を眺めている自分にふがいなさを感じているから。

⑤ 警察に注意人物とみなされ出頭を命じられるという困難な状況に追い込まれている立場を意識するあまり、以前から好きだったたま虫を偶然に発見しても、その美しさを感じる余裕を持てない自分に寂しさを感じているから。

分析

では分析をはじめていきます。問題を解いてみてどうでしたか？
この問題で僕がポイントにしたいのは、問2と問3です。ですから、この2問から解説していくことにします。

問2
まずは、与えられた「設問の条件」をしっかり見ます。

傍線部A「私はもとの悲しさに返って、泣くことをつづけたのである」とあるが、その時の心情の説明として最も適当なものを、次の①～⑤のうちから一つ選べ。

設問は「傍線部における心情」を問うていますから「部分把握」ですね。ということは「事態→心理→行動」がポイントです。
「部分把握」では、まずは**傍線部が「事→心→行」のどの部分にあるかをチェックする**んでしたね。
ですから今回もチェックしてみます。

「私はもとの悲しさに返って、泣くことをつづけたのである」

「もとの悲しさに返って」が「心理」、「泣くことをつづけた」が「行動」と分析できます。そしてそう分析できればすぐに、

☆傍線部は心、行→あとは事を探せ！

と考えられます。**あとは「事・行ではさみ撃ち」すれば解答は導けます。**繰り返し強調しているように、ここまでは「流れるような思考回路」で考えて下さい。

さて、通常の問題であれば今の思考回路で答えが決まるのですが、ここからがこの章のポイント。この問題には応用的ポイントがあります。

もう一度傍線部に注目してみましょう。傍線部は**「もとの悲しさに返って」**でした。「もとの」って言ってるんですから、傍線部の前にも「悲しさ」が出ているはずです。当然、傍線部の心理を説明するためには、前に出ている心理と対応させて考えていく必要があります。

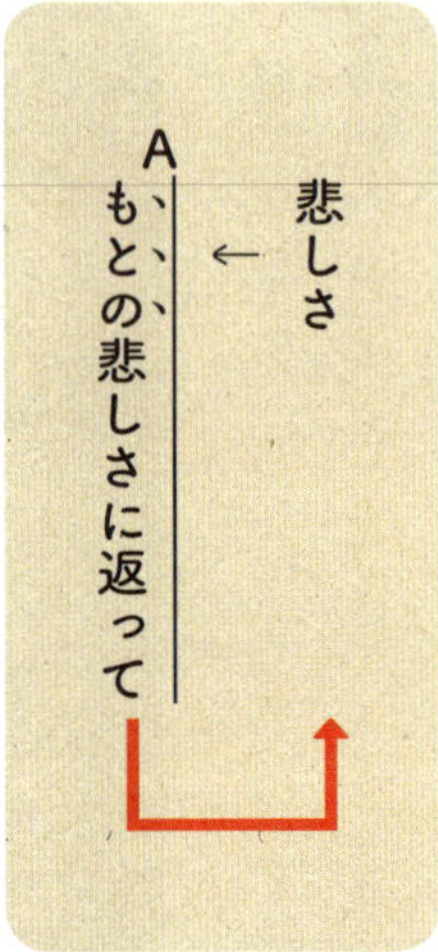

▼「心理の対応」で解く問題のポイント

この問題のように「心理の対応」で解く問題を考える時に、**単に「心理と心理の対応」だけにしか目が向いていない受験生が多いんですね。**こんな感じです。

兄は実際に私の頰《ほお》をなぐった。私は木立ちの中に駆け込んで、このことは何うしても叔母に言いつけなくてはならないと考えながら大声に泣いた。**この悲しい時**、私の頰をくっつけている木の幹に、私は一匹の美しい虫を見つけたのである。私は蟬《せみ》を捕える時と同様に、忍び寄ってそれを捕えた。そしてこの虫は何ういって鳴くのであろうかと、(注5)啞蟬《おしぜみ》をこころみるときと同様にその虫を耳もとでふってみた。

美しい虫であった。羽根は光っていた。私はこの虫を兄にも見せてやろうと思ったが、兄の意地悪に気がついた。叔母は私が算術を怠けたといって叱《しか》るにちがいなかった。誰《だれ》にこの美しい虫を見せてよいかわからなかった。A私は**もとの悲しさに返って**、泣くことをつづけたのである。

でもね、これじゃあだめです。**これではセンター小説の選択肢は選べません。**なぜか？

理由は説明できますか？

みなさんは既に知っているはずですよ。よーく思い出して下さい。

センター小説の「客観的吟味のポイント」は何でしたか？「心理」だけでいいんですか？

そう、これまで何度も述べてきたように、**センター小説の「客観的吟味のポイント」は「事・行」です。**

だから、右のように「心理だけ」を対応させてもダメなんです。当然「心理の対応で解く問題」

の場合も同じです。やっぱり「心情把握問題」のポイントは「事・行」なんです。**だから「対応先の心理」も「事・行」を見なくちゃいけない。**そういうことなんです。

まとめておきましょう。

センターの秘訣！

「解」の技巧　「心理の対応で解く問題」のポイント

☆**「心理の対応で解く問題」は、対応先の心理も「事→心→行」で整理せよ！**

センター小説において「心理を客観的に吟味するポイント」は「事態と行動」です。したがって「傍線部の心理を他の心理と対応させて解く」問題の場合、単に心理を対応させるのではなく、対応先でも「事・行」をチェックしなければなりません。当然、そこが選択肢を切る客観的ポイントになります。

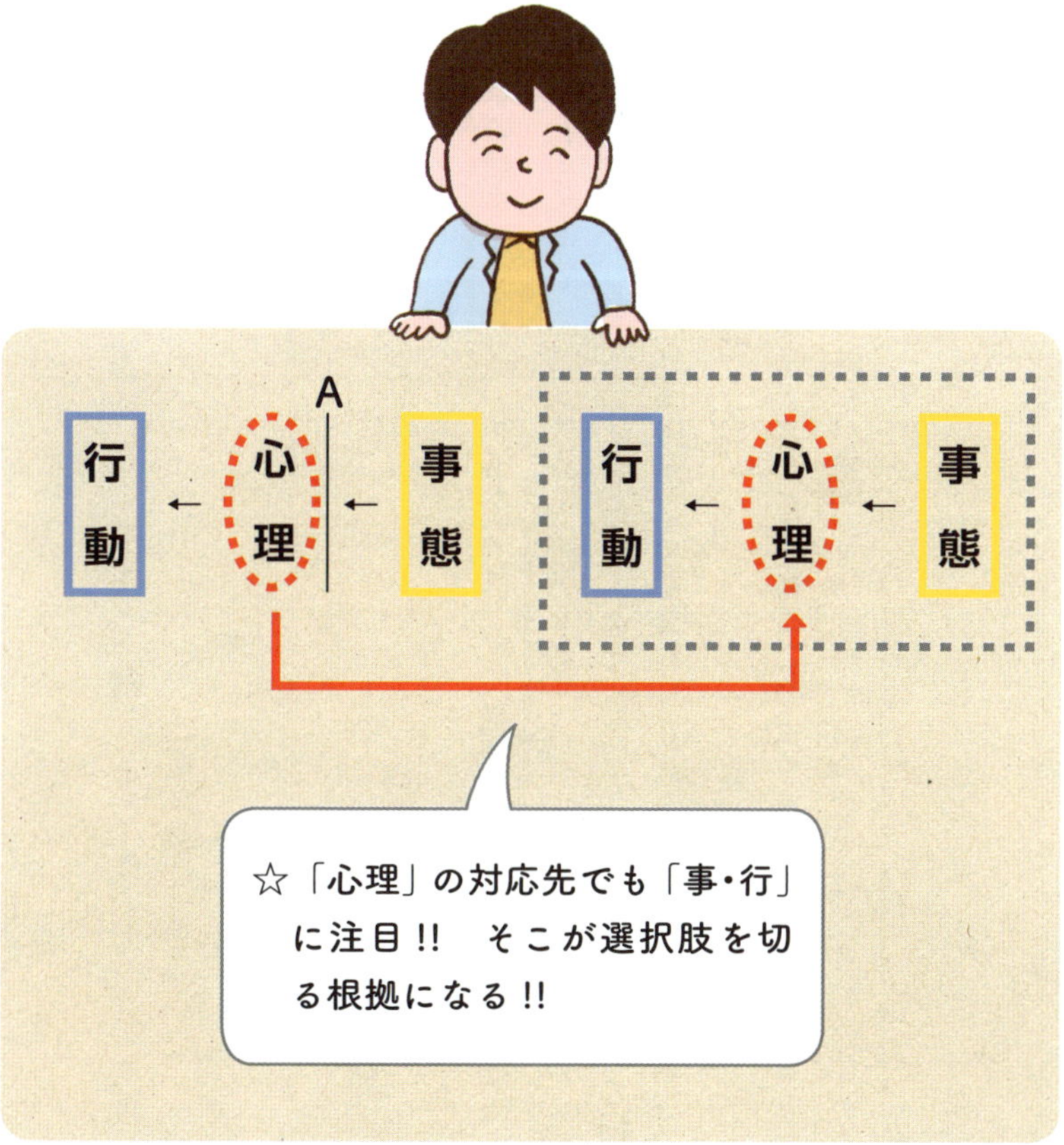
事態
心理
行動
A
事態
心理
行動
☆「心理」の対応先でも「事・行」に注目!!　そこが選択肢を切る根拠になる!!

では、センターの過去問題がこのパターン通りになっているということを、例題9を通して証明していきましょう。

まずは傍線部を「事↓心↓行」で分析し（ポイント❶）、その上で対応先の心理も「事↓心↓行」で分析します（ポイント❷）。本文をチェックしてみると、こんな感じです。

本文分析

兄は実際に私の頬をなぐった。私は木立ちの中に駆け込んで、このことは何うしても叔母に言いつけなくてはならないと考えながら大声に泣いた。**この悲しい時**、私の頬をくっつけている木の幹に、私は一匹の美しい虫を見つけたのである。私は蝉《せみ》を捕える時と同様に、忍び寄ってそれを捕えた。そしてこの虫は何ういって鳴くのであろうかと、唖蝉《おしぜみ》をこころみるときと同様にその虫を耳もとでふってみた。

美しい虫であった。羽根は光っていた。私はこの虫を兄にも見せてやろうと思ったが、兄の意地悪に気がついた。叔母は私が算術を怠けたといって叱るにちがいなかった。誰にこの美しい虫を見せてよいかわからなかった。A私は**もとの悲しさに返って**、泣くことをつづけたのである。

まずは傍線部の分析（ポイント❶）です。傍線部は「心・行」でしたから「事態」を探すだけです。「事態」は傍線部の直前部分にすぐ決まりますね。「兄に美しいたま虫を見せてやろうと思ったのに↓兄の意地悪に気づいて↓誰にこの美しい虫を見せてよいのかわからなくなったので↓悲しくなった」という流れです。「事・行ではさみ撃ち」して考えると、傍線部の「悲しさ」は「自分の気持ちを誰とも共有できない悲しさ」となります。

次に対応先の分析（ポイント❷）です。「この悲しい時」とあるので「この」の「指示内容」をつかむと、「兄が私の頬をなぐったので↓大声に泣いた」となります。これを踏まえて「事↓心↓行」を整理すると「兄になぐられたので↓悲しい↓大声に泣いた」となります。

図式にまとめてみましょう。

事 ← 心 ← 行

兄に頬をなぐられた

悲しい

大声に泣いた

（ポイント❷）

← 一匹の美しい虫を見つけた

［ので］

← 兄にも見せてやろうと思った

心理の対応!!

事　→　心　→　行

が、兄の意地悪に気づいた（叔母に告げ口しているだろう）
→
誰にこの美しい虫を見せてよいのかわからなくなって

もとの悲しさに返って

泣くことをつづけた

（ポイント❶）

つまり

（ポイント❶）より　傍線部の心理は「自分の気持ちを誰とも共有できない悲しさ」
（ポイント❷）より　対応先の心理は「兄に頬をなぐられたことによる悲しさ」

こうなります。これでポイントははっきりしました。選択肢を見ていきましょう。

まず①です。

① **兄になぐられて木立ちの中に駆け込んだ時の悔しさが**思い出され、／**誰とも打ち解けられずひとりでやり過ごすしかない寂しさ**をかみしめている。

○

○

選択肢の前半が（ポイント❷）の内容、後半が（ポイント❶）の内容にばっちり対応していますから、これが正解です。

とはいえ、必ず他の選択肢も吟味します。②・③は、いずれも選択肢の後半が（ポイント❶）の説明として×です。

② 抵抗もできずに兄から逃げ出した時の臆病《おくびょう》さを思い返し、／**ひとりで隠れていても兄や叔母にいつ見つかるかわからないという恐怖**におののいている。

③ 兄に歯向かうことができなかった情けなさを改めて自覚し、／**自分の切実な望みが兄や叔母によって妨げられることへの憤り**を感じている。

❶の説明が×

どちらも「誰にこの美しい虫を見せてよいのかわからなくなった悲しさ」の説明になっていませんね。

最後に④・⑤ですが、いずれも選択肢の前半が（ポイント❷）の説明として×です。

④　**兄の粗暴な振る舞いに対する怒り**に再びつき動かされ、／仕返しをしようとしても叔母への告げ口しか思いつかない無力感に苦しんでいる。

⑤　**兄の過ちを正面から諭さなかったことを後悔**し、／自分の行動の意図が兄はもちろん叔母にも理解されないだろうという失望感に襲われている。

❷の説明が×

④は前半の「怒り」という心理が「もとの悲しさ」の説明としてまったく×ですし、後半も（ポイント❶）の説明としてはっきり×です。
⑤は前半の「事態」部分が（ポイント❷）の事態としてはっきり×です。
以上より、解答は①に決定します。

解答　問2　①

ほら、僕が言った通り、選択肢のポイントはきちっと「傍線部の事→心→行」と「対応先の事→心→行」で解けるようになっていましたね。これがセンター小説なんです。

問3

例題9で、僕がもう1つ教えたい応用的ポイントがこの問題です。
これまで通り、まずは与えられた「設問の条件」をしっかり見ます。

> **傍線部B「私達はお互に深い吐息をついたり、相手をとがめるような瞳をむけあったりしたのである」に至るまでの二人のやりとりの説明として最も適当なものを、次の①～⑤のうちから一つ選べ。**

設問の条件に注意して下さい。これまでの問題のように「傍線部の心情」を説明する問題ではなくて**「傍線部に至るまでの二人のやりとりの説明」**を求められています。

センターの秘訣!

「解」の技巧　「やりとり問題」のポイント

☆「やりとり」は「事→心→行」の組み合わせ!

たとえばAさんとB君のやりとりの場合、次のような流れになります。

［Aさんの心情］

事 今日はB君がちょっと機嫌が悪い感じ
←［なので］
心 なによ、せっかくのデートなんだからもっと笑ってよ、と思った
←［ので］
行 Aさんはふてくされた顔をした

事
←［ので］
心 なんだよ、せっかく出てきたのに、と腹が立ってきた
←［ので］
行 「なんでそんな顔してんだよ！」と怒った

［B君の心情］

Aさんにとっての「行動」は、B君にとっての「事態」になっています。つまり**「やりとり」は「事態→心理→行動」の組み合わせでできている**わけです。ということは「やりとり」について問われている問題が出たら、「Aにとっての事→心→行」と「Bにとっての事→心→行」を整理すればいいわけです。やっぱりポイントは「事→心→行」です。

もちろん、今回の問題も「私にとっての事→心→行」と「恋人にとっての事→心→行」を整理すれば、選択肢はきちんと切れて答えを導けます。実際の問題で確認してみましょう。

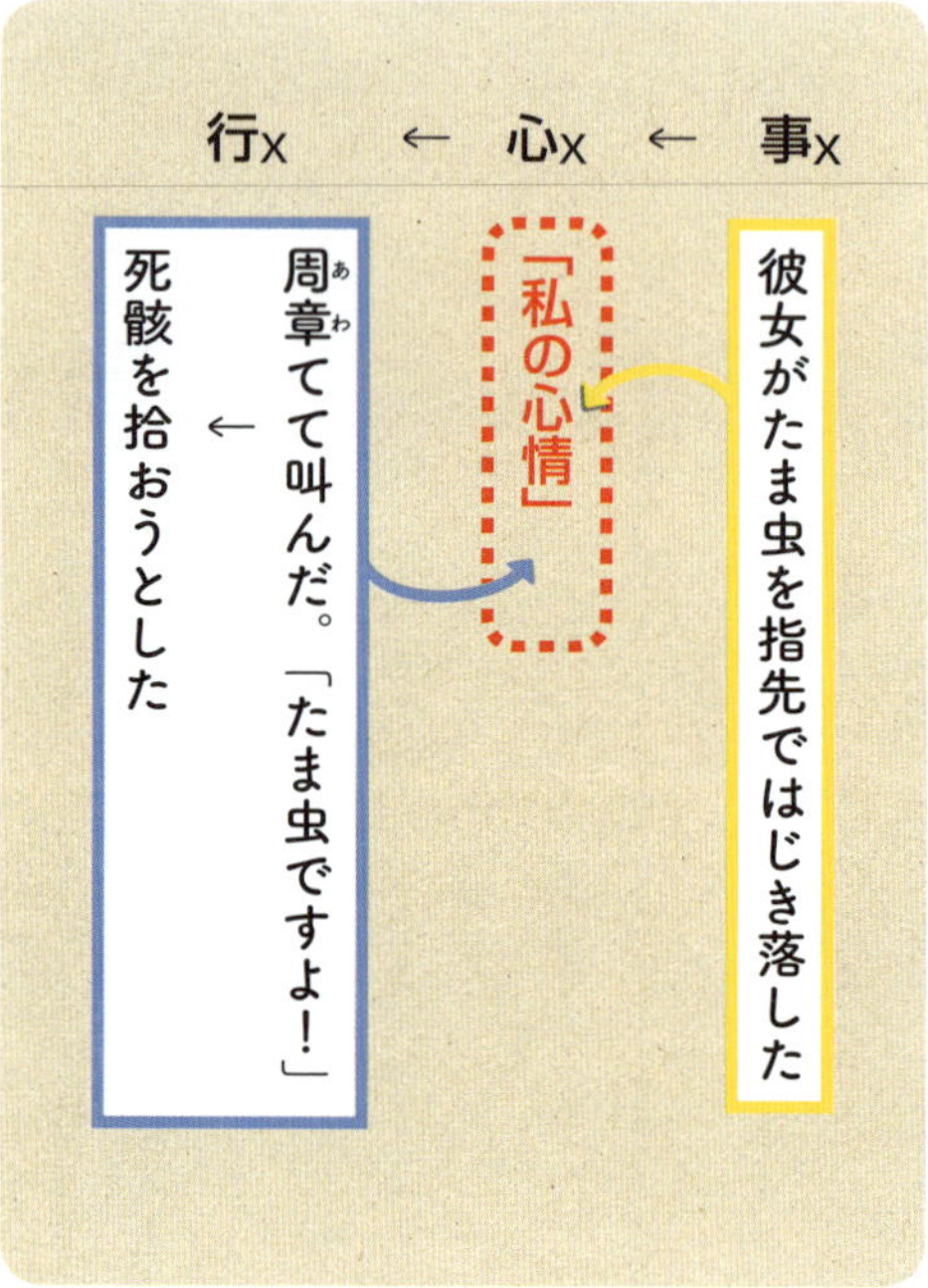

事x
←
心x
←
行x
彼女がたま虫を指先ではじき落とした
「私の心情」
周章《あわ》てて叫んだ。「たま虫ですよ！」
←
死骸を拾おうとした

行動が「周章てて叫んだ」ですから、事態とはさみ撃ちすると、「彼女がたま虫をはじきとばして殺してしまったこと」に「私」がかなり動揺していることがわかります（問題文の冒頭にあったように、一般にたま虫は「幸福のシンボル」なのですから、恋人同士のラブシーンに登場したら、それはとても素晴らしいことです。それなのに彼女がはじきとばして殺してしまったんですから、そりゃあ焦りもします）。

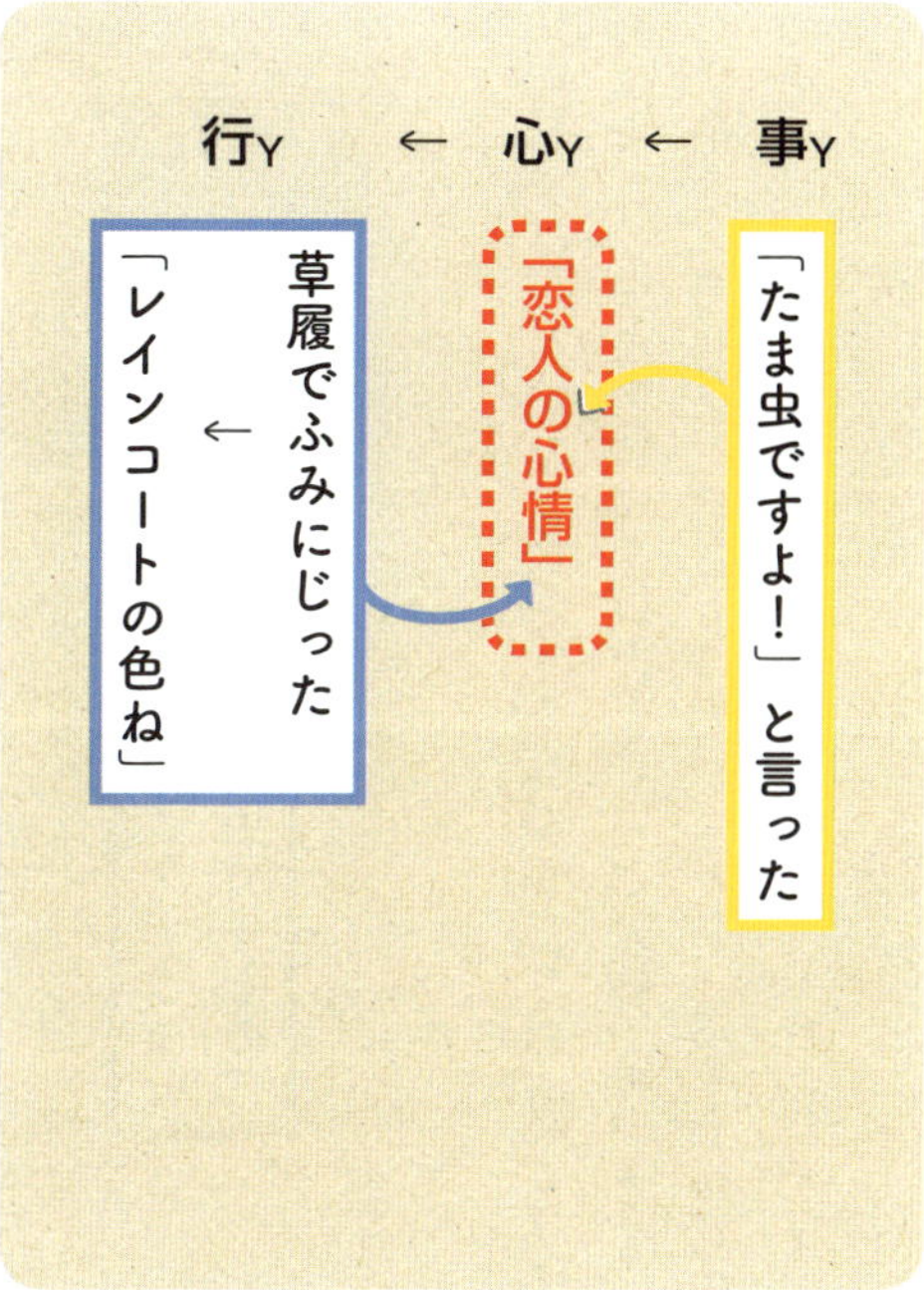
事Y ← 心Y ← 行Y
「たま虫ですよ！」と言った
「恋人の心情」
草履でふみにじった
←
「レインコートの色ね」

ところが、「彼女」の方はそんな「私」の周章てている理由にまったく気づいていません。「私」が周章てて「たま虫ですよ！」と言っているのに、その死骸を「ふみにじって」、さらに「レインコートの色ね」と答えるんですから、「たま虫」のことを特別な虫だなんて思っていません。彼女にとっては「単なるレインコート色の、じゃまな虫」でしかない。「私」の気持ちはまったくわかっていないわけです。

結局、ここから傍線部までの二人はすれ違ったままです。

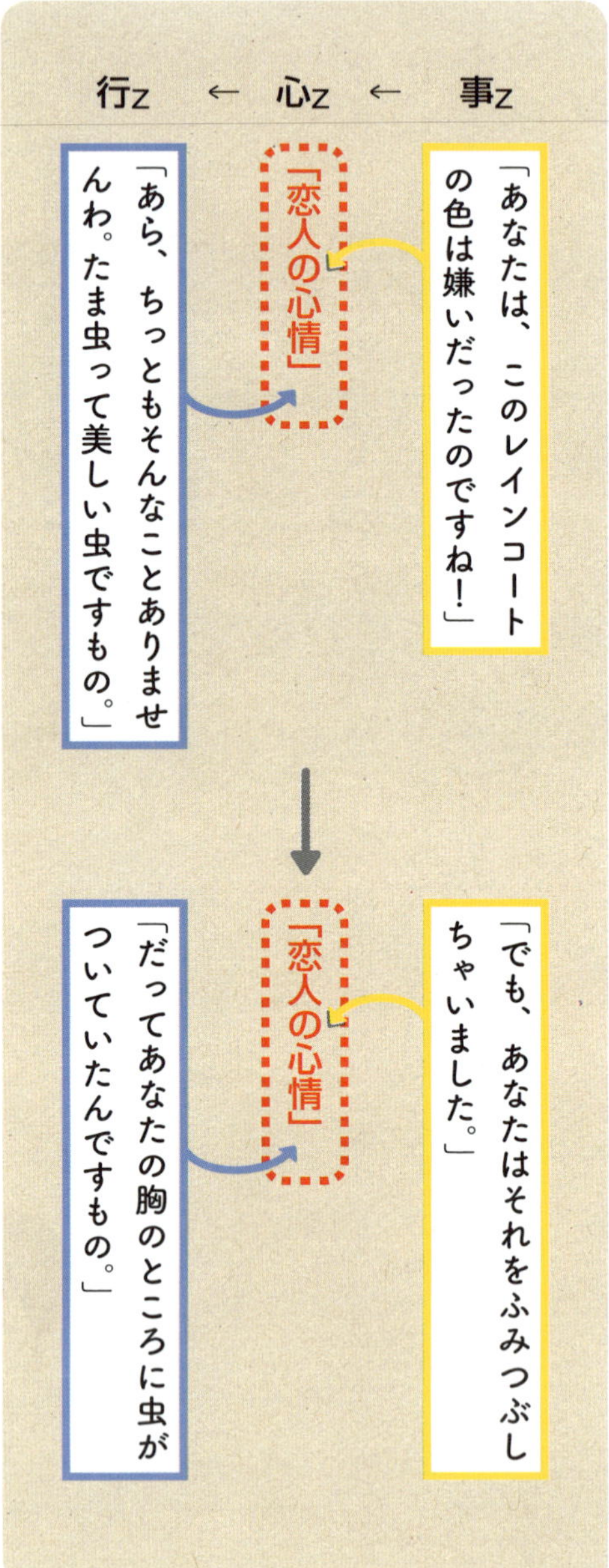
行z ← 心z ← 事z
「あなたは、このレインコートの色は嫌いだったのですね！」

「恋人の心情」

「あら、ちっともそんなことありませんわ。たま虫って美しい虫ですもの。」

「でも、あなたはそれをふみつぶしちゃいました。」

「恋人の心情」

「だってあなたの胸のところに虫がついていたんですもの。」


「私」は彼女がたま虫をふみつぶしたことを怒っているし、「彼女」の方は「胸のところについていた虫をはじいてとってあげただけ」だと思っています。一方はたま虫を「特別な虫」だと思い、一方はたま虫を「特別な虫」だとは思っていないんですから当然ですね。だから「彼女」の方は「私」がなんで虫ぐらいで怒っているのかわかっていないわけです。

こういう展開で傍線部に至ります。

B **私達はお互に深い吐息をついたり、相手をとがめるような瞳をむけあったりしたのである。**

傍線部は「行動」です。互いに「すれ違っている」から「なんでわかってくれないんだ」と思って、お互いに「吐息をついたり」「相手をとがめる瞳をむけあったり」しているわけですね。これで読解はOKです。

では、X・Y・Zの「やりとり」を踏まえて、選択肢を見ていきましょう。

選択肢を見て下さい。すぐに選択肢が「私の心情／恋人の心情／互いの心情」の3つの部分でできていることがわかりますね。

① **私は、**幼い時から好んでいるたま虫が邪険にされたことを悲しみ、恋人の優しさに疑いを抱いて発言しているが、**恋人は、**自分よりもたま虫を大切に扱うかのような私の態度に驚き悲しんでおり、**互いに**不信感を持ち、うらめしいような気持ちになっている。

もちろん「私の心情」は「事→心→行X」から、「恋人の心情」は「事→心→行YまたはZ」から考えていきます。

まず②・③・④は最初の「私の説明」の部分が×です。②・③は「事↓心」、④は「心↓行」で×が作られています。

② 私は、**悲しい体験を思い出させるたま虫が恋人との密会時に現れたことに**とまどい、過去の経験にとらわれているが、……。

③ 私は、**肩に置いた手をたま虫を口実にして恋人に振り払われたと考え、**ショックを受けているが、……。

④ 私は、**幸福のシンボルとしてのたま虫が恋人との密会時に現れたので**気持ちを高ぶらせ、それを恋人に伝えようとしているが、……。

②は、「私」は「たま虫が現れたことに↓とまどった」のではないので×です。「うわっ、たま虫が出てきた↓どうしよう…」というのではありませんね（笑）。

③は、「私」が「たま虫を口実にして手を振り払われたと考えて↓ショック」というのが、本文にまったくないので×です。「僕の手を、たま虫を理由に振りほどくなんて……ショックだ。ほんとは彼女、僕のこと嫌いなんじゃないだろうか……」という意味ですが、そんなことは、どこにも書いてありません。

④は、「私」が「たま虫が現れたことによる高揚感を恋人に伝えようとしている」が×です。私は「彼女がたま虫を殺してしまったことにショックを受けている」のであって、「たま虫が出てきたことに高揚している（＝ハイテンションになっている）」のではありませんね。

①は、真ん中の「恋人の説明」の部分が×です。

①……恋人は、自分よりもたま虫を大切に扱うかのような私の態度に**驚き悲しんでおり**、／互いに**不信感を持ち、うらめしいような気持ちになっている。**

×

「事→心→行Y・Z」より、「恋人」は私がなぜ怒っているのかがわからずにお互いすれちがっているのでした。ですから「なんで私よりもたま虫の方を大事にするのよ！」と「驚き悲しんでいる」わけではありませんね。

最後に⑤です。３つの部分のいずれも本文に反していません。

⑤　私は、**突然現れた美しいたま虫を無慈悲に扱われたことに驚き、恋人を責めるような発言をしているが**、／恋人は、**大切な二人の時間を邪魔したたま虫をはじき落としたのに相手が理解してくれないと思い**、／**互いに落胆し、非難するような気持ち**になっている。

Xより○

Y・Zより○

○

はじめの「私の説明」部分は「事→心→行X」より○、続く「恋人の説明」部分は「事→心→行Y・Z」より○です。さらに最後の「互いの説明」部分も問題ありませんね。

以上より、解答は⑤と決定します。

解答　問3　⑤

問4

基本通りの問題です。

いつもどおり、まずは与えられた「設問の条件」をしっかり見ます。

傍線部C「硝子にうつる私の顔は、泣き顔に見えた」とあるが、なぜそう見えたのか。その理由として最も適当なものを、次の①〜⑤のうちから一つ選べ。

傍線部問題ですから「事態→心理→行動」で考えます。傍線部は、

「泣き顔に見えた（＝私にはそのように思えた）」

と言い換えられますから「心理」です。そう置ければすぐに、

☆傍線部は心→その「理由」を問われているんだから、答えは事！

と考えられます。基本通りですから、「流れるような思考回路」で考えて下さい。

事	← 心	← 行
「ここに虫がいる！」 ← 手をのばしてたま虫を捕えようとした ⇔〔けれど〕 警察に、絵葉書を盗もうとしている姿勢に写真を写されるかもしれないと思って ← 随分ながいあいだたま虫を眺めながら、顔をしかめる表情を続けてみた	硝子にうつる顔は、泣き顔に見えた（＝見えると思った）	

では、これを踏まえて選択肢を見ていきましょう。

「**事態**」より、②・④・⑤が×です。

② 美しいたま虫を見つけたにもかかわらず、貧乏で社会的にも不安定な立場にあるとの理由で**警察に疑いをかけられてしまう可能性があるため、たま虫を掴まえたいという長年の希望をかなえられない自分に悔しさを感じている**から。

×

④ 自分が写真に撮られた理由を確認するという目的があって来たのにもかかわらず、**警察に疑われている立場を忘れて突然現れたたま虫の美しさに心を奪われ、ながいあいだたま虫を眺めている自分にふがいなさを感じている**から。

×

⑤ 警察に注意人物とみなされ出頭を命じられるという困難な状況に追い込まれている立場を意識するあまり、**以前から好きだったたま虫を偶然に発見しても、その美しさを感じる余裕を持てない自分に寂しさを感じている**から。

×

ここでの「事態」は「警察を気にして、たま虫に手をのばすことができなかった」ということですから、すべて事態が×ですね。

残った①・③を見ていきましょう。

①　飾り看板を眺め入っていただけのところを写真に撮られて、警察に疑いをかけられてしまった自分の立場を意識するあまり、**思いがけず見つけたたま虫を摑まえることまでためらってしまう自分に情けなさを感じている**から。

〇

③　**たま虫を摑まえようとしていたために警察に誤解されたのだと気がついた**が、今おかれている立場ではそれを説明しても誤解は解けないと予想して、**たま虫に手をのばすことができない自分に無力さを感じている**から。

×

〇

いずれも「たま虫に手をのばすことができない自分」で「事態」はOKですね。なので他の部分を見ていくと、③は冒頭の「たま虫を摑まえようとしていたために警察に誤解されたのだと気がついた」が×です。警察に誤解されたのは「以前」ここに来た時のことであって、たま虫を見つけたのは「今」ですね。

以上より、解答を①と決定します。

解答　問4　①

問1

最後に、問1の「語句の意味」の問題を解説しておきます。

(ア)「浅慮を全く嘲笑した」は「浅慮」と「嘲笑」の意味を問われています。「浅慮」は「浅はかな考え」、「嘲笑」は「あざけって笑う」という意味です。したがって「浅慮」より①と⑤が残り、「嘲笑」より⑤の「ひたすら無視した」が切れて、答えは①に決定します。

(イ)「通俗的」は「俗受け、一般受けするさま」という意味です。「一般受けする」ということは「それほど高級・高貴なものではない」という意味になって否定的なニュアンスを持ちます。ですから「語句の意味」としては①にも正解の可能性はあるのですが、文脈に当てはめた時に「野卑(＝下品)」で「品位を欠いている」は×ですね。「恋愛を語る時に通俗的で感傷的になる」のは「下品」ではありません。したがって、④の「平凡」を選びます。

解答 問1 (ア)＝① (イ)＝④

以上この問題では、「心理の対応で解く問題」と「やりとりの問題」の2つのパターンの解法を、しっかり覚えておいて下さい！

では次の問題に入っていきましょう。

例題10

目標解答時間 13分

問 次の文章は、牧野信一《まきのしんいち》の小説「地球儀」の全文（ここでは部分抜粋）である。これを読んで、後の問いに答えよ。

祖父の十七年の法要があるから帰れ——という母からの手紙で、私は二タ月《ふたつき》振りぐらいで小田原(注1)の家へ帰った。

私は父のことを尋ねた。

「この頃《ごろ》はどうなの？」

「だんだん悪くなるばかり……。」

母は押入《おしいれ》を片附《かたづ》けながら云《い》った。続けて、そんな気分を振り棄《す》てるように、

「此方《こっち》の家はほんとに狭くてこんな時には全く困って了《しま》う。第一何処《どこ》に何がしまってあるんだか少しも分らない。」などと呟《つぶや》いていた。

「僕の事をおこっていますか？」

「カンカン！」

母は面倒くさそうに云った。

「ふふん！」

「これからもうお金なんて一文もやるんじゃないッて――私まで大変おこられた。」

「チェッ!」と私はセセラ笑った。屹度《きっと》そうくるだろうとは思っていたものの、明らかに云われて見るとドキッとした。セセラ笑って見たところで、私自身も母も、私自身の無能とカラ元気とを却《かえ》って醜く感ずるばかりだ。

「もうお父さんの事はあてにならないよ。あの年になっての事だもの……。」

これは父の放蕩《ほうとう》を意味するのだった。

「勝手にするがいいさ。」

私はおこったような口調で呟くと、如何《いか》にも腹には確然とした或《あ》る自信があるような顔をした。こんなものの云い方やこんな態度は、私がこの頃になって初めて発見した母に対する一種のコケト(注2)リイだった。だが、私が用《つか》うのはいつもこの手段の他はなく、そうしてその場限りで何の効もないので、今ではもう母の方で、もう聞き飽きたよという顔をするのだった。

「もう家もお仕舞いだ。私は覚悟している。」と母は云った。

私は、母が云うこの種の言葉は凡《すべ》て母が感情に走って云うのだ、という風にばかり殊更に解釈しようと努めた。

「だけど、まアどうにかなるでしょうね。」

私は何の意味もなく、ただ自分を慰めるように易々《やすやす》と見せかけた。こんな私の楽天的な態度にもすっかり母は(ア)愛想を尽かしていた。

母は、ちょっと笑いを浮べたまま黙って、煙草盆《たばこぼん》を箱から出しては一つ一つ拭《ふ》いていた。

私も、話だけでも、父の事に触れるのは厭《いや》になった。

「明日は叔父さん達《たち》も皆《み》な来るでしょう。」

「皆な来ると云って寄こした。」

また父の事が口に出そうになった。

「躑躅《つつじ》が好《よ》く咲いてる。」と私は云った。

「お前でも花などに気がつく事があるの。」

「そりゃ、ありますとも。」と私は笑った。母も笑った。

「ただでさえ狭いのにこれ邪魔で仕様がない。まさか棄てるわけにもゆかず。」

母は押入の隅に嵩張《かさば》っている三尺程(注3)も高さのある地球儀の箱を指差した。――私は、ちょっと胸を突かれた思いがして、辛うじて苦笑いを堪《こら》えた。そうして、

「邪魔らしいですね。」と慌てて云った。何故《なぜ》なら私はこの間その地球儀を思い出して一つの短篇《たんぺん》を書きかけたからだった。

それはこんな風に極めて感傷的に書き出した。――『祖父は泉水(注4)の隅の燈籠《とうろう》に灯を入れて来ると再び自分独りの黒く塗った膳《ぜん》の前に胡坐《あぐら》をかいて独酌を続けた。同じ部屋の丸い窓の下で、虫の穴が処々《ところどころ》にあいている机に向《むか》って彼は母からナショナル読本(注5)を習っていた。

「シイゼエボオイ・エンドゼエガアル(注6)」と。母は静かに朗読した。竹筒の置ランプが母の横顔を赤く照らした。

「スピンアトップ・スピンアトップ・スピンスピンスピン――回れよ独楽《こま》よ、回れよ回れ。」と彼の母は続けた。

「勉強が済んだら此方へ来ないか、大分暗くなった。」と祖父が云った。母はランプを祖父の膳の

傍《そば》に運んだ。彼は縁側へ出て汽車を走らせていた。

「純一や、御部屋へ行って地球玉を持ってきて呉《く》れないか。」と祖父が云った。彼は両手で捧《ささ》げて持って来た。祖父は膳を片附けさせて地球儀を膝《ひざ》の前に据えた。祖母も母も呼ばれてそれを囲んだ。彼は母の背中に凭《よ》り掛って肩越しに球を覗《のぞ》いた。

「どうしても俺《おれ》にはこの世が丸いなどとは思われないが……不思議だなア！」祖父はいつもの通りそんなことを云いながら二三遍グルグルと撫《な》で回した。「ええと、何処だったかね、もう分らなくなってしまった、おい、ちょっと探して呉れ。」

こう云われると、母は得意げな手附《てつき》で軽く球を回して直《す》ぐに指でおさえた。

「フエーヤー？　フエーヤー……チョッ！　幾度聞いても駄目だ、直ぐに忘れる。」

「ヘーヤーヘブン。」(注7)と母は立所《たちどころ》に云った。

それは彼の父（祖父の長男）が行っている処の名前だった。彼は写真以外の父の顔を知らなかった。

「日本は赤いから直ぐ解《わか》る。」

祖父は両方の人差指で北米の一点と日本の一点とをおさえて、

「どうしても俺には、ほんとうだと思われない。」と云った。

祖父が地球儀を買って来てから毎晩のようにこんな団欒《だんらん》が醸された。地球が円いということ、米国が日本の反対の側にあること、長男が海を越えた地球上の一点に呼吸していること――それらの意識を幾分でも具体的にするために、それを祖父は買って来たのだった。

「何処までも穴を掘って行ったら仕舞にはアメリカへ突き抜けてしまうわけだね。」

こんなことを云って祖父は、皆なを笑わせたり自分もさびしげに笑ったりした。

「純一は少しは英語を覚えたのかね。」

「覚えたよ。」と彼は自慢した。

「大学校を出たらお前もアメリカへ行くのかね。」

「行くさ。」

「若《も》しお父さんが帰って来てしまったら?」

「それでも行くよ。」

そんな気はしなかったが、(イ)間が悪かったので彼はそう云った。彼はこの年の春から尋常(注8)一年生になる筈《はず》だった。

「いよいよ小田原にも電話が引けることになった。」

或る晩祖父はこんなことを云って一同を驚かせた。「そうすれば東京の義郎とも話が出来るんだ。」

「アメリカとは?」彼は聞いた。

「海があっては駄目だろうね。」

祖父は真面目《まじめ》な顔で彼の母を顧みた。

彼は誰《だれ》も居ない処でよく地球儀を弄《もてあそ》んだ。グルグルと出来るだけ早く回転さすのが面白かった。

そして夢中になって、

「早く廻《まわ》れ早く廻れ、スピンスピンスピンスピン。」などと口走ったりした。するといつの間にか彼の心持は「早く帰れ早く帰れ。」という風になって来るのだった。』

そこまで書いて私は退屈になって止《や》めたのだった。いつか心持に余裕の出来た時にお伽噺《とぎばなし》(注9)にでも書き直そうなどと思っているが、それも今まで忘れていたのだった。球だけ取り脱《はず》して、よく江川(注10)の玉乗りの真似《まね》などして、

「そんなことをすると罰が当《あた》るぞ。」などと祖父から叱《しか》られたりした事を思い出した。

「古い地球儀ですね。」

「引越しの時から邪魔だった。」

それからまた父の事がうっかり話題になってしまった。

「私はもうお父さんのことはあきらめたよ。家は私ひとりでやって行くよ。」と母は堅く決心したらしくきっぱりと云った。私はたあいもなく胸が一杯になった。そうして口惜《くや》しさの余り、

「その方がいいとも、帰らなくったっていいや、……帰るな、帰るなだ。」と常規(注11)を脱した妙な声で口走ったが、丁度『お伽噺』の事を思い出した処だったので、B突然テレ臭くなって慌てて母の傍を離れた。

翌日の午《ひる》には、遠い親類の人達まで皆な集った。

「せめて純一がもう少し家のことを……」

「そういう事なら親父《おやじ》でも何でも遣《や》り込めるぐらいな(ウ)気概がなければ……」

「ほんとにカゲ弁慶で――その癖この頃はお酒を飲むと無茶なことを喋《しゃべ》って却って怒らせてしまうんですよ。」

「酒！　けしからん。やっぱり系統かしら。」

叔父と母とがそんなことを云っているのを私は襖《ふすま》越しで従兄妹《いとこ》達と陽気な話をしていながら耳に

した。私のことを話しているので――。

「この間も酷《ひど》く酔って……外国へ行ってしまうなんて云い出して……」

「純一が！　馬鹿《ばか》な。」

「無論、あの臆病《おくびょう》にそんなことが出来る筈はありませんがね。」と母は笑った。

「気の小さい処だけは親父と違うんだね。」

客が皆な席に整《そろ》うと、私は父の代りとして末席に坐《すわ》らせられた。坐っただけでもう顔が赤くなった気がした。

「今日はわざわざ御遠路の処をお運び下さいまして……（ええと？）実は……その誠に恐縮なことで……その実は父が四五日前から止むを得ない自分自身（オッといけねエ）……ええ、止むを得ない自分用で、実はその関西の方へ出かけまして、今日は帰る筈なのでございますが未《ま》だ……それで私が……（チョッ、弱ったな）……どうぞ御ゆるり……。」

私はこれだけの挨拶《あいさつ》をした。括弧の中は胸での呟き言だった。ちゃんと母から教わった挨拶でもっと長く喋らなければならなかったのだが、これだけ云うのに三つも四つもペコペコとお辞儀ばかりしてごまかしてしまった。そしてこの挨拶のしどろもどろを取り直すつもりで、胸を張って出来るだけ尤《もっと》もらしい顔付をして端坐《たんざ》した。だが脇《わき》の下にはほんとうに汗が滲《にじ》んでいた。

「これが本家の長男の純一です。」

父方の叔父が、未だ私を知らない新しい親類の人に私を紹介した。そして私の喋り足りないところを叔父が代って述べたてた。

大分酒が廻って来て、祖父の話が皆なの口に盛んにのぼっていた時、私は隣りに坐っている叔父

に、

「僕の親父は何故あんなに長く外国などへ行っていたんでしょうね。」と聞いた。今更尋ねる程の事もなかったのに――。

「やっぱりその……つまりこのお祖父《じい》さんとだね、いろいろな衝突もあったし……」

――やっぱり――と云った叔父の言葉に私はこだわった。

「何ぼ衝突したと云ったって……」

「今これでお前が外国へ行けば丁度親父の二代目になるわけさ。ハッハッハッ……」

C「ハッハッハ……。まさか――」と私も叔父に合《あわ》せて笑ったが、笑いが消えないうちに陰鬱《いんうつ》な気に閉された。

（注）1　小田原――現在の神奈川県小田原市。
2　コケトリイ――コケットリー。媚《こび》を含んだ振る舞い。
3　三尺――約九〇センチメートル。
4　泉水――庭園につくった池。
5　ナショナル読本――明治時代の英語教科書の一つ。
6　シイゼエボオイ・エンドゼエガアル――「その少年と少女を見よ」の意味。
7　ヘーヤーヘブン――アメリカ合衆国マサチューセッツ州にある地名。
8　尋常一年生――現在の小学校に当たる旧制の初等学校の一年生。
9　お伽噺――当時は、昔話や伝説だけではなく、子ども向け物語の総称としても使われた。
10　江川の玉乗り――明治時代、東京で人気を集めた江川作蔵《えがわさくぞう》一座の曲芸、あるいはその芸人。
11　常規――常識。ものごとの標準。

問1 傍線部(ア)～(ウ)の本文中における意味として最も適当なものを、次の各群の①～⑤のうちから、それぞれ一つずつ選べ。

(ア) 愛想を尽かしていた
① 嫌になってとりあわないでいた
② すみずみまで十分に理解していた
③ 体裁を取り繕うことができないでいた
④ いらだちを抑えられないでいた
⑤ 意味をはかりかねて戸惑っていた

(イ) 間が悪かった
① 気持ちが揺らいでしまった
② 相手にするのが煩わしかった
③ 言外の意味を理解できなかった
④ 深く考える余裕がなかった
⑤ 正直に言うのが気まずかった

(ウ) 気概
① 大局的にものを見る精神
② 相手を上回る周到さ
③ 物事への思慮深さ
④ くじけない強い意志
⑤ 揺るぎない確かな知性

問3 **傍線部B「突然テレ臭くなって慌てて母の傍を離れた」のはなぜか。その理由の説明として最も適当なものを、次の①～⑤のうちから一つ選べ。**

① 父には頼らない生活を始めるという母の決意を頼もしく受け止めたが、今後も父親からの金銭的援助をあてにしている自分を思い出し、母の決意とかけ離れている自分を恥ずかしく感じたから。

② 父との決別による困窮を覚悟する母に同調せざるを得なかったが、短篇の執筆にかまけるなど母に頼るばかりの自分の生活を改めて意識し、経済的に自立できていない自分を恥ずかしく感じたから。

③ 新たな生活をしようとする母を支えていくと宣言したが、夢想がちであった子ども時代の思い出に浸り続けていたことを思い返し、過去にばかりとらわれ現実を直視できない自分を恥ずかしく感じたから。

④ ひとりで家を支えていくという母の覚悟に心を大きく動かされたが、短篇の中に不在の父を思う温かな家族の姿を描いたことを改めて意識し、感情に流されやすく態度の定まらない自分を恥ずかしく感じたから。

⑤ 母を苦しめる父を拙《つたな》い言葉を用いてののしったが、大人に褒《ほ》められたいとばかり考えていた幼い自分を短篇の中に描いたことを思い出し、いつまでも周囲に媚びる癖の抜けない自分を恥ずかしく感じたから。

問4 傍線部C「『ハッハッハ……。まさか――』と私も叔父に合せて笑ったが、笑いが消えないうちに陰鬱な気に閉された。」とあるが、このときの私の心情の説明として最も適当なものを、次の①～⑤のうちから一つ選べ。

① 父が家族を顧みることなく長く外国に行っていた理由を本心から知りたかったのに、父と祖父との衝突をほのめかすだけで自分を「二代目」と呼んで話題をそらした叔父に失望し、その叔父以上に父のことを見下している母にも落胆している。

② 父の不在を半ばあきらめつつも受けいれ難く感じてその理由をあえて尋ねたのに、母と調子を合わせるように父と自分とを嘲笑《ちょうしょう》する叔父に失望したが、叔父の言葉には自分を省みざるを得ない面もありあいまいな返事しかできなかったことに自己嫌悪をも感じている。

③ 家族を顧みない父をかばうために母に命じられた苦手な役割も懸命につとめたことを評価してほしかったのに、結局父と同じような失敗をして恥をかくはめになった自分の不出来に失望し、父と私とが果たすべき役割にまで出しゃばってくる叔父が母の共感を得ていることにも嫉妬《しっと》を隠せないでいる。

④ 父が不在がちのまま育った不満を叔父に理解してほしくて思い切って質問をしたのに、母に同調しながら父と自分とを揶揄《やゆ》する叔父の軽薄さに失望したが、かといって祖父の悲しみを思えば正面切って叔父に反発することもできず無力感に浸っている。

⑤ 家を長く不在にしてきた父のことを叔父と共に責めようと思って話を切り出したのに、父に代わって本家の務めを果たそうとする努力を認めてくれない叔父に失望し、その叔父に頼りきっている母もまた自分の立場を守ってはくれないだろうと悲観的になっている。

分析

では分析をはじめていきます。問題を解いてみてどうでしたか？
この問題のポイントは問4ですが、順に解説していくことにします。

問3
まずは、与えられた「設問の条件」をしっかり見ます。

傍線部B「突然テレ臭くなって慌てて母の傍を離れた」のはなぜか。その理由の説明として最も適当なものを、次の①～⑤のうちから一つ選べ。

傍線部問題ですから「部分把握」です。「部分把握」では、まずは**傍線部が「事→心→行」のどの部分にあるのかをチェックする**んでしたね。今回は、

「突然テレ臭くなって慌てて母の傍を離れた」

と考えられます。「テレ臭い」は「心理」、その結果「慌てて母の傍を離れた」わけですから、これが「行動」です。そう置ければすぐに、

☆傍線部は心と行
→その「理由」を問われているんだから、ポイントは事！

と考えることができます。いいですか。何度でも言っておきます。問題を見た時に、こんなふうに「さっ」と思考が流れていくこと。センターではこれが大切です。繰り返し練習するんですよ。まずはこの本を繰り返して、「流れるような思考回路」を身につけて下さい。

さて、ポイントはわかりましたから、あとは本文で「事態」をチェックしていけばＯＫです。

本文を見ていきましょう。

本文分析

「古い地球儀ですね。」

「引越しの時から邪魔だった。」

それからまた父の事がうっかり話題になってしまった。

「私はもうお父さんのことはあきらめたよ。家は私ひとりでやって行くよ。」と母は堅く決心したらしくきっぱりと云った。私はたあいもなく胸が一杯になった。そうして口惜《くや》しさの余り、

「その方がいいとも、帰らなくったっていいや、……帰るな、帰るなだ。」と常規を脱した妙な声で口走ったが、丁度『お伽噺』の事を思い出した処だったので、B突然テレ臭くなって慌てて母の傍を離れた。

傍線部の直前に、「丁度『お伽噺』の事を思い出した処だった**ので**」とはっきり「事態」が明示されていますから、ここを中心に整理します。

事 → 心 → 行

事：母が「もうお父さんのことはあきらめたよ。家は私ひとりでやって行くよ。」と決心したらしく云った　…a

〔ので〕

心：胸が一杯になって↓口惜しさから　…b

行：（母に同調して）「帰るな、帰るなだ。」と口走ったが　…c

⇔

事 → 心 → 行

事：丁度『お伽噺（＝私が書いた、家族みんなで父を慕い、帰りを待ちわびている話）』の事を思い出した処だった　…d

〔ので〕

心：テレ臭くなって

行：慌てて母の傍を離れた

こんな感じです。「事態」が307ページのように「事態→心理→行動の組み合わせ」になっていますね。もちろん組み合わせになっても分析のポイントはいつも「事→心→行」ですから、そこに注目しながら整理していけば大丈夫です。

では、これを踏まえている選択肢を見ていきましょう。

あくまで、この問題の吟味の中心は「事態」ですから、まずはここに注目して選択肢を見ていきます。「事態」がきちんと説明されているのは④だけです。

④ **ひとりで家を支えていくという母の覚悟に**［a］**心を大きく動かされたが**［b］、**短篇の中に不在の父を思う温かな家族の姿を描いたことを改めて意識し**［d］、感情に流されやすく態度の定まらない**自分を恥ずかしく感じた**から。

○

部分で「『お伽噺』の事を思い出した処だったので」の説明もきちんとされていますし、その前の部分もa～dの流れを踏まえた説明になっています。

他の選択肢を見てみましょう。

① 父には頼らない生活を始めるという母の決意を頼もしく受け止めたが、**今後も父親からの金銭的援助をあてにしている自分を思い出し**、母の決意とかけ離れている**自分を恥ずかしく感じた**から。

② 父との決別による困窮を覚悟する母に同調せざるを得なかったが、**短篇の執筆にかまけるなど母に頼るばかりの自分の生活を改めて意識し**、経済的に自立できていない**自分を恥ずかしく感じた**から。

③ 新たな生活をしようとする母を支えていくと宣言したが、**夢想がちであった子ども時代の思い出に浸り続けていたことを思い返し**、過去にばかりとらわれ現実を直視できない**自分を恥ずかしく感じた**から。

⑤ 母を苦しめる父を拙《つたな》い言葉を用いてののしったが、**大人に褒められたいとばかり考えていた幼い自分を短篇の中に描いたことを思い出し**、いつまでも周囲に媚《こ》びる癖の抜けない**自分を恥ずかしく感じた**から。

すべて事態が×!!

すべて「事態」の説明が×です。①・②・③は「『お伽噺』の事を思い出した」の説明にすらなっていませんし、⑤は「『お伽噺』」の内容が間違っています。

以上より、解答は④に決定します。

解答 問3 ④

問4

まずは、与えられた「設問の条件」をしっかり見ます。

傍線部C「『ハッハッハ……。まさか――』と私も叔父に合せて笑ったが、笑いが消えないうちに陰鬱な気に閉された。」とあるが、このときの私の心情の説明として最も適当なものを、次の①～⑤のうちから一つ選べ。

傍線部の「私の心情」を問うていますから「心情把握問題」の「部分把握」です。「部分把握」ですから、まずは**傍線部が「事→心→行」のどの部分にあるのかをチェック**します。

「『ハッハッハ……』と叔父に合せて笑ったが、笑いが消えないうちに陰鬱な気に閉された」

となりますね。ここがこの問題の1つ目のポイント。**傍線部に書かれていない省略部分を補う必要がある問題**です。次のように図式に直すと、どこが省略されているのかよくわかります。

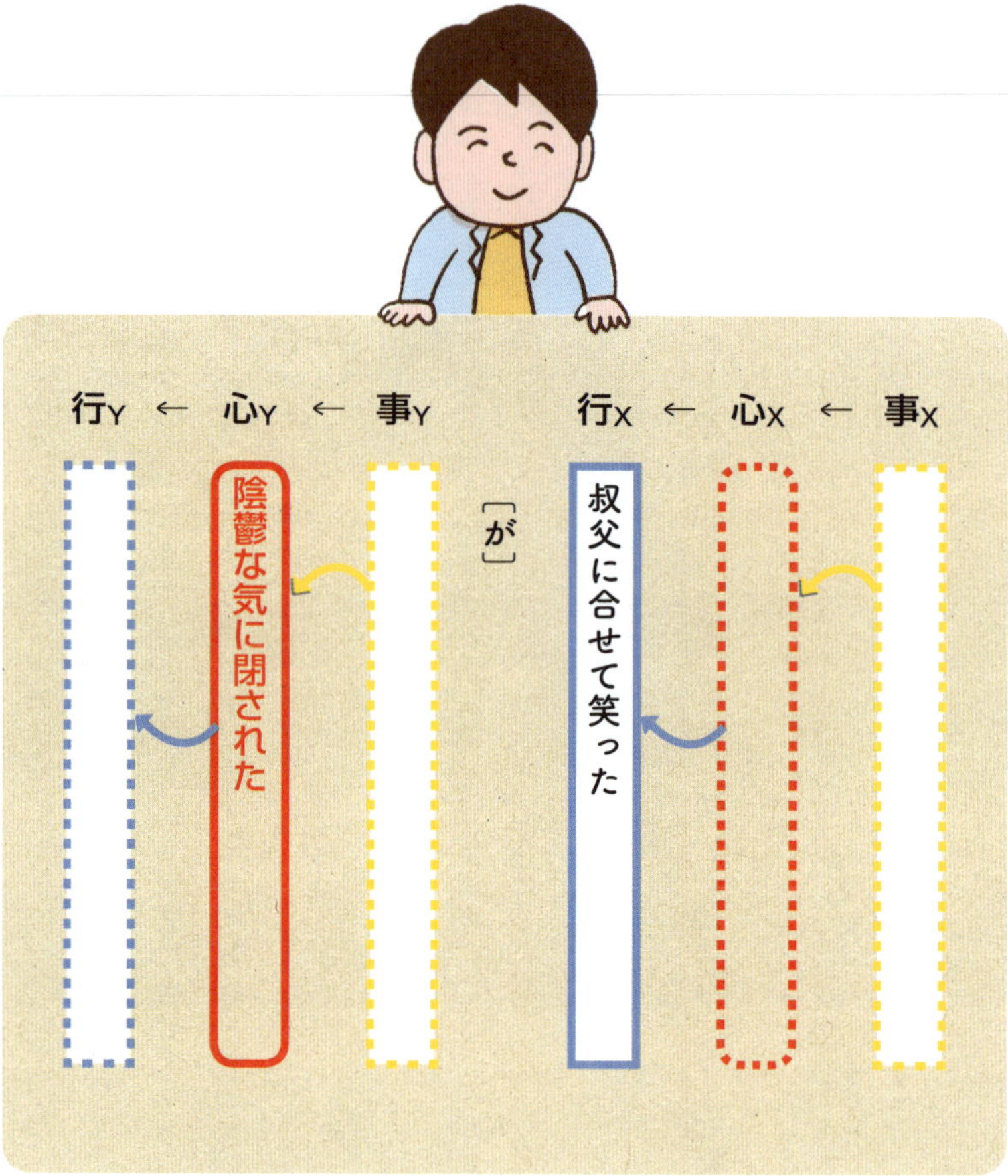
行Y ← 心Y ← 事Y
行X ← 心X ← 事X
陰鬱な気に閉された
〔が〕
叔父に合せて笑った

「ある事態があって→ある気持ちになったから→叔父に合せて笑った」わけです。ところがその笑いが消えないうちに「何かの原因で→陰鬱な気になって→ある行動をとった」という流れになりますね。こんなふうに考えます。では、本文で省略部分を補ってみましょう。

本文分析

大分酒が廻って来て、祖父の話が皆なの口に盛んにのぼっていた時、私は隣りに坐っている叔父に、

「僕の親父は何故あんなに長く外国などへ行っていたんでしょうね。」と聞いた。今更尋ねる程の事もなかったのに――。

「やっぱりその……つまりこのお祖父《じい》さんとだね、いろいろな衝突もあったし……」

――やっぱり――と云った叔父の言葉に私はこだわった。

「何ぼ衝突したと云ったって……」

「今これでお前が外国へ行けば丁度親父の二代目になるわけさ。ハッハッハッ……」

C「ハッハッハ……。まさか――」と私も叔父に合せて笑ったが、笑いが消えないうちに陰《いん》鬱《うつ》な気に閉された。

叔父が笑ったのに合わせて私も笑うわけですから、「事態X」は傍線部直前の叔父のセリフです。「心理X」は「行動X」から「面白かったんだろうな」と推測できます。これで「事→心→行X」はわかりました。次に、本文は傍線部Bで終わっていますから「行動Y」はありません。ということは、

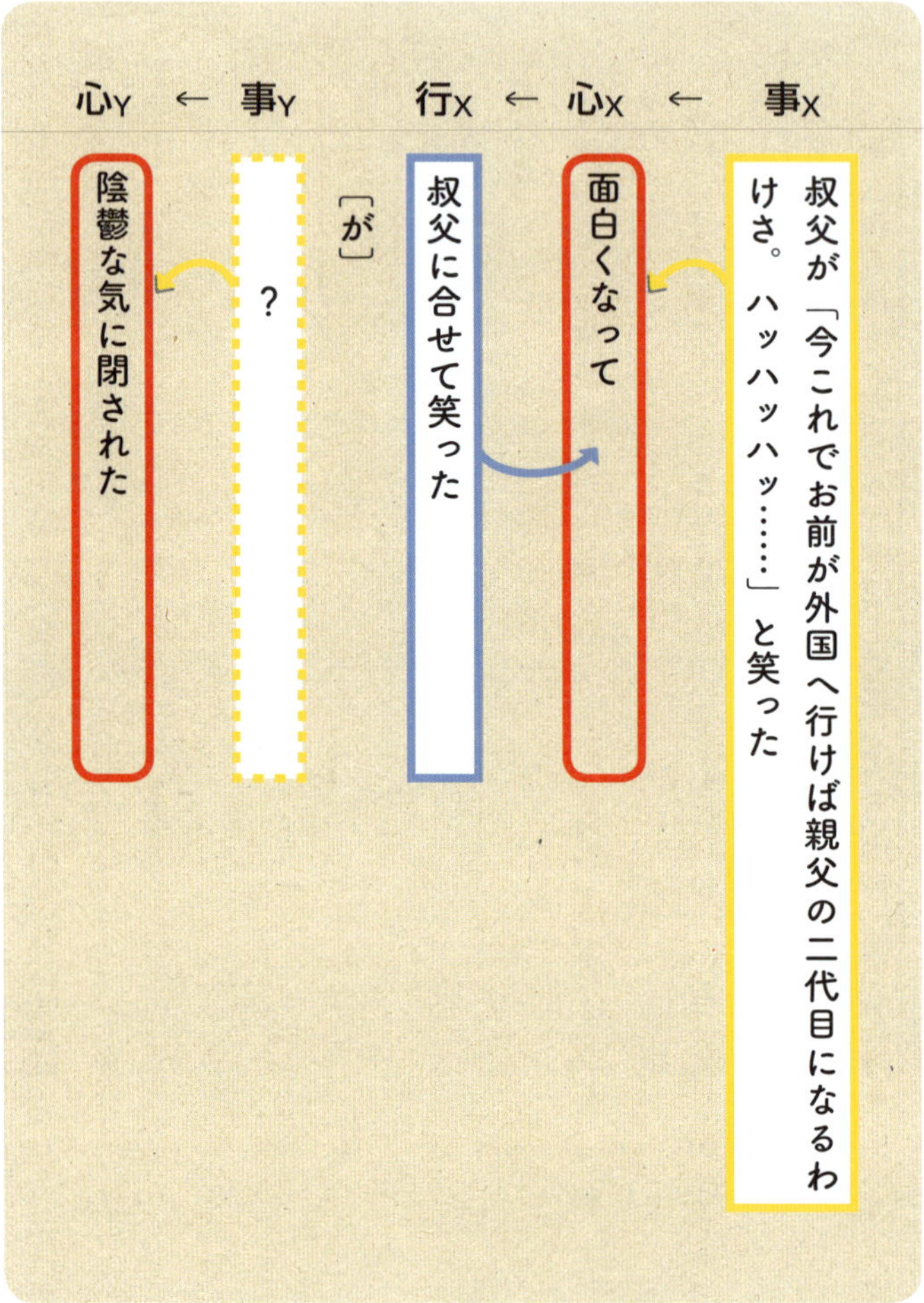

事X ← 心X ← 行X
叔父が「今これでお前が外国へ行けば親父の二代目になるわけさ。ハッハッハッ……」と笑った
面白くなって
叔父に合せて笑った
［が］
事Y ← 心Y
?
陰鬱な気に閉された

ということになります。つまり傍線部付近の文脈だけでは「事態Y」はわからないわけです。

「心理X」は、行動Xが「笑った」なんだから「面白かったんだろうな」とおおよそ推測できればいい。この本で何度も繰り返してきたように「心理はだいたい推測できればOK」ですから、心理部分はまあそれでいいんです。**ところが「事態Y」はそうはいきません。「事態」なのでここが解答を決める最大の客観的根拠になるからです。**

叔父に「外国へ行けば親父の二代目になるわけさ。ハッハッハッ……」と笑われて、「私」もいったんはそれに同調して笑ったわけです。でもすぐに「陰鬱な気に閉され」てしまう。それはどうしてでしょうか。そこには何らかの理由があるはずです。**この「省略されている事態を補う」ことがこの問題のポイントです。**

傍線部の付近以外で「外国へ行く」という話題がどこにあったのかというと、この場面の冒頭、問題文の102行目からの「母と叔父の会話」の中にありました。

本文分析

翌日の午《ひる》には、遠い親類の人達まで皆な集った。

「せめて純一がもう少し家のことを……」

「そういう事なら親父《おやじ》でも何でも遣《や》り込めるぐらいな(ウ)気概がなければ……」

「ほんとにカゲ弁慶で——その癖この頃はお酒を飲むと無茶なことを喋《しゃべ》って却って怒らせてしまうんですよ。」

「酒！　けしからん。やっぱり系統かしら。」

叔父と母とがそんなことを云っているのを私は襖越《ふすま》しで従兄妹《いとこ》達と陽気な話をしていながら耳にした。私のことを話しているので——。


「この間も酷《ひど》く酔って……外国へ行ってしまうなんて云い出して……」

「純一が！　馬鹿《ばか》な。」

「無論、あの臆病《おくびょう》にそんなことが出来る筈はありませんがね。」と母は笑った。

「気の小さい処だけは親父と違うんだね。」

この□部分の母と叔父との会話に注目します。

「母」は「酔って外国へ行くと云い出した私」のことを『あの臆病にそんなことが出来る筈はない』と言って馬鹿にしています。「叔父」はその母の言葉に「同調」していますね。要するに二人で私の事を馬鹿にしているわけです。そして「私」はその会話を襖越しに聞いていた。

だから今、傍線の直前部分で叔父に「外国へ行けば丁度親父の二代目になるわけさ。ハッハッハッ……」と笑われた時に、「外国へ行く」という言葉から、さっき母と叔父が一緒になって私の事を馬鹿にしていたのを思い出したわけです。その結果「陰鬱な気に閉された」。こういうわけです。

事Y
私のことを馬鹿にしている母に、叔父が同調していたのを「外国へ行けば……ハッハッハッ」と笑われて思い出した

↓〔ので〕

心Y
陰鬱な気に閉された

さあ、これで省略されていた**事態**は確定されました。これを踏まえて選択肢を見ていきましょう。

まず「事態」より、②・④が残ります。

② 父の不在を半ばあきらめつつも受けいれ難く感じてその理由をあえて尋ねたのに、**母と調子を合わせるように父と自分とを嘲笑する叔父に失望した**が、叔父の言葉には自分を省みざるを得ない面もありあいまいな返事しかできなかったことに自己嫌悪をも感じている。

○

④ 父が不在がちのまま育った不満を叔父に理解してほしくて思い切って質問をしたのに、**母に同調しながら父と自分とを揶揄する叔父の軽薄さに失望した**が、かといって祖父の悲しみを思えば正面切って叔父に反発することもできず無力感に浸っている。

○

どちらも「母と同調して私を馬鹿にする叔父」という内容を満たしていますね。「嘲笑＝あざ笑う」や「揶揄＝からかう。馬鹿にする」は絶対に押さえておかなければならない重要ワードですから、知らなかった人は必ず覚えておいて下さい。

残る部分を吟味すると、④は「父が不在がちのまま育った不満を叔父に理解してほしくて思い切って質問をした」「かといって祖父の悲しみを思えば正面切って叔父に反発することもできず」がはっきり×ですから、正解は②と決定できます。

他の選択肢も見ておきましょう。

① 父が家族を顧みることなく長く外国に行っていた理由を本心から知りたかったのに、**父と祖父との衝突をほのめかすだけで自分を「二代目」と呼んで話題をそらした叔父に失望し**、その叔父以上に父のことを見下している母にも落胆している。

×

③ 家族を顧みない父をかばうために母に命じられた苦手な役割も懸命につとめたことを評価してほしかったのに、**結局父と同じような失敗をして恥をかくはめになった自分の不出来に失望し**、父と私とが果たすべき役割にまで出しゃばってくる叔父が母の共感を得ていることにも嫉妬《しっと》を隠せないでいる。

×

⑤ 家を長く不在にしてきた父のことを叔父と共に責めようと思って話を切り出したのに、**父に代わって本家の務めを果たそうとする努力を認めてくれない叔父に失望し**、その叔父に頼りきっている母もまた自分の立場を守ってはくれないだろうと悲観的になっている。

×

すべて「事態部分」がはっきり×ですね。やはり答えは②で間違いないとわかります。

実はこの問題、本番で選択肢の微妙なニュアンスで迷ってしまって間違う人が多かった問題なんです。でもね、そうなってしまう理由は「選択肢の『心理部分』を中心に見てしまったから」に尽きます。こうやって「事態部分に注目」すれば、解答はスッと決まります。これがセンターの問題なんです。このことをしっかり意識しながら対策していって下さい。

解答 問4 ②

問1

例によって「前後からだいたい推測しなさい」という問題ではありませんから、「前後の文脈でごまかしてしまう習慣をつけず」「辞書的な意味をきちんと踏まえて」「知らなければ覚えておく」ことです。

(ア)「愛想を尽かす」は「好意や信頼がなくなる」という意味ですから、要は「嫌になった」ということ。したがって①です。

(イ)「間が悪い」は「きまりが悪い。ばつが悪い（＝気まずい。恥ずかしい）」もしくは「タイミングが悪い」という意味です。前者の意味があることを知っておきましょう。今回は前者の意味で⑤です。

(ウ)「気概」は「強い意志」という意味ですから④です。「気骨《きこつ》がある」というのも同じ意味ですから一緒に覚えておきましょう。

解答

問1　(ア)＝①　(イ)＝⑤　(ウ)＝④

攻略ポイント2／表現・叙述の問題

センター小説では必ず問われるにもかかわらず、苦手な人が多いのが問6の「問題文の表現・叙述」を問う問題です。

でもね、大丈夫。なぜかというと、苦手な人たちにはだいたいパターン性があるからです。要は「どこを見たらいいのか」「何がポイントになるのか」を知らないんですね。だからひとつひとつ選択肢を見て「○かな？×かな？」って考えている。「行き当たりばったり」です。それじゃあできるようになりません。

「表現・叙述の問題」には見るべきところがはっきりある。だから、そこを見れば答えは決まります。君たちはそれを身につければいい。ここでは、その「表現・叙述の問題」の解法をマスターしましょう。

▼勝負は「選択肢の見方」。3つのポイントを押さえろ！

「表現・叙述の問題」のポイントは、いかに手早く「選択肢のポイント」をつかむか、です。これからそのための「着眼点」を教えていくのですが、僕がこの本で教えるポイントは3つ、

① 基本分析
② 視点
③ 比喩

これだけです。この3つの基本を押さえれば、センターの表現・叙述の問題は、あとはそのバリエーションで解けます。では順に1つずつのポイントをまとめていきましょう。

▼「基本分析」は「何を↓どんな技巧で」に注目!

ポイントの1つ目は「基本分析」です。「表現・叙述の問題」の選択肢の見方の基本になりますから、しっかり理解して下さい。

ある表現がわざわざ設問になるのは、それが**「普通とはちょっと違う」「特別な」表現**だからです。

では、筆者はどうしてそんな「特別な表現」を使ったのでしょうか?

☆何か「強調したいこと」がある → だから「特別な表現」を使った

ということです。読者に対して何か「強調したいこと」や「印象づけたいこと」がある。だからちょっと「特別な表現を使った」。そういうことですね。

今度はこれを「選択肢を作るセンターの出題者」の側から考えてみましょう。2つのことをポイントにして選択肢を作ることができますね。

☆ 何か「表したいこと」がある → だから「特別な表現」を使った
　　←「何を表したいの」？　　　　←「どんな表現を使ってるの」？

前者を「表現の内容・効果」、後者を「表現技巧」と言います。この2つのポイントで選択肢を作ると、たとえば次のようになります。

〔選択肢〕
……を用いて、……を表そうとしている。
……が、……によって、表されている。

「表現・叙述の問題」というと、どうしても「技巧」ばかりに注目しがちな生徒が多いのですが、「内容・効果」の方も重要。この「**両者の関わりを見る**」ことがポイントです。

センターの秘訣！

表現・叙述の問題のポイント① 「基本分析」

表現・叙述の問題の選択肢は「表現技巧」と「表現の内容・効果」の2ポイントで構成されています。ですから、選択肢を吟味する時にも「選択肢を二分して」考えていきます。

☆「表現問題」では「技巧」と「内容・効果」の関わりをチェック！

〔選択肢〕

・…………を用いて、／…………を表そうとしている。

・…………が、／…………によって、表されている。

では、このポイント①がどんなふうに出題されているか、具体的に過去問題の選択肢を見ていきましょう。

たとえば、例題7で部分的に扱った**岡本かの子**「**快走**」の問6から、いくつか選択肢の例を挙げてみます。

③　第三場面後半の父親と母親の会話には「まあ」という言葉が三回出てくる。この三つの「まあ」はその直後の読点の有無に違いがあり、読点のあるものは驚きの気持ちを表し、読点のないものはあきれた気持ちを表している。

選択肢が「表現技巧」と「内容・効果」の2ポイントで構成されていますね。ここに注目します。先のまとめに「**『表現技巧』と『内容・効果』の関わりをチェック**」と書きましたが、何も難しいことではありません。選択肢をもう一度見て下さい。

読点があるものは　↓　驚きの気持ちを表し

読点のないものは　↓　あきれた気持ちを表す

こう言っています。読点ですから、「、」があるかないかで「驚きの気持ち」と「あきれた気持ち」の違いを表せる、選択肢はそう言ってるわけです。

「まあ〇きれい」→びっくりした！
↓
「まあ◌きれい」→あきれた〜

ということですね。普通に考えて、そんなわけがありません（笑）。ということでこの選択肢は×です。こんなふうに――と〜〜の関わりを見ていくわけです。

もう1つ、他の選択肢も例として見てみましょう。

⑤ 5行目までの兄との会話に見られるように、道子の台詞《せりふ》は、四つの場面を通じて、家族からの問いへの応答から始まっている。これは家族とかかわり合いを持つことについて、道子が消極的であることを表している。

これも同じ――と〜〜の構成になっていますね。

この選択肢は「内容・効果」部分で切れます。例題7の内容を少し思い出して下さい。主人公の道子は、家族のために着物を一生懸命縫っていましたし、兄と仲が良いとも書かれていました。ですから選択肢の「家族とかかわり合いを持つことについて、道子が消極的である」ははっきり×です。「表現・叙述」の問題というと、どうしても「表現技巧」部分に注意が向きがちなのですが、こんなふうに「内容・効果」部分で解答が決まる場合も多くあります。覚えておいて下さい。

▼だれの「視点」で書かれているか

次は**ポイント②**「**視点**」です。小説には「第一人称書き」と「第三人称書き」という、代表的な2つの描かれ方があります。「描き方」ですから「表現技巧」部分にあたります。

まずは「**第一人称書き**」です。「第一人称の立場で書く」つまり「私の視点で書く」という意味ですから、この場合**「主人公＝筆者」の目から見て物語が描かれています。**

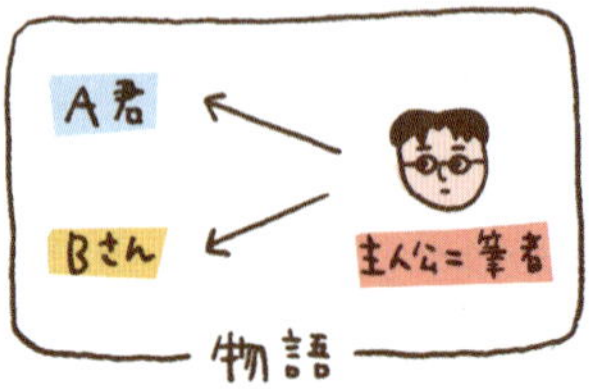

こんな感じですね。

筆者が主人公の立場で描くわけですから、**主人公は「私・僕」**となります。物語はすべて主人公の心の中を書いていることになりますから**「地の文」は「主人公の心中文」**ですし、また書かれた物語の内容は**「主観的」**です。

☆例外は「**過去の自分のことを冷静に振り返っている場合**」です。みなさんが中学生の時のことなんかを思い出して「あの時のオレはバカだったな〜」とか思う場合です。過去の回想なら自分のことでも「**客観的**」に見ることができますね（もちろん「いま思い出してもムカつく」って言う場合もありますが）。このように「過去の自分を振り返りつつ書いた小説」のことを「**回顧型**」と呼びます。センターの「表現・叙述の問題」では頻出の重要ポイントです！

もう1つの描き方は「**第三人称書き**」です。「第三人称書き」は、筆者が主人公のことを「第三者的な立場」つまり「**他人の立場から見て描く**」小説です。

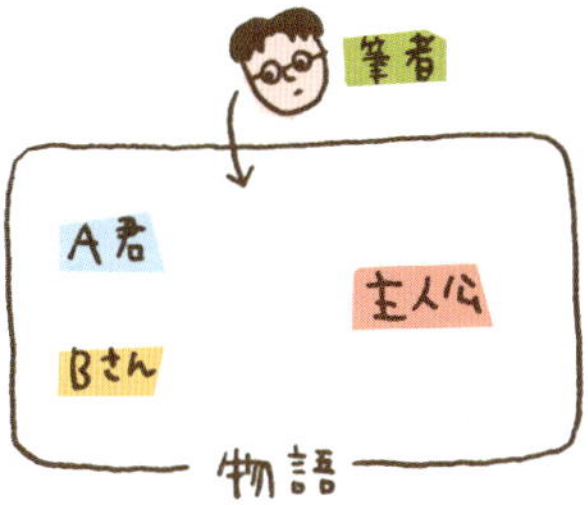

こんな感じですね。ですから主人公は「彼・彼女」またはその人物の「名前」で表されます。物語は「すべてを知っている第三者の視点」から、まるで上空から地上を見下ろしたり、外から舞台全体を見渡しているかのように書かれていますから、「**客観的に**」描かれます。

では、ポイントをまとめておきましょう。

センターの秘訣！

表現・叙述の問題のポイント②「視点」

1 第一人称書き…「筆者＝主人公」で描かれる

（ポイント）
＊主人公は「私・僕」などと書かれる
＊自分のことを書くんだから「主観的」になるのが基本
☆「回顧型」は設問になりやすいので注意！

2 第三人称書き…「筆者≠主人公」で描かれる

（ポイント）
＊主人公は「彼・彼女・人物の名前」などで呼ばれる
＊他人のことを書くんだから「客観的」になるのが基本

以上、「視点」は「表現・叙述の問題」の重要ポイントですから、リード文（「次の文章は〜」という問題冒頭の条件文）や問題文を読む時に「視点」には注意していきましょう。

では、「視点」がどんなふうに出題されているのか、過去問題から例を挙げてみましょう。

例題9で問1〜問4までを扱った**井伏鱒二「たま虫を見る」**の問6では、①の選択肢はこういうふうになっています。

> ① 過去の回想として描かれた各部分の内部は、**まず語り手が**出来事の概略を述べ、**次に登場人物の私に寄り添ってその視点から**それぞれの出来事を主観的に語るという手法をとっている。

284ページからの本文を確認してもらえばわかるように、文章は「第一人称書き」で書かれています。「第一人称書き」ですから、視点は「筆者＝主人公の私」です。

それなのにこの選択肢は「まず語り手（＝筆者）が述べ、次に私に寄り添ってその視点から出来事を語る」と説明していますね。これでは「語り手＝筆者」と「主人公」が別人ということになってしまいます。ですから×ということになります。

もう1つ例を挙げてみましょう。例題10で扱った**牧野信一**「**地球儀**」の問6には、こういう選択肢があります。

> ① この文章は、祖父の法要の前後三日間と私が書きかけた短篇に描かれる家族の団欒との二つの場面に大きく分けられるが、**どちらの場面も一人称を使って語られることによって**、祖父や父母に対する私の思いや感情が詳細に描き出されている。

320ページからの本文を確認してもらえばわかるように、祖父の法要の前の場面はたしかに「第一人称書き」で書かれています。ところが「短篇に描かれる家族の団欒」の場面では、主人公は「彼」と書かれていますから「第三人称書き」です。つまり、選択肢の「どちらの場面も一人称を使って語られる」は×です。

さらにもう1つ例を挙げておきましょう。取り上げるのは、過去問題の**夏目漱石**『**彼岸過迄**《ひがんすぎまで》』です。この小説問題は、次のように始まります。

問 次の文章は、夏目漱石の小説『彼岸過迄《ひがんすぎまで》』の一節である。「僕」と従妹《いとこ》の田口千代子は、幼いうちに「僕」の母が将来の結婚を申し入れた間柄である。父の死後、母は「僕」と千代子との結婚を強く望むが、「僕」は積極的に千代子を求めようとしない。以下の文章は、田口家の別荘を「僕」と母が訪れた場面である。これを読んで、後の問いに答えよ。

物語は「第一人称書き」!!

　田口の叔母は、高木さんですといって丁寧にその男を僕に紹介した。彼は見るからに肉の緊《し》まった血色のいい青年であった。年からいうと、あるいは僕より上かもしれないと思ったが、そのきびきびした顔つきを形容するには、是非とも青年という文字《もんじ》が必要になったくらい彼は生気に充《み》ちていた。僕はこの男を始めて見た時、これは自然が反対を比較するために、わざと二人を同じ座敷に並べて見せるのではなかろうかと疑《うたぐ》った。無論その不利益な方面を代表するのが僕なのだから、こう改まって引き合わされるのが、僕にはただ悪い洒落《しゃれ》としか受け取られなかった。

（中略）

　落ちついた今の気分でその時の事を回顧してみると、こう解釈したのはあるいは僕の僻《ひが》みだったかも分からない。僕はよく人を疑る代わりに、疑る自分も同時に疑わずにはいられない性質《たち》だから、結局他《ひと》に話をする時にもどっちと判然《はっきり》したところがいいにくくなるが、もしそれが本当に僕の僻み根性だとすれば、その裏面にはまだ凝結した形にならない嫉妬《しっと》が潜んでいたのである。

回顧型と気づけ!!

リード文に「僕」とありますから、まずはここで**「第一人称書き」**であることを意識します。問題文を読み進めていくと（中略）の後に「落ちついた今の気分でその時の事を回顧してみると……」とありますね。「過去を冷静に振り返っている」文章ですから**「回顧型」**です。先にまとめたポイントの通りですね。当然、ここが選択肢のポイントになっています。

① 初めて嫉妬に心を奪われることになった経緯を、**「僕」の心情の描写よりも**、高木をめぐる母と叔母の噂話、千代子と高木とのやりとり、高木の「僕」に対する態度の描写などを通して示している。

×

② **「落ち着いた今の気分でその時の事を回顧してみると」とあるように、出来事全体を見渡せる「今」の立場から**、当時の「僕」の心情や行動について原因や理由を明らかにしながら描いている。

まず①ですが『僕』の心情の描写よりも」が×です。本文は「第一人称書き」ですから、「地の文は心中文」。「僕の心情」が描かれているのです。

次に②は、ばっちり本文が**「第一人称書き」の「回顧型」**であることを説明していますね。ですから○です。

「視点」はこんなふうに出題されます。

冒頭で言ったように、「表現・叙述の問題」にははっきりと頻出のポイントがあるんです。だからね、「自分は『表現の問題』が苦手だ」と思っていた人、それはね、ちゃんとした着眼点を知らなかっただけなんです。もしくは**その場しのぎの場当たり的な解説ばっかり聞いてきたからできるようにならなかったんです**。だから正しい方法で学んでいくことが大事なんです。

これから小説問題を解く時には、「視点」を意識していって下さい。ただし、何度も言っているようにセンターは時間が厳しいテストですから、変に丁寧にチェックする必要はありません。ちょっと「意識しておく」。その程度で十分です。

▼表現・叙述の問題のポイント「比喩」

3つ目の頻出ポイントは「比喩」です。「比喩」では、次の2つに注目します。

センターの秘訣！

表現・叙述の問題のポイント③「比喩」

1 直喩と隠喩

〈ポイント〉
* 直喩は「〜ような」を用いる
* 隠喩は「〜ような」を用いない

2 擬人法

（ポイント）
＊「人でないものを」人に喩える

☆右の「2つの比喩」は頻出。ただし、読解時に意識する必要はなし。設問になった時に、その部分だけ確認すればOK！

比喩の基本的な考え方については265ページで説明しましたので、そこも確認しておいて下さい。

直喩は「～ような・ようだ」を用いた比喩、隠喩は「～ような・ようだ」を用いない比喩です。たとえば「赤ちゃんの真っ赤なほっぺ」のことを「りんごのようなほっぺ」と言えば直喩ですし、「りんごのほっぺ」と言えば隠喩です。

擬人法は「人でないものを」人に喩えます。たとえば「寒空の中、電柱が一人突っ立っていた」というような言い方です。「電柱」というモノを「一人突っ立っていた」と人に喩えていますね。「人でないものを人に」というところがポイントです。この点を勘違いしている人を引っ掛ける選択肢を作ってきますので、注意して下さい。

では、これがどんなふうに出題されるのかを、具体的に見ていきましょう。

たとえば、僕たちが例題8で扱った**中沢けい「楽隊のうさぎ」**の問6の選択肢です。④はこういうふうになっていました。

> ④　本文19行目から39行目には比喩を用いて音楽を表現している部分がある。そこでは、「大海原のうねりのような音」といった**直喩だけを用いて隠喩を用いない**ことで、音楽の描写をわかりやすいものにしている。
>
> ×

280ページで既に先に解説したように、「直喩と隠喩」がポイントの問題でしたね。

それから、別の過去問題である**加藤幸子「海辺暮らし」**の問6の選択肢には、このようなものがあります。

> ②　×行目の「〝市役所〟」は、**梶氏を勤め先の名称によって指し示す擬人法**であり、梶氏が「市役所」を代表して公害対策に日々奔走する役人であることを強調している。
>
> ×

先ほどまとめたように「擬人法」は「人でないものを」人に喩えるものですから、この選択肢の「梶氏を勤め先の名称で指し示す擬人法」は×です。「比喩」はこんなふうに出題されます。

さて、しっかりと「3つのポイント」を理解してもらったところで、実際の問題に取り組んでいくことにしましょう。

今回のポイントは「表現・叙述の問題」の問6ですが、せっかく全文を読んでもらうので傍線部問題もいくつか解いてもらうことにします。分量の関係上、問2と問4はカットしてありますが、問題の傍線部はそのまま残してあります。では制限時間で解いて下さい。

例題 11

目標解答時間 15分

問 **次の文章は、堀江敏幸の小説「送り火」の一節である。父の死後、老いた母とのふたり暮らしが心細くなった絹代は、自宅の一部である二十畳敷きの板の間を独身女性に限定して貸し出すことにした。以下の文章はそれに続く場面である。これを読んで、後の問いに答えよ。**

しかし、半年以上のあいだ、借り手はひとりもあらわれなかった。独身女性を対象とするには、設備がどうのより、いささかひろすぎるのが問題だったかもしれない。もう貸間なんてよけいなことを考えず、やっぱり母とふたりで静かに暮らそうとあきらめかけた二月末の寒い日曜日、事前になんの連絡もなくふらりとあらわれたのが陽平さんだった。周旋屋さん――不動産屋のことを陽平さんはそう言った――で、ひろい、板敷きの部屋が、ひとつ、空いている、とうかがったのですが、と当時四十代後半にさしかかっていたはずの陽平さんはなぜかいまとまったくおなじかすれ声の(ア)老成したしゃべり方で切り出し、申し訳ありません、男の方にはお貸ししないんですと驚くふたりに、はい、それはもう、うかがったうえで、やってきたんです、と言い、まだ二十代だった絹代さんの顔を恥ずかしくなるくらいじっと見つめて、おだやかにつづけたのである。じつはむかしからの夢である書道教室を開く決心をかためて、会社を辞めた。交通の便のいい町なかは高すぎるし、そもそもじゅうぶんなひろさの部屋がない。公民館の集会室を借りようかとも考えたのだが、椅子《いす》とテーブルにリノリウム(注1)の床ではしっくり来ないし、それよりなにより、公共施設でお金をとる催しはできないと役所に断られて行き詰まった。たしかにここは不便そうに見えるが、バスもあるし、山の上の小学校の通学路にもなっているから、近隣の子どもたちを集めやすいと思う、もしできるならば、住むのではなく、毎日、夕方から夜にかけての何時間かだけ、お宅を教室として貸していただけないものか。陽平さんは部屋も見ずに、風呂《ふろ》あがりのような表情でそう語って頭を下げた。

母と娘は、正直、(イ)不意をつかれて顔を見合わせた。男性に、しかも書道教室として貸すなんて考えもしなかったからだ。ともあれせっかくだからと部屋を案内し、どうぞ召しあがってくださいと陽平さんから差し出された豆大福をお茶請けに三人で話をしているうち、絹代さんは、このひとが会社を辞めたのは書道教室を開く開かないという以前に、勤め仕事にはむいていなかったからだろうと思った。Aまわりを拒んだりはしないけれど、ひとりだけべつの時間を生きているような雰囲気を持っている。年齢も、まったく読めなかった。でも、なんだかこの人なら信用できそうだと絹代さんは直感し、まだとまどっている母親に、小さな子が集まるんならにぎやかでいいんじゃないかな、楽しそうだから、貸してあげましょうよ、と好意的な意見を述べた。母親は母親でまたちがう基準から陽平さんを眺めていたらしいのだが、自分よりも遅いペースで話す男の人をひさしぶりに見たと言ってしまいには納得してくれたのである。

　貸し教室としての賃料は不動産屋で適切な額を見積もってもらい、数日後には与えられた書式での契約を無事に済ませる早わざで、それから十日ほどのちに、折り畳み式の細長い座卓が五つと薄い座布団が十数枚、そのほか、紙だの墨だの筆だの作品を乾かすのにつかう下敷きとしての古新聞だのといった消耗品がつぎつぎに運び込まれて(ウ)教室の体裁をなし、新学期がはじまって落ち着いたころには、貼《は》り紙や口《くち》コミも手伝って、学年もばらばらな小学生が五名集まった。とても暮らしが成り立つような人数ではなかったけれど、夏休みを迎えるまでには総勢十二名となり、家の空気もがらりと変わってしまった。勤めている駅裏の大手電器店から絹代さんが自転車で帰ってくると、いちはやく学校を終えた低学年の子どもたちが課題を済ませていて、新興の一戸建てばかりで古い田舎家を知らない彼らは、ぎしぎしきしむ階段があるだけでもう楽しいらしく、わざと大きな音をたてて降りてくる。階段は居間の一角にあるので、教室に出入りする子どもたちは、絹代さんと母親の生活をそのまま横切っていくことになり、なんだか親類の家に遊びに来ているような雰囲気なのだ。そしてかならず、おばちゃん、おばあちゃん、さよなら、と言って帰っていく。この年でおばちゃんはないよ、と泣くふりをしたりすると子どもたちは逆に喜んで、ぜったいにおねえちゃんとは呼んでくれない。そして、B絹代さんにはなぜかそれがとても嬉《うれ》しかった。

　絹代さんは遅い子どもだったから、母親はそのころもう還暦を過ぎていたのだが、夕方、じっと坐《すわ》っているだけでだんだんお腹《なか》がすいて、集中力がなくなってくる小さな子どもたちのために、ずっと悩まされている膝《ひざ》の痛みも忘れて、ふだん口にしているより味を濃くして食べやすく工夫した煮付けとご飯の簡単な食事を用意したり、おやつにおはぎをつくったりするようになった。これには絹代さんと陽平さんのぶんも入っていたので、日々の延長でしかなかったとはいえ、それでも大人数の食事を用意することに忘れていた喜びを見出《みいだ》した様子で、母親の気の張りはまちがいなく娘にも伝わった。絹代さんも仕事が終わってからのつきあいを抑えて、子どもたちとまじわるために帰宅を急ぐようになったからである。食事のできる書道塾はやがて親たちのあいだで評判になり、外出予定が入っている日など、もっと遅くまで子どもをあずかってもらえないかと頼んでくる人も出てきた。子どもたちは、陽平先生に赤丸をもらったあと、すすも油汚れもないきれいなランプがいくつもぶらさがっている階下の居間で食事をし、そのまま食卓で宿題をやったり、隣の畳の間に置いてあるテレビを見たりする。話についていけない母親のかわりに、そういうときはどうしても絹代さんがいなければならず、本業がどちらにあるのだかわからなくなるほどだった。

　最初のうち、絹代さんは遠慮して教室の様子をのぞくことはしなかったのだが、親からの電話で子どもを呼び出したり、おやつの差し入れをするときには、どうしたって見えてしまう。階段のすぐ近くに物入れがあるため、陽平さんは取り出しやすいようにとそのまえに自分の机を置いていた。だから子どもたちの顔を見るより先に、彼らのほうをむいて坐っている陽平さんの、針金でも入っているんじゃないかと疑いたくなるくらいまっすぐな背中と鶏《とり》ガラみたいにほそい首筋を拝まなければならないのだが、手本をしたためているときも朱を入れているときも、硯《すずり》で墨をすっているときも、子どもたちと言葉を交わしているときも、(注2)まだ枕《まくら》を話しているだけで本編に入っていない噺《はなし》家《か》みたいに座布団から垂直に頭がのびていて、その姿勢がまったく変化せず、食事の際も変わらないものだから、たまに傾いているとかえって不自然な感じがするのだった。(注3)墨は餓鬼に磨《す》らせ、筆は鬼に持たせよ。教室の壁に貼られた格言の、ここぞというときには力が発揮できるのにそれをあえて抑える自然体は——そういう意味だと教えてくれたのは、もちろん陽平さんだ——、すべての行動に当てはまる指針だと思った。

しかし、Cとりわけ絹代さんを惹《ひ》きつけたのは、教室ぜんたいに染みいりはじめた独特の匂《にお》いだった。子どもたちはみな既製の墨汁を使っており、時間をかけて墨を磨るのは陽平先生だけだったけれど、七、八人の子どもが何枚も下書きし、よさそうなものを脇《わき》にひろげた新聞紙のうえで乾かしていると、夏場はともかく、窓を閉め切った冬場などは乾いた墨と湿った墨が微妙に混じりあい、甘やかなのになぜか命の絶えた生き物を連想させるその不気味な匂いがつよくなり、絹代さんの記憶を過去に引き戻した。まだ小さかったころ、ここにも生き物がうごめいていたのだ。絹代という名前は祖父母がつけてくれたもので、彼らはこの古い家の二階で細々と養蚕を手がけ、生活の資をさずけてくれる大切な生き物を、親しみと敬意をこめて「おかいこさん」と呼んでいた。同居していた息子夫婦はともに会社勤めだったから、孫の絹代さんがあとを継ぐ可能性はほとんどなかった。あの時分はまだ片手間にでも養蚕にかかわっている家がいくらもあったし、そこで生まれた娘に絹子だの絹江だの絹代だのといった名前をつけることもないではなかったが、絹代さん自身は、二階の平台にならべられた浅い函《はこ》の底をわさわさとうごめいている白っぽい芋虫の親玉と自分の名前がむすびつけられるのを、あまり好ましく思っていなかった。

触ってごらん、と言われるままに触れたその虫の皮はずいぶんやわらかく、しかも丈夫そうだった。使いこんだ白い鹿革《しかがわ》の手袋の、ところどころ穴があいたふうの表面の匂いとかさつく音をこの書道教室に足を踏み入れた瞬間ふいに思い出し、匂いといっしょに、あのグロテスクな肌と糸の美しさの、驚くべきへだたりにも想《おも》いを馳《は》せた。あたしは肌がつるつるさらさらして絹みたいだから絹江になったの、絹代ちゃんとこみたいに蚕を飼ってるからつけられた名前じゃないよ、と一文字だけ名前を共有していたともだちが突っかかるように言った台詞《せりふ》が、絹代さんの頭にまだこびりついている。生家の周辺を離れれば、養蚕なんてもう、ふつうの女の子には気味の悪いものでしかない時代に入っていたのだ。それなのに、墨の匂いを嗅《か》いだとたん、かつてのおどろおどろしい記憶がなつかしさをともなう思い出にすりかわったのである。陽平さんにそれを話すと、墨はね、松を燃やして出てきたすすや、油を燃やしたあとのすすを、膠《にかわ》であわせたものでしょう、膠っていうやつが、ほら、もう、生き物の骨と皮の、うわずみだから、絹代さんが感じたことは、そのとおり、ただしい、と思いますよ、と真剣な顔で言うのだった。生きた文字は、その死んだものから、エネルギーをちょうだいしてる。重油とおなじ、深くて、怖い、厳しい連鎖だね。

　なぜだろう、絹代さんはそのときはじめて、陽平さんのこれまでの人生を、あれこれ聞いてみたいとつよく思った。ほとんど毎日顔を合わせて食事をしているこの不思議な男の人の過去と未来を知りたい気持ちがどんどんふくらんで、それを押しとどめることができなくなっていった。どこで生まれて、どこで育って、どんな子ども時代、どんな青年時代を送ったのか。教室を閉めたあと、無理に頼んで持ってきてもらった古いアルバムを居間で開きながら飽きもせずに質問を重ねていると、これまで陽平さんを知らずにいたことがとても信じられなかった。絹代さんの横顔にときどき視線を投げながら、陽平さんは遅くまで、質問のひとつひとつに、あまりにまじめすぎて逆にはぐらかされているのではないかと聞き手が不安になるほど丁寧な説明をくわえた。そういう陽平さんの顔を、今度は絹代さんが見つめているのだった。

絹代さんの気持ちが固まったのは、翌年、あんなに楽しそうに子どもたちと接していた母親が心臓発作で急死して、その喪が明けたさらに翌年の正月のことだ。全員参加の書き初め大会が教室で開かれ、四文字以内で好きな言葉を清書し、それをみんなに披露しながらひとりずつ新年の抱負を述べたとき、陽平さんは最後にすっくと立ちあがって一同を見渡し、当時大変な人気があったテレビ番組にひっかけて「絹への道」と書いた紙を掲げると、シル、ク、ロード、です、これが、ぼくの、今年の、抱負、です、と例の口調でそう読みあげておおいに笑いを取ったのだが、子どもたちには洒落《しゃれ》にしか聞こえない話で陽平さんがなにを言おうとしているのか、「初日の出」だなんてありきたりな言葉でお茶をにごした飛び入り参加の絹代さんにはすぐに理解できた。頬《ほお》が少しほてった。D有名な女優さんとおなじだねえと大人たちからいくら褒められても嬉しくなかった名前を、陽平さんは、あたたかい、人肌に触れるために生まれてきたなめらかな布地に、一瞬で変えてくれたのである。

（注）1　リノリウム——建築材料の一つ。
2　枕——本題に入る前の導入部分。
3　墨は餓鬼に磨らせ、筆は鬼に持たせよ——本来は、墨をするときはやわらかくすり、筆を使うときは力を込めて勢いよく書くのがよいというたとえのこと。

問1 傍線部(ア)〜(ウ)の本文中における意味として最も適当なものを、次の各群の①〜⑤のうちから、それぞれ一つずつ選べ。

(ア) 老成した
① しわがれて渋みのある
② 知性的で筋道の通った
③ 年のわりに落ち着いた
④ 重々しく低音の響いた
⑤ 静かでゆっくりとした

(イ) 不意をつかれて
① 突然の事態に困り果てて
② 見込み違いで不快になって
③ 予想していないことに感心して
④ 初めてのことであわてて
⑤ 思いがけないことにびっくりして

(ウ) 教室の体裁をなし
① 教室の準備がようやく済んで
② 教室とは異なった感じになって
③ 教室として立派になって
④ 教室がいったん雑然として
⑤ 教室らしい様子になって

問3 傍線部B「絹代さんにはなぜかそれがとても嬉しかった」とあるが、この部分を含む子どもたちとのやりとりを通してうかがえる「絹代さん」の心情とはどのようなものか。その説明として最も適当なものを、次の①〜⑤のうちから一つ選べ。

① 「おねえちゃん」と呼ばれて当然だと思っていたが、「おばちゃん」という呼び方に表れた子どもたちの気さくな態度に触れたので、仲間意識の高まりを感じて嬉しく思っている。

② まだ二十代なのに「おばちゃん」と呼ばれるのは不本意ではあるが、自分を頼りにする子どもたちの気持ちが伝わってくるので、保護者になったように感じて嬉しく思っている。

③ 子どもたちから「おばちゃん」と呼ばれると年寄り扱いされているようで嫌だったが、陽平さんに近づいたような気がしたので、書道教室を一緒に経営しているように感じて嬉しく思っている。

④ 父親の死後、母親とふたりきりで寂しく暮らしていたが、自分になついて遠慮なく振る舞う子どもたちとにぎやかに交流するようになったので、家族に対するような親密さを感じて嬉しく思っている。

⑤ 部屋を貸すまで、大人ばかりで静かに暮らしていたが、泣くふりをすると喜ぶ生意気盛りの子どもたちが出入りするようになったので、以前の活気がよみがえったように感じて嬉しく思っている。

問5 傍線部Ｄ「有名な女優さんとおなじだねえと大人たちからいくら褒められても嬉しくなかった名前を、陽平さんは、あたたかい、人肌に触れるために生まれてきたなめらかな布地に、一瞬で変えてくれたのである」とあるが、ここに至るまでの「絹代さん」の心の動きはどのようなものと考えられるか。その説明として最も適当なものを、次の①〜⑤のうちから一つ選べ。

① 絹代という名前が美しい有名な女優と同じだと言われても、過去の嫌な記憶に結びつくので好きになれないでいたが、陽平さんが墨の由来とともに名前の意味を教えてくれ、皆の前でシルクロードになぞらえた愛情告白をしてくれたため、温かい気持ちになっている。

② 墨の匂いに関連した生き物の死と人間の営みとのつながりを教えてくれた陽平さんから、書き初めに託された愛情表現を受けたことで、好きになれなかった名前とともに自分のことも肯定的に受け止められるようになり、陽平さんと一緒に生きていこうと考えている。

③ これまで好きになれなかった養蚕の記憶に結びついていた自分の名前が、陽平さんの愛情告白を秘めた書き初めによって、悠久の歴史を想起させるシルクロードとも結びつくものだと気づき、これまでの人生を肯定的に受け入れることができるようになっている。

④ かつては友達にからかわれた養蚕の記憶しかなかった自分の名前が、陽平さんのまっすぐな生き方を知ることによって、家族との温かい生活の思い出に結びつくものだと理解するようになり、慕っていた陽平さんとともに生きていく喜びでいっぱいになっている。

⑤ 陽平さんの書道に対する姿勢にひかれる一方、墨の匂いでよみがえった自分の過去に思いをはせることで、ようやく自分の名前の意味を肯定的に受け止めることができるようになったので、書き初めに託された陽平さんの愛情を受け入れようと決心している。

問6 この文章における表現の特徴について説明したものとして適当なものを、次の①～⑥のうちから二つ選べ。ただし、解答の順序は問わない。

① 「鶏ガラみたいにほそい首筋」「まだ枕を話しているだけで本編に入っていない噺家みたいに座布団から垂直に頭がのびていて」のように、「陽平さん」の姿が比喩《ひゆ》表現を用いて描写されることによって、「陽平さん」を見つめる「絹代さん」の特異な感性が強調されている。

② 「甘やかなのになぜか命の絶えた生き物を連想させるその不気味な匂い」「使いこんだ白い鹿革の手袋の、ところどころ穴があいたふうの表面の匂いとかさつく音」のように、感覚に訴える表現が多用されることによって、絹代さんの実感が巧みに表現されている。

③ 「おばちゃん、おばあちゃん、さよなら、と言って帰っていく」「触ってごらん、と言われるままに」などでは、かぎ括弧を用いずに会話の内容が示されることによって、現実感が生み出され、会話を発する人物が生き生きと描き出されている。

④ 「わざと大きな音をたてて降りてくる」「隣の畳の間に置いてあるテレビを見たりする」のように、回想の形で語られる中に現在形の表現が挿入されることによって臨場感が強められ、登場人物の心理状態と行動の結びつきが明示されている。

⑤ 「はい、それはもう、うかがったうえで、やってきたんです」や「シル、ク、ロード、です、これが、ぼくの、今年の、抱負、です」のように、読点で区切りながら陽平さんの話し方が描写されることによって、その人物像が浮かび上がるように工夫されている。

⑥ 「陽平さん」「陽平先生」「絹代さん」など、人物同士がふだん呼び合っている名称や、「ひとりもあらわれなかった」「いささかひろすぎる」など、平仮名書きが多用されることによって、大人の世界に子どもの視点が導入され、物語が重層的に語られている。

きめる！
現代文

分析

では解説をはじめていきます。もちろん、今回のメインは問6ですが、その前に、他の問題から解説していきます。今までこの本で学んできたことを生かせたかな？

問1

語句の意味を問う問題は「知識ベース」でしたね。例によって「前後の文脈から推測しなさい」という問題ではありません。ですから、知らなかった場合はしっかりと覚えておいて下さい。コツコツ覚えていって下さいね。

(ア)「老成」は「年齢のわりに大人びていること」という意味ですから、③です。センターで繰り返し問われている語なので要注意です。

(イ)「不意をつかれて」は「不意をつく＝予想外のことをしかける」ですから、①「突然の」、③「予想していないことに」、⑤「思いがけないことに」は○です。あとは文脈より「困り果てて」「感心して」が×で、⑤を選びます。

(ウ)「教室の体裁をなし」は「体裁＝世間体。見栄。見た目」等の意味ですから、解答は⑤です。「教室らしい見た目になって」という意味ですね。

解答

問1　(ア)＝③　(イ)＝⑤　(ウ)＝⑤

問3

問3は**やりとりの問題**です。306ページで教えたように**「やりとり」は「事→心→行」の組み合わせ**でしたね。解法はきちんと頭に入っていましたか？

さっと思い出せなかった人は、必ずこの本を繰り返して、内容をしっかり吸収して下さいね。

まずは、与えられた「設問の条件」をしっかり見ます。

傍線部B「絹代さんにはなぜかそれがとても嬉しかった」とあるが、この部分を含む子どもたちとのやりとりを通してうかがえる「絹代さん」の心情とはどのようなものか。

設問は「やりとり」を問うていますから「事→心→行」がポイントです。解法通り、**傍線部が「事→心→行」のどの部分にあるかをチェック**します。

「絹代さんにはなぜかそれが**とても嬉しかった**」

傍線部は「事態と心理」です。「それが嬉しい」ですから「彼の合格が嬉しい」と同じ、つまり「彼が合格したので嬉しい」と置き換えられますから、ここが「事態」になります。225ページでやった「理由を示す語以外が導く事態」のパターンですね。しっかり復習しておいて下さい。

さて、以上のように分析できたら、すぐにこう考えられます。

☆傍線部は事、心→あとは行を探せ！

では、探すべきポイントが明確になったところで、本文を見ていきましょう。

本文分析

貸し教室としての賃料は不動産屋で適切な額を見積もってもらい、数日後には与えられた書式での契約を無事に済ませる早わざで、それから十日ほどのちに、折り畳み式の細長い座卓が五つと薄い座布団が十数枚、そのほか、紙だの墨だの筆だの作品を乾かすのにつかう下敷きとしての古新聞だのといった消耗品がつぎつぎに運び込まれて(ウ)教室の体裁をなし、新学期がはじまって落ち着いたころには、貼《は》り紙や口《くち》コミも手伝って、学年もばらばらな小学生が五名集まった。とても暮らしが成り立つような人数ではなかったけれど、夏休みを迎えるまでには総勢十二名となり、家の空気もがらりと変わってしまった。勤めている駅裏の大手電器店から絹代さんが自転車で帰ってくると、いちはやく学校を終えた低学年の子どもたちが課題を済ませていて、新興の一戸建てばかりで古い田舎家を知らない彼らは、ぎしぎしきしむ階段があるだけでもう楽しいらしく、わざと大きな音をたてて降りてくる。階段は居間の一角にあるので、教室に出入りする子どもたちは、絹代さんと母親の生活をそのまま横切っていくことになり、なんだか親類の家に遊びに来ているような雰囲気なのだ。そしてかならず、おばちゃん、おばあちゃん、さよなら、と言って帰っていく。この年でおばちゃんはないよ、と泣くふりをしたりすると子どもたちは逆に喜んで、ぜったいにおねえちゃんとは呼んでくれない。そして、B**絹代さんにはなぜかそれがとても嬉しかった**。

　絹代さんは遅い子どもだったから、母親はそのころもう還暦を過ぎていたのだが、夕方、じっと坐《すわ》っているだけでだんだんお腹《なか》がすいて、集中力がなくなってくる小さな子どもたちのために、ずっと悩まされている膝《ひざ》の痛みも忘れて、ふだん口にしているより味を濃くして食べやすく工夫した煮付けとご飯の簡単な食事を用意したり、おやつにおはぎをつくったりするようになった。これには絹代さんと陽平さんのぶんも入っていたので、日々の延長でしかなかったとはいえ、それでも**大人数の食事を用意することに忘れていた喜びを見出《みいだ》した様子で、母親の気の張りはまちがいなく娘にも伝わった。**絹代さんも仕事が終わってからのつきあいを抑えて、子どもたちとまじわるために帰宅を急ぐようになったからである。食事のできる書道塾はやがて親たちのあいだで評判になり、外出予定が入っている日など、もっと遅くまで子どもをあずかってもらえないかと頼んでくる人も出てきた。子どもたちは、陽平先生に赤丸をもらったあと、すすも油汚れもないきれいなランプがいくつもぶらさがっている階下の居間で食事をし、そのまま食卓で宿題をやったり、隣の畳の間に置いてあるテレビを見たりする。話についていけない母親のかわりに、そういうときはどうしても絹代さんがいなければならず、本業がどちらにあるのだかわからなくなるほどだった。

「事態」は、傍線部の直前の「子どもたちがおばちゃんと呼ぶ／ぜったいにおねえちゃんと呼んでくれない」です。「やりとり」を問う問題ですから、絹代さんの側から見た「事→心→行」だけでなく、子どもたちの側から見た「事→心→行」も見ていきます。次の図の［　］部分を埋めて完成させるイメージですね。

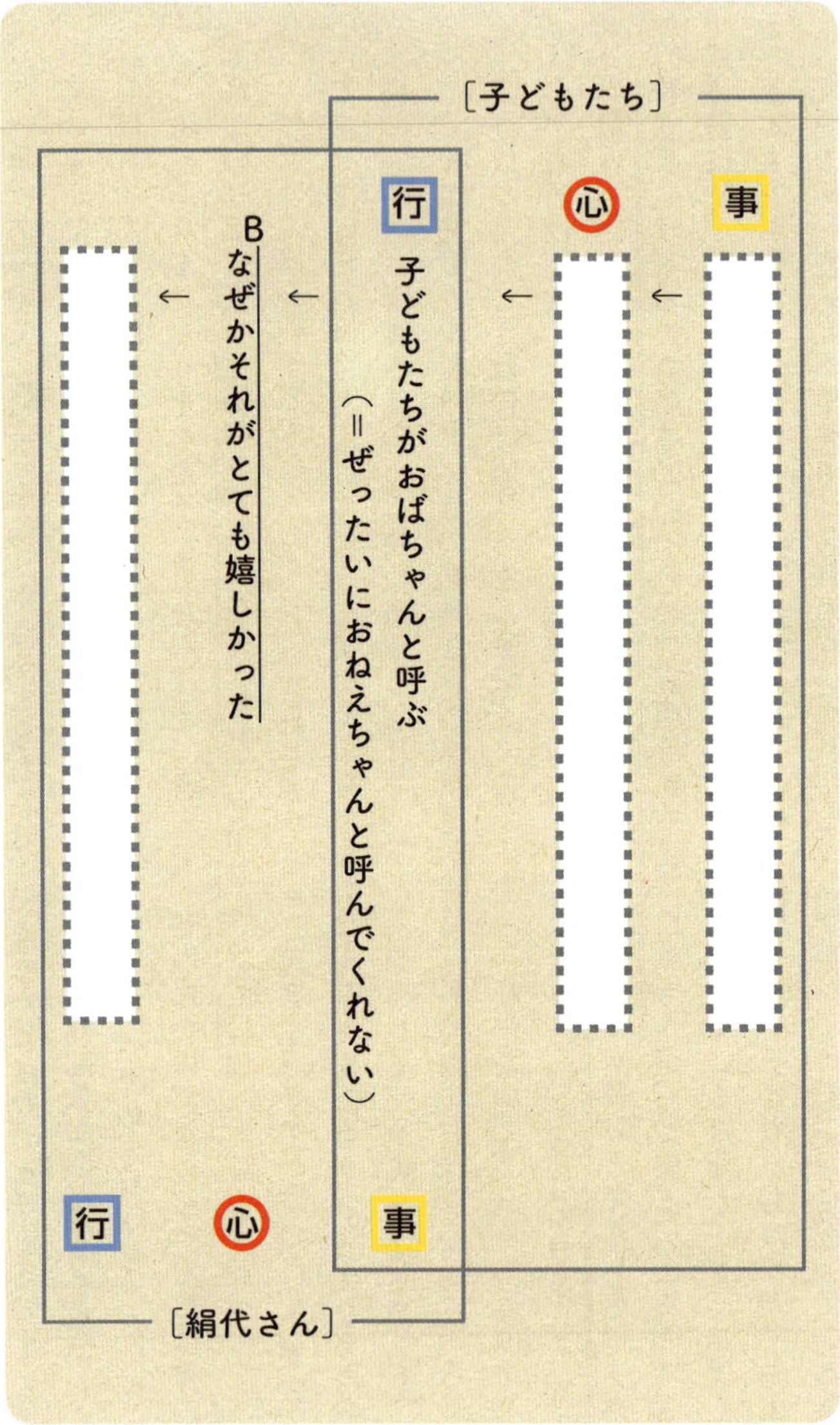

まず子どもたちがどういう気持ちで絹代さんをおばちゃんと呼んでいるかを見ていきましょう。傍線部の3行前に、絹代さんの家に来ている子どもたちは**「なんだか親類の家に遊びに来ているような雰囲気」**だとあります。子どもたちは絹代さんやお母さんのことをすごく親しく感じている。だからこそ絹代さんが「この年でおばちゃんはないよ、と泣くふりをする」と「喜んで」、かえって「ぜったいにおねえちゃんとは呼ばない」わけです。絹代さんのことを「親しいおねえちゃんと感じている」からこそ、こういう冗談が言えるわけですね。

絹代さんの方も、子どもたちとのそんな関係を喜んでいます。それは続く文脈にある「子どもたちとまじわるために帰宅を急ぐようになった」という絹代さんの「行動」にも表れています。リード文にもあったように、絹代さんはもともと「老いた母とのふたり暮らしが心細くなって、自宅の一部を貸し出すことにした」わけですから、今のにぎやかな感じを喜んでいるわけですね。

※今回の「事→心→行」の分析には必要ありませんが、にぎやかになったのを喜んでいるのはお母さんの方も同じです。それは「ずっと悩まされている膝の痛みも忘れて、子どもたちのためにご飯やおやつを準備する」や「忘れていた喜びを見出した様子で」という文によく表れています。そしてそういう「母親の気の張りはまちがいなく娘にも伝わった」とありますから、お母さんが久しぶりに生き生きしていることも、絹代さんは嬉しく思っています。

では、今のポイントを図に当てはめてみましょう。

［子どもたち］

事　心

なんだか親類の家に遊びに来ているような雰囲気

←［なので］

行

絹代さんのことを「おばちゃん」と呼ぶ

（＝「近しく感じているので↓冗談が言える」ということ）

←［ので］

B なぜかそれがとても嬉しかった

←［ので］

子どもたちとまじわるために帰宅を急ぐようになった

事　心　行

［絹代さん］

図にまとめたポイントを踏まえて、選択肢を見ていきましょう。
まず、②・③・⑤はいずれも「事態」部分の説明が×です。

② まだ二十代なのに「おばちゃん」と呼ばれるのは不本意ではあるが、**自分を頼りにする子どもたちの気持ちが伝わってくるので、保護者になったように感じて嬉しく思っている。** ×

③ 子どもたちから「おばちゃん」と呼ばれると年寄り扱いされているようで嫌だったが、**陽平さんに近づいたような気がしたので、書道教室を一緒に経営しているように感じて嬉しく思っている。** ×

⑤ 部屋を貸すまで、大人ばかりで静かに暮らしていたが、**泣くふりをすると喜ぶ生意気盛りの子どもたちが出入りするようになったので、以前の活気がよみがえったように感じて嬉しく思っている。** ×

傍線部の「事態」は「絹代さんのことをおばちゃんと呼ぶこと」ですから、②は「自分を頼りにする子どもたちの気持ちが伝わってくるので」が、はっきり×です。子どもたちが「おばちゃんと呼ぶ」のは「親しさ」の表れであって「頼りにしている」からではありません。

次に③は「陽平さんに近づいたような気がしたので」が×です。まだこの時点では、絹代さんは陽平さんのことをそんなふうに意識していません。絹代さんが陽平さんを意識するのは、92行目の「なぜだろう、絹代さんはそのときはじめて、陽平さんのこれまでの人生を、あれこれ聞いてみたいとつよく思った」以降です。

⑤は「泣くふりをすると喜ぶ生意気盛りの子どもたちが出入りするようになったので」が×です。たしかに「以前の活気がよみがえったように感じて嬉しく思っている」という心理の説明部分は正解なのですが、絹代さんが嬉しいと思っているのは「親類のような」「親しい関係」であって、「生意気だから」喜んでいるのではありません。もし「生意気な子どもに」「おばちゃんと呼ばれた」ことを喜んでいるんだとしたら、絹代さんは「オレ様キャラ」の子どもにいじめられて喜ぶ「ドM」だということになってしまいます（笑）。

次に、①は「事態」はいいのですが「心理」が大ボケです。

① 「おねえちゃん」と呼ばれて当然だと思っていたが、**「おばちゃん」という呼び方に表れた子どもたちの気さくな態度に触れたので、仲間意識の高まりを感じて嬉しく思っている。**

×

繰り返しますが、絹代さんが嬉しいと思っているのはあくまで「親類のような」「親しい関係」であって「オレたち仲間だぜ」というような「仲間意識」ではありません。

残った④は、「事態・心理」ともに本文に合致していますので、これが正解です。

④ 父親の死後、母親とふたりきりで寂しく暮らしていたが、**自分になついて遠慮なく振る舞う子どもたちとにぎやかに交流するようになったので、家族に対するような親密さを感じて嬉しく思っている。**

以上より、解答は④に決定します。

解答 問3 ④

問5

問5は「**心理の変化**」を問う問題でした。
まずはいつも通り、与えられた「設問の条件」をしっかり見ます。

> **傍線部D「有名な女優さんとおなじだねえと大人たちからいくら褒められても嬉しくなかった名前を、陽平さんは、あたたかい、人肌に触れるために生まれてきたなめらかな布地に、一瞬で変えてくれたのである」とあるが、ここに至るまでの「絹代さん」の心の動きはどのようなものと考えられるか。**

設問は「絹代さんの心の動き」を問うていますね。だから普通なら「よし、心理の変化をチェックだ」と考えて「心理1→心理2→心理3→…」と押さえていけばと考えるはずです。ところが僕たちは違います。もうわかりますね？　この本で何度も繰り返してきたように、**心情把握問題の客観的根拠になるのは「事・行」です。**だから今回の問題も「心理だけをチェック」するのではだめなんです。

心理が変化したということは、**なにか「原因＝事態」があったから**ですよね。つまり僕たちは「心理→事態→心理」と考えていくし、むしろ吟味のポイントになるのは「事態」なんですね。

☆「心理の変化」を問う問題→「心→事→心」の流れをつかめ！

▼問5の問題は、本文全体に関わることが多い

さらにこの問題にはもう1つポイントがあります。センター小説の問5、つまり**本文の末尾にある傍線部を問う問題は、本文の全体の流れを問う「全体把握」の問題であることが多い**んです。例題8で解いた中沢けい『楽隊のうさぎ』を思い出して下さい。問5は問題文の末尾に傍線が引かれて、問題文後半の文脈を広く見て「克久のプライド」の内容を読み取る問題でしたね。今回の問題も同じなのですが、問5にはそういう広い文脈を見て判断する問題があるということも意識しておいて下さい。ただし、これもこの本で何度も繰り返してきましたが、センターは試験時間が非常に厳しいテストです。だから**広い文脈を見るとは言っても「細部まで丁寧に読み込んで解く」ようにはできていない。核心さえ押さえれば「スパッ」と解けるようになっているんです。**それを例題8やこの問題で実感しておいてほしい。そこが本問のポイントです。

では、着眼がはっきりしたところで本文を見ていきましょう。まず今述べたように問題文末尾の傍線部ですから、本文の広範囲を対象に見ていきます。次に傍線部より、チェックするのは『自分の名前』に対する絹代さんの心理の変化」です。「心→事→心」の「事」を探していきます。それを意識しながら、本文をチェックしていきましょう。

本文分析

Ⅰ

しかし、**とりわけ絹代さんを惹きつけたのは**、教室ぜんたいに染みいりはじめた**独特の匂い**だった。子どもたちはみな既製の墨汁を使っており、時間をかけて墨を磨るのは陽平先生だけだったけれど、七、八人の子どもが何枚も下書きし、よさそうなものを脇《わき》にひろげた新聞紙のうえで乾かしていると、夏場はともかく、窓を閉め切った冬場などは乾いた墨と湿った墨が微妙に混じりあい、**甘やかなのになぜか命の絶えた生き物を連想させるその不気味な匂い**がつよくなり、絹代さんの記憶を過去に引き戻した。

〔場面の転換　回想〕

Ⅱ

まだ小さかったころ、ここにも生き物がうごめいていたのだ。絹代という名前は祖父母がつけてくれたもので、彼らはこの古い家の二階で細々と養蚕を手がけ、生活の資をさずけてくれる大切な生き物を、親しみと敬意をこめて「おかいこさん」と呼んでいた。同居していた息子夫婦はともに会社勤めだったから、孫の絹代さんがあとを継ぐ可能性はほとんどなかった。あの時分はまだ片手間にでも養蚕にかかわっている家がいくらもあったし、そこで生まれた娘に絹子だの絹江だの絹代だのといった名前をつけることもないではなかったが、**絹代さん自身は、二階の平台にならべられた浅い函《はこ》の底をわさわさとうごめいている白っぽい芋虫の親玉と自分の名前がむすびつけられるのを、あまり好ましく思っていなかった。**

心A

触ってごらん、と言われるままに触れたその虫の皮はずいぶんやわらかく、しかも丈夫そうだった。使いこんだ白い鹿革《しかがわ》の手袋の、ところどころ穴があいたふうの表面の匂いとかさつく音をこの書道教室に足を踏み入れた瞬間ふいに思い出し、匂いといっしょに、あのグロテスクな肌と糸の美しさの、驚くべきへだたりにも想《おも》いを馳《は》せた。あたしは肌がつるつるさらさらして絹みたいだから絹江になったの、**絹代ちゃんとこみたいに蚕を飼ってるからつけられた名前じゃないよ**、と一文字だけ名前を共有していたともだちが突っかかるように言った台詞《せりふ》が、**絹代さんの頭にまだこびりついている。**生家の周辺を離れれば、養蚕なんてもう、ふつうの女の子には気味の悪いものでしかない時代に入っていたのだ。**それなのに、墨の匂い**を嗅《か》**いだとたん、かつてのおどろおどろしい記憶がなつかしさをともなう思い出にすりかわった**のである。

心B

〔場面の転換　回想から現実に戻る〕

Ⅲ

陽平さんにそれを話すと、墨はね、松を燃やして出てきたすすや、油を燃やしたあとのすすを、膠《にかわ》であわせたものでしょう、膠っていうやつが、ほら、もう、生き物の骨と皮の、うわずみだから、**絹代さんが感じたことは、そのとおり、ただしい、と思いますよ、と真剣な顔で言う**のだった。生きた文字は、その死んだものから、エネルギーをちょうだいしてる。重油とおなじ、深くて、怖い、厳しい連鎖だね。

心C

なぜだろう、絹代さんはそのときはじめて、陽平さんのこれまでの人生を、あれこれ聞いてみたいとつよく思った。ほとんど毎日顔を合わせて食事をしているこの不思議な男の人の過去と未来を知りたい気持ちがどんどんふくらんで、それを押しとどめることができなくなって

心D

いった。どこで生まれて、どこで育って、どんな子ども時代、どんな青年時代を送ったのか。教室を閉めたあと、無理に頼んで持ってきてもらった古いアルバムを居間で開きながら飽きもせずに質問を重ねていると、これまで陽平さんを知らずにいたことがとても信じられなかった。絹代さんの横顔にときどき視線を投げながら、陽平さんは遅くまで、質問のひとつひとつに、あまりにまじめすぎて逆にはぐらかされているのではないかと聞き手が不安になるほど丁寧な説明をくわえた。**そういう陽平さんの顔を、今度は絹代さんが見つめているのだった。**

〔場面の転換　時の経過〕

絹代さんの気持ちが固まったのは、翌年、あんなに楽しそうに子どもたちと接していた母親が心臓発作で急死して、その喪が明けたさらに翌年の正月のことだ。全員参加の書き初め大会が教室で開かれ四文字以内で好きな言葉を清書し、それをみんなに披露しながらひとりずつ新年の抱負を述べたとき、陽平さんは最後にすっくと立ちあがって一同を見渡し、当時大変な人気があったテレビ番組にひっかけて「絹への道」と書いた紙を掲げると、シル、ク、ロード、です、これが、ぼくの、今年の、抱負、です、と例の口調でそう読みあげておおいに笑いを取ったのだが、子どもたちには洒落《しゃれ》にしか聞こえない話で陽平さんがなにを言おうとしているのか、「初日の出」だなんてありきたりな言葉でお茶をにごした飛び入り参加の絹代さんにはすぐに理解できた。頰《ほお》が少しほてった。

Ⅳ

D**有名な女優さんとおなじだねえと大人たちからいくら褒められても嬉しくなかった名前を、陽平さんは、あたたかい、人肌に触れるために生まれてきたなめらかな布地に、一瞬で変えてくれたのである。**

心E

本文は右に示したように、I〜IVの4つの場面に区切ることができます。194ページで講義したように、「場面＝時・場所・人物の出入りで区別」でしたから、右の文中の緑でチェックした表現が「場面の転換」を示しています。

大きく場面がつかめたところで、次に「絹代さんの心理」を見ていきましょう。「心理A→B」と「心理C→D→E」の2つの変化がチェックできますね。

「心理A→B」は「自分の名前」に対する心理の変化です。かつては、友達から嫌なことを言われた「おどろおどろしい記憶」につながる嫌な名前だったのに、「墨の匂いを嗅いだ」ことによって、それが「なつかしさをともなう思い出にすりかわった」という変化です。

おどろおどろしい記憶
←
墨の匂いを嗅いだ
←
なつかしさをともなう思い出にすりかわった

心　事　心
B ← A

かつての記憶が「絹代さんの頭にまだこびりついている」とあるように、大人になっても忘れ難い、本当に嫌な思い出だったわけです。それが「墨の匂いを嗅いだとたん」に消えた。それほど「墨の匂い」は絹代さんの心を揺さぶったわけです。その「**墨の匂い**」は黄色でつないだように「**独特の匂い**
=甘やかなのになぜか命の絶えた生き物を連想させる不気味な匂い」でした。

※この黄色で結んだチェックは、傍線部から前に戻って「探した」という思考回路ではありません。そうではなくて、前から順に読んでいる時に「とりわけ絹代さんを惹きつけたのは」とあるんですから、「ここまで強調するってことはきっとポイントだろうな」と思っておく。そうして続きを読んでいくと、「墨の匂いを嗅いだとたん↓心理の変化」とあるので、「やっぱり『墨の匂い』はポイントだった！」とわかる、というふうに読んでいって下さい。

次に**「心理C↓D↓E」**を見ていきましょう。**絹代さんの「陽平さんに対する気持ち」の変化**です。「心理C↓D」は、先に説明した「墨の匂いを嗅いだことで嫌な思い出がなつかしいものにかわった」ということを陽平さんに話すと、陽平さんは真剣な顔でそれを肯定してくれた。そのことで「それまで意識していなかった陽平さんのことを↓あれこれと知りたいと思うようになった」という変化です。

> **心 C** 陽平さんのことを意識してはいなかった
> ↓
> **事** 陽平さんが、墨の匂いによって「嫌な思い出↓なつかしいもの」にかわったという話を真剣に肯定してくれた
> ↓
> **心 D** 陽平さんのことをあれこれと知りたくなった

「陽平さんのことを知りたい気持ちがどんどんふくらんで、押しとどめることができなくなった」とありますから、絹代さんは陽平さんのことをどんどん好きになっていったということですね。それは「アルバムを見ながら丁寧に説明してくれる陽平さんの顔を絹代さんが見つめている」という行動にも表れています。

その気持ちがさらに「固まった」のが「心理D↓E」の変化です。「好き↓気持ちが固まる（＝結婚しようと思う）」という変化です。

陽平さんのことが好き
↓
「絹への道」という書き初めでプロポーズしてくれた
↓
気持ちが固まった

心　事　心
D ――→ E

さて、以上で本文のポイントは明確になりましたから、設問を解いていくことにしましょう。
傍線部は、

傍線部D「有名な女優さんとおなじだねえと大人たちからいくら褒められても嬉しくなかった名前を、陽平さんは、あたたかい、人肌に触れるために生まれてきたなめらかな布地に、一瞬で変えてくれたのである」

でしたね。「名前に対する気持ち」が変わったんですから「心理A→B」、それは「陽平さんが変えてくれた」んだから「心理C→D→E」の両方がポイントです。選択肢を見ていきましょう。

まず、①と③は、変化後の「心理が大ボケ」で×です。変化後の心理は「気持ちが固まった＝陽平さんと結婚しようと決めた」ですが、いずれもその説明になっていません。

① 絹代という名前が美しい有名な女優と同じだと言われても、過去の嫌な記憶に結びつくので好きになれないでいたが、／**陽平さんが墨の由来とともに名前の意味を教えてくれ**、皆の前でシルクロードになぞらえた愛情告白をしてくれたため、／**温かい気持ちになっている。**

×

③ これまで好きになれなかった養蚕の記憶に結びついていた自分の名前が、／陽平さんの愛情告白を秘めた書き初めによって、／**悠久の歴史を想起させるシルクロードとも結びつくものだと気づき、これまでの人生を肯定的に受け入れることができるようになっている。**

×

①の「温かい気持ちになっている」は「陽平さんと結婚しようと決めた」ことの説明になっていません。さらに「事態部分」も「陽平さんが墨の由来とともに名前の意味を教えてくれ」が×ですね。自分の名前に対する思いが変わった「事態」は「陽平さんが肯定してくれたこと」であって、「名前の意味を教えてくれたこと」ではありません。

③も「これまでの人生を肯定的に受け入れることができるようになっている」では「陽平さんと結婚しようと決めた」ということの説明になっていません。さらに「これまでの人生」とありますが、絹代さんは「名前のことを良く思っていなかった」だけで、自分の「人生」を否定的に捉えていたのではありません。

残る②・④・⑤は、いずれも「気持ちが固まった＝結婚しようと決めた」の説明は○なのですが、④と⑤は**事態が×**です。

④は「陽平さんのまっすぐな生き方を知ることによって」という「事態」が×です。

> ④　かつては友達にからかわれた養蚕の記憶しかなかった自分の名前が、／**陽平さんのまっすぐな生き方を知ることによって**、／家族との温かい生活の思い出に結びつくものだと理解するようになり、**慕っていた陽平さんとともに生きていく喜びでいっぱいになっている。**
>
> ×

絹代さんが自分の名前を肯定的に受け止められるようになったのは、陽平さんが「絹代さんが感じたことは、ただしい、と思いますよ」と肯定してくれたことや、「書き初め」でプロポーズしてくれたことによってであって、「陽平さんの生き方を知った」からではありません。

同様に、⑤は「陽平さんの書道に対する姿勢にひかれることで」という「事態」が×です。

⑤ **陽平さんの書道に対する姿勢にひかれる**一方、墨の匂いでよみがえった自分の過去に思いをはせることで、ようやく自分の名前の意味を肯定的に受け止めることができるようになったので、**書き初めに託された陽平さんの愛情を受け入れようと決心している。**

×

絹代さんは、陽平さんが「絹代さんが感じたことは、ただしい、と思いますよ」と肯定してくれたことで「なぜだか急にひかれた」のであって、「書道に対する姿勢にひかれた」のではありません。

残る②は、きちんと先にまとめたポイントの説明になっています。

② **墨の匂いに関連した生き物の死と人間の営みとのつながりを教えてくれた陽平さんから、書き初めに託された愛情表現を受けたことで、**／**好きになれなかった名前とともに自分のことも肯定的に受け止められるようになり、陽平さんと一緒に生きていこうと考えている。**

「事態」も「心理の変化」もきちんと先にまとめたポイントに合致していますね。文句なしに〇です。

以上より、解答は②に決定します。

解答　問5　②

ほら、結局選択肢を切るポイントは「心理が大ボケ」と「事態が×」です。先に言ったように、やっぱりセンターの選択肢のポイントは「超シンプル」にできているんです。過去問題集の細かな説明に引きずられてポイントを見失ってはいけませんよ。そのことだけはしっかりと意識しておいて下さい。

問6

いよいよメインの「表現・叙述の問題」です。まずはいつも通り、与えられた「設問の条件」をしっかり見ます。

この文章における表現の特徴について説明したものとして適当なものを、次の①～⑥のうちから二つ選べ。ただし、解答の順序は問わない。

設問が「表現・叙述の問題」だとわかれば、あとはポイントは明確です。だって**「表現・叙述の問題」は「3つの着眼」で解決！**でしたね。覚えていますか？　353ページでまとめたポイントを使って、選択肢を見ていくことにしましょう。

まず③と④の選択肢は、「表現・叙述の問題の基本分析」通りに吟味できます。

③「おばちゃん、おばあちゃん、さよなら、と言って帰っていく」「触ってごらん、と言われるままに」などでは、かぎ括弧を用いずに会話の内容が示されることによって、現実感が生み出され、会話を発する人物が生き生きと描き出されている。

④「わざと大きな音をたてて降りてくる」「隣の畳の間に置いてあるテレビを見たりする」のように、回想の形で語られる中に現在形の表現が挿入されることによって臨場感が強められ、登場人物の心理状態と行動の結びつきが明示されている。

「表現技巧」と**「表現効果」**の関係を**チェック**していけば、比較的「はっきりと×ができる」んでしたね。

まず③ですが、

かぎ括弧をなくすと
↓
「リアル」になる
「人物が生き生きする」

という内容の選択肢です。例で考えれば一目瞭然ですが、

プレゼントをもらった彼女は「わあ、うれしい！」と微笑んだ
↓
プレゼントをもらった彼女は、わあ、うれしい！、と微笑んだ

かぎ括弧をなくしたからって「リアル」になったり「人物が生き生き」したりはしませんね。ですから×です。

次に④です。

回想に現在形を入れると　↓　「まるでその場にいるように感じる」「登場人物の心理と行動の結びつきがはっきりと示される」

という内容の選択肢です。これも例で考えれば一目瞭然ですが、

中学の時の僕は、とても内気だった。自分の思いをなかなか誰かに打ち明けられずに、ずっと心の中に抱えたままだった。そんな僕が、ある日サッカーを始める。その時から少しずつ、いろんなことが変わり始めた。

回想の中に現在形を入れても「まるでその場にいるように感じ」たり「心理と行動の関係が明示され」たりはしません。右の例でも「サッカーを始める」だけが現在形ですが、僕の心理と行動の結びつきが「はっきりとわかる」わけではありませんね。ですから×です。

次に①と⑥は、**「表現・叙述の問題のポイント②・③」**がバッチリ問われています。

①「鶏ガラみたいにほそい首筋」「まだ枕を話しているだけで本編に入っていない噺家みたいに座布団から垂直に頭がのびていて」のように、「陽平さん」の姿が比喩表現を用いて描写されることによって、「陽平さん」を見つめる「絹代さん」の特異な感性が強調されている。

⑥「陽平さん」「陽平先生」「絹代さん」など、人物同士がふだん呼び合っている名称や、「ひとりもあらわれなかった」「いささかひろすぎる」など、平仮名書きが多用されることによって、大人の世界に子どもの視点が導入され、物語が重層的に語られている。

①のポイントは「比喩」です。265ページでまとめたように、比喩は「本論→比喩」という着眼で「何を→何に」喩えているかを見るのが基本です。今回で言えば、

「陽平さんの細い首筋」を　→　「鶏ガラ」に喩えている
「陽平さんの垂直にのびた背筋」を　→　「噺家」に喩えている
〔本論〕　〔比喩〕

となります。「比喩」はあくまで「本論」を説明するためにある。ですから今回の「喩え」は、読者に「陽平さんの首筋の感じ」や「背筋ののび方」をイメージしてもらうために使われているのであって、①が説明しているように「絹代さんの感性」を説明するためにあるのではありません。ですから×です。

⑥のポイントは「視点」です。358ページでまとめたように、視点は「第一人称書き」か「第三人称書き」かを見るのが基本です。今回の小説は「第三人称書き」で、「絹代さん」の目線に寄りそって書かれていますね。ですから、⑥が説明している「大人の世界に子どもの視点が導入され」は×です。

最後に、残った②と⑤を見ておきましょう。

②「甘やかなのになぜか命の絶えた生き物を連想させるその不気味な匂い」「使いこんだ白い鹿革の手袋の、ところどころ穴があいたふうの表面の匂いとかさつく音」のように、感覚に訴える表現が多用されることによって、絹代さんの実感が巧みに表現されている。

⑤「はい、それはもう、うかがったうえで、やってきたんです」や「シルク、ロード、です、これが、ぼくの、今年の、抱負、です」のように、読点で区切りながら陽平さんの話し方が描写されることによって、その人物像が浮かび上がるように工夫されている。

②の「感覚に訴える表現」はそうと言えますし（はっきり×でなければ残します）、それが「絹代さんの実感を表している」も○です。

⑤の「陽平さんの話し方の描写」は、問題文の前半で「陽平さんの人物像」を表すために使われていたこととも合致しますので○です。

以上より、解答は②と⑤に決定します。

解答 問6 ②・⑤

苦手な人もこうやって見ていけば大丈夫でしょ？

着眼点は決まっていますから、しっかりトレーニングしていって下さいね！

conclusion

おわりに

さて、本書を終えてみてどうだったでしょうか？

「はじめに」にも書きましたが、この本には僕の考える「センター対策のエッセンス」を、紙面の許す限り書きました。だから1回で終わらせたりせず、2回、3回と繰り返して下さい。繰り返す度に、理解が深まるとともに、新たな発見があるはずです。

先日、ある生徒が落ち込んだ顔で僕を訪ねてきました。「理科が苦手で、どうしても成績が上がらないんです…」。彼はこう言います。「テキストは復習して内容は理解してます」「問題集で演習もしました」「それなのに上がらない」と。

僕は聞きました。「問題集は何回やったの？」。「項目にもよりますが、間違ったところは2回、解けたところは1回です」。なるほど。そりゃあそうです。それでは成績が上がるわけがありません。

勉強は「繰り返し」で成績が上がっていくものです。かつて、ある超難関国公立大の医学部に現役合格した女の子はこういいました。「私は『天才』なんかじゃないんです。K君みたいに、授業の復習をして、問題集を1回解いただけでできるようになるっていう子もいます。ああいう子はたしかに天才です。でも私、理科も数学も10回くらい繰り返して、やっとできるようになるんです。だから私は天才じゃありません」。僕は「はっ」としました。彼女はずっと全国模試の成績が1ケタ台だった子です。正直、そこまで繰り返しているとは思っていなかった。でも、彼女は「10回やって」その順位にいたんです。しかも彼女は、周りの友達も、成績がいい子はみんな「10回くらいはやっている」って言うんです。

苦しい時ほど笑って！
負けないで!! がんばれ!!!
谷

どうでしょう。みなさんは「天才の勉強法」にはなっていませんか？

才能がないんじゃない。繰り返しが足らないだけです。だからできないと嘆く前に、何度も繰り返す。5回やってダメなら10回やればいい。10回でだめなら15回やればいいんです。ぜったいにあきらめない。できるまでやる。それが夢を実現する秘訣です。

この本を繰り返す。そして、身につけた「技巧」で過去問を解く。センター現代文は、それで大丈夫です。

そして、できればセンター直前に、代ゼミで会いましょう。冬の講習会では、僕が作ったセンター予想問題の演習講義があります。何度も言ったように「模試とセンターは違う」。この本で講義したポイントを踏まえて、僕が予想問題を作っています。是非受講しにきて下さい。

教室に来る時には、この『きめる！』を忘れずに。繰り返しやった本を君が持ってきてくれたら、これほど嬉しいことはありません。楽しみに待っています!!

自分の目標に向かって。みんな、がんばってね!!

船口　明
Akira Funaguchi

著者近影
（あまりに似ていると言われるので愛息の写真にしてみました・笑）

代々木ゼミナール講師。大阪出身。若手人気講師だったときに、本書初版『きめる！センター現代文』の超ヒットで一躍全国スターへ。中堅トップとなった現在も従来の「受験現代文」のイメージを覆すその講義は、絶大な支持を集める。モットーは「技術に走るな、本質をつかめ！」。

著書に本書の演習編、『演習編　きめる！センター国語現代文』、『ゼロから読み解く最強の現代文』（以上学研）のほか、『船口の現代文〈読〉と〈解〉のストラテジー』（代々木ライブラリー）などがある。

STAFF

ブックデザイン	しまりすデザインセンター 石松あや　石川愛子
本文イラスト	石川恭子
編集協力	株式会社 群企画（﨑元理恵）
	宮崎史子
	株式会社 U-Tee（川端野乃子　森紫苑）
データ作成	株式会社 四国写研
印刷所	株式会社 廣済堂

本書の例題１～11は、センター試験の本試験を一部抜粋し、掲載しています。

別冊 きめる! センター

JAPANESE

現代文

語句・漢字ドリル

この別冊は取り外せます。矢印の方向にゆっくり引っぱってください。

Gakken

漢字編

★ 1990 年から 2014 年までのセンター試験の漢字問題を収録しています。
★ 各傍線部に相当する漢字を含むものを選択肢から選ぶ問題です。
★ 必要に応じて文章を補うなど、改題を行っています。

2014年度 本試験

答えは4ページ

(ア) **ボウヨみする**
①生活がキュウボウする　②お調子者にツウボウを食らわす
③人口のボウチョウを抑える政策
④ムボウな計画を批判する　⑤国家のソンボウにかかわる

(イ) **地位をシめる**
①センパクな言動に閉口する
②新人選手がセンプウを巻き起こす
③建物が違法にセンキョされる　④法廷で刑がセンコクされる
⑤センザイ的な需要を掘り起こす

(ウ) **武士がグンコウを競う**
①つまらないことにコウデイする　②彼の意見にはシュコウできない　③出来のコウセツは問わない　④コウザイ相半ばする　⑤ごつごつしてセイコウな文章

(エ) **確認がヨウイになる**
①事のケイイを説明する　②カンイな手続きで済ませる
③イサンを相続する　④イダイな人物の伝記
⑤イサイは面談で伝える

(オ) **意識が生まれるケイキになる**
①ケイコウとなるも牛後となるなかれ　②リサイクル活動をケイハツする　③これまでのケイヤクを見直す　④豊かな自然のオンケイを受ける　⑤経済の動向にケイショウを鳴らす

2014年度 追試験

答えは4ページ

(ア) **闘いをイドむ**
①世のフウチョウを憂える　②高原のセイチョウな空気
③チョウバツを加える　④不吉なことが起きるゼンチョウ
⑤対戦相手をチョウハツする

(イ) **覚醒《かくせい》をウナガす**
①対応がセッソクに過ぎる　②スイソクの域を出ない
③原稿をサイソクされる　④体育でソクテンを練習する
⑤ショウソクを尋ねる

(ウ) **ツイキュウし撃破する**
①庭にキュウコンを植える　②においをキュウチャクさせる
③不安が全体にハキュウする　④フキュウの名作を読む
⑤会議がフンキュウする

(エ) **人々がドレイになる**
①ヒレイな行為をとがめる　②レイミョウな響きに包まれる
③安全運転をレイコウする　④バレイを重ねる
⑤封建領主にレイゾクする

(オ) **戦争のテイセンを決断する**
①記念品をシンテイする　②条約をテイケツする
③梅雨前線がテイタイする　④国際平和をテイショウする
⑤敵の動向をテイサツする

答え　26ページの問題
1990年度　本　(ア)⑤　(イ)②　(ウ)②　(エ)③　(オ)①　　追　(ア)②　(イ)⑤　(ウ)④　(エ)①　(オ)②

2013年度 本試験

答えは5ページ

(ア) ドウリョウや親族
①若手のカンリョウ ②チリョウに専念する
③荷物をジュリョウする ④なだらかなキュウリョウ
⑤セイリョウな空気

(イ) クウバクとした問題
①他人にソクバクされる ②冗談にバクショウする
③サバクを歩く ④江戸にバクフを開く
⑤バクガトウを分解する

(ウ) 琵琶《びわ》のバンソウが鳴っている
①家族ドウハンで旅をする ②ハンカガイを歩く
③資材をハンニュウする ④見本品をハンプする
⑤著書がジュウハンされる

(エ) クウソな自由に転落する
①ソエンな間柄になる ②ソゼイ制度を見直す
③緊急のソチをとる ④被害の拡大をソシする
⑤美術館でソゾウを見る

(オ) 神社はシンカンとしている
①証人をカンモンする ②規制をカンワする
③ユウカンな行為をたたえる ④勝利にカンキする
⑤広場はカンサンとしている

2013年度 追試験

答えは5ページ

(ア) 神が万物をソウゾウする
①ソウギョウ二百年の名店 ②ソウギに参列する
③渋滞にソウグウする ④ソウドウを引き起こす
⑤気力をソウシツする

(イ) 地球上にトウライする
①アイトウの意を示す ②計画をトウケツする
③トウテイ納得できない ④組織をトウギョする
⑤トウシがみなぎる

(ウ) 夜空をカザる星々
①同窓生とカイショクする ②微生物がゾウショクする
③市場調査をイショクする ④キョショクのない表現
⑤ショクセキを果たす

(エ) 闇をサける
①条約をヒジュンする ②ヒニクな見方
③責任者をヒメンする ④新作をヒロウする
⑤戦争をキヒする

(オ) 威力をハッキする
①キセイの価値観 ②控訴をキキャクする
③キチョウな文化遺産 ④キバツな考え方
⑤ガソリンがキハツする

答え 25ページの問題

1991年度 本 (ア)③ (イ)① (ウ)② (エ)④ (オ)② 追 (ア)④ (イ)② (ウ)③ (エ)⑤ (オ)①

2012年度 本試験

答えは6ページ

(ア) 競争相手をクチクする

①資料をチクセキする　②ボクチク業を始める
③経過をチクジ報告する　④彼とはチクバの友だ
⑤独自の理論をコウチクする

(イ) 栄養をセッシュする

①セツレツな文章　②自然のセツリに従う
③試合に勝ってセツジョクを果たす
④訪問者にオウセツする　⑤クッセツした思いをいだく

(ウ) 無意識にシュウカンがついている

①勝利にカンキする　②国境線をカンシする
③けが人をカンゴする　④血液のジュンカン
⑤今までのカンレイに従う

(エ) 環境とのセッショウ

①依頼をショウダクする　②事実をショウサイに調べる
③意見がショウトツする　④外国とコウショウする
⑤作業工程のショウリョク化をはかる

(オ) 説明しツくせない

①ジンソクに対処する　②テキジンに攻め入る
③損害はジンダイだ　④ジンジョウな方法では解決しない
⑤地域の発展にジンリョクする

2012年度 追試験

答えは6ページ

(ア) コウフンする

①不正行為にフンガイする　②火山がフンカする
③孤軍フントウする　④フンソウを解決する
⑤岩石をフンサイする

(イ) 影響をコウムる

①モクヒ権を行使する　②心身がヒヘイする
③ヒルイのない才能を持つ　④裁判のヒコクになる
⑤ヒヤク的に発展する

(ウ) 心がコウヨウする

①カンヨウにふるまう　②国旗をケイヨウする
③キョウヨウを身につける　④心のドウヨウをおさえる
⑤文章の内容をヨウヤクする

(エ) レンサをなす

①道路をフウサする　②円高でサエキを得る
③犯罪のソウサに協力する　④議長をホサする
⑤経歴をサショウする

(オ) サッカクする

①サクイの跡が見える　②サクボウをめぐらす
③書物にサクインをつける　④時代サクゴの考えを持つ
⑤予算をサクゲンする

答え　2ページの問題
2014年度　本　(ア)②　(イ)③　(ウ)④　(エ)②　(オ)③　　追　(ア)⑤　(イ)③　(ウ)③　(エ)⑤　(オ)③

2011年度 本試験

答えは7ページ

(ア) 和室の居間でのキョソ
①教科書にジュンキョする ②キョシュウを明らかにする
③トッキョを申請する ④キョジツが入り混じる
⑤ボウキョに出る

(イ) 物質のカタマリ
①疑問がヒョウカイする ②キカイな現象
③カイモク見当がつかない ④ダンカイの世代
⑤カイコ趣味にひたる

(ウ) 雑草の生えたサラチ
①セイコウウドクの生活 ②大臣をコウテツする
③コウキュウテキな対策 ④技術者をコウグウする
⑤キョウコウに主張する

(エ) 空間にジュウマンする
①ジュウコウを向ける ②ジュウナンに対応する
③他人にツイジュウする ④施設をカクジュウする
⑤ジュウオウに活躍する

(オ) カケイボをつける
①ゲンボと照合する ②世界的なキボ
③亡母をシボする ④懸賞にオウボする
⑤ボヒメイを読む

2011年度 追試験

答えは7ページ

(ア) スイタイする
①桜が芽をフく ②任務をトげる
③クラス委員にオす ④勢いがオトロえる
⑤しずくがタれる

(イ) キタえぬかれた肉体
①ダイタンにふるまう ②水源をタンサクする
③タンショを開く ④タンレンを積む
⑤タンネンに調べる

(ウ) 体をシめ付ける
①テイケンのない人 ②ボウハテイを築く
③在庫品がフッテイする ④記念品をキンテイする
⑤条約をテイケツする

(エ) イリョウ技術の発達
①アラリョウジをする ②シュリョウを禁止する
③イットウリョウダンにする ④観客をミリョウする
⑤サイリョウに任せる

(オ) 境界領域がユウカイしつつある
①ユウチョウに構える ②ユウヨを与える
③ユウベンに語る ④企業をユウチする
⑤ユウズウをきかせる

答え 3ページの問題

2013年度 本 (ア)① (イ)③ (ウ)① (エ)① (オ)⑤ 追 (ア)① (イ)③ (ウ)④ (エ)⑤ (オ)⑤

2010年度 本試験

答えは8ページ

(ア) チクセキする
①ゾウチクしたばかりの家 ②原文からのチクゴヤク
③ガンチクのある言葉 ④チクバの友との再会
⑤農耕とボクチクの歴史

(イ) 相互フジョ
①家族をフヨウする ②遠方にフニンする
③フセキを打つ ④免許証をコウフする
⑤フソクの事態に備える

(ウ) 農村に人口がタイリュウする
①作業がトドコオる ②義務をオコタる
③口座から振りカえる ④苦難にタえる
⑤フクロの中に入れる

(エ) ジュウジする
①ジュウソク感を得る ②フクジュウを強いられる
③アンジュウの地を探す ④列島をジュウダンする
⑤ユウジュウフダンな態度

(オ) コカツする
①経済にカツリョクを与える ②勝利をカツボウする
③大声でイッカツする ④説明をカツアイする
⑤ホウカツ的な議論を行う

2010年度 追試験

答えは8ページ

(ア) ヒシャタイ
①ヒサイチを見舞う ②議案のカヒを問う
③情報をヒトクする ④ヒソウセンパクな考え方
⑤ヒジョウ事態を宣言する

(イ) ジンソクな対応
①仏道にショウジンする ②ジンゴに落ちない
③フンジンの活躍 ④ジンダイな影響
⑤ジンヨウを整える

(ウ) ゾウショクする
①ゴショクを訂正する ②魚をヨウショクする
③キショクマンメンの笑み ④イショク足りて礼節を知る
⑤ソウショク過多な建築

(エ) ヨギなくされる
①概念をテイギする ②モギ試験を受ける
③丁寧におジギをする ④エンギをかつぐ
⑤ケンギをかけられる

(オ) シッコウニン
①モウシュウにとらわれる ②キョシュウを明らかにする
③家業をセシュウする ④古い校舎をカイシュウする
⑤シュウシュウがつかない

答え 4ページの問題

2012年度 本 (ア)③ (イ)② (ウ)⑤ (エ)③ (オ)⑤ 追 (ア)③ (イ)④ (ウ)② (エ)① (オ)④

2009年度 本試験

答えは9ページ

(ア) コウジョウ的な不安
①コウレイのもちつき大会を開く
②社会の進歩にコウケンする ③地域シンコウの対策を考える
④キンコウ状態が破られる ⑤病気がショウコウを保つ

(イ) 仮名を漢字にヘンカンする
①カンユウをきっぱり断る ②カンダイな処置を期待する
③古い美術品の価値をカンテイする
④宇宙から無事にキカンする ⑤部屋のカンキを心がける

(ウ) 財産のタカ
①ゴウカな食事を満喫した ②筋肉に少しずつフカをかける
③カモクな人が珍しく発言した ④カモツを載せて走行する
⑤カブンな賛辞に恐縮する

(エ) モウゼンと迫る
①建物がモウカに包まれる ②モウソウにふける傾向がある
③すべての可能性をモウラする ④出場できてホンモウだ
⑤体力をショウモウする

(オ) 敵と味方がコウサクする
①サクジツの失敗を反省する ②サクイ的に文章を改変する
③冒頭の一文をサクジョする ④事典のサクインを活用する
⑤試行サクゴを経て成功する

2009年度 追試験

答えは9ページ

(ア) 伝統をシュゴする
①新しいゴラク施設ができる ②ソウゴ理解が深まる
③事実ゴニンの疑いがある ④ゴシン術を会得する
⑤立ち向かうカクゴを決める

(イ) 一つの捉え方にキテイされる
①キセイ概念に縛られる ②シンキ一転を心に誓う
③セイキの手続きを経る ④物価のトウキに苦しむ
⑤高速道路がブンキする

(ウ) タンを発する
①ダイタンな改革を実行する ②セイタン百年祭を挙行する
③キョクタンな意見を述べる ④タントウ直入に質問をする
⑤タンニンの先生に相談する

(エ) 長い間にツチカわれる
①顕微鏡のバイリツを上げる ②研究用に細菌をバイヨウする
③新聞というバイタイを利用する
④国際会議にバイセキする ⑤コウバイ意欲をかきたてる

(オ) 思想がヒソんでいる
①文壇にセンプウを巻き起こす
②大気オセンの問題に取り組む ③セッセンの末に引き分ける
④センザイ的な能力を引き出す
⑤センイ質の豊富な野菜を食べる

答え 5ページの問題

2011年度 本 (ア)⑤ (イ)④ (ウ)② (エ)④ (オ)① 追 (ア)④ (イ)④ (ウ)⑤ (エ)① (オ)⑤

2008年度 本試験

答えは10ページ

(ア) ソウチを開発する
①直ちにソウサク隊を出す ②大きなソウドウを引き起こす
③鍛練でソウケンな身体をつくる
④面接でのフクソウに気をつかう
⑤古いチソウから化石を採る

(イ) ハクシャをかける
①ハクリョクに欠ける ②ハクジョウな態度をとる
③ハクシュを送る ④ハクシキを誇る
⑤ハクジョウさせられる

(ウ) ハイジョする
①すぐれた人材がハイシュツする
②少数意見をハイセキしない ③フハイした社会を浄化したい
④ハイシン行為の責任を問う ⑤優勝してシュクハイをあげる

(エ) フみしめる
①仮面ブトウ会を開く ②改正案をケントウする
③注文がサットウする ④路面がトウケツする
⑤旅先でトウナンにあう

(オ) 時間的なヨウソを含む
①ソセンを敬う ②ソゼイを課す
③ソボクな人柄 ④人間関係がソエンになる
⑤ついにソショウを起こす

2008年度 追試験

答えは10ページ

(ア) シンヨウジュ
①シンセイ書を提出する ②シンショウ棒大に表現する
③シンサンをなめる ④シンカイ魚を調査する
⑤シンラ万象を解きあかす

(イ) ヒマン
①ヒヨウがかさむ ②畑にヒリョウをまく
③ヒナン勧告を出す ④隠し芸をヒロウする
⑤自分をヒゲする

(ウ) 時代のシチョウを読む
①富士山トウチョウをめざす
②職人のわざをチンチョウする ③道路をカクチョウする
④悪いフウチョウが広まる ⑤裁判をボウチョウする

(エ) コンキョがない
①キョテンが移される ②キョダクを得る
③キョシュウが注目される ④キョシュを求める
⑤キョセイを張る

(オ) タイケイづける
①現場からチュウケイする ②イッケイを案ずる
③重いケイバツを科する ④一族のケイズをたどる
⑤ゼッケイに見とれる

答え 6ページの問題

2010年度 本 (ア)③ (イ)① (ウ)① (エ)② (オ)② 追 (ア)① (イ)③ (ウ)② (エ)③ (オ)①

2007年度 本試験

答えは11ページ

(ア) キネンをこめる
①必勝をキガンする ②投票をキケンする
③運動会のキバ戦 ④開会式のキシュをつとめる
⑤仕事がキドウにのる

(イ) キネンヒ的な造型
①ヒガイを食い止める ②ヒキンな例を取り上げる
③委員長をヒメンする ④ヒブンを刻む
⑤国家がヒヘイする

(ウ) 自然をセイフクする
①時間をギセイにする ②日程をチョウセイする
③敵にセンセイ攻撃を加える ④イッセイに開花する
⑤海外エンセイを取り止める

(エ) 壊れやすくクちやすい
①真相をキュウメイする ②試験にキュウダイする
③カイキュウ差別をなくす ④問題がフンキュウする
⑤フキュウの名作

(オ) バイカイとする
①野菜をサイバイする ②バイショウ責任を求める
③実験にショクバイを用いる ④バイシン員に選ばれる
⑤興味がバイカする

2007年度 追試験

答えは11ページ

(ア) カクトクする
①畑の麦をシュウカクする ②敵をイカクして攻撃する
③政治カイカクに着手する ④ここはホカク禁止区域だ
⑤イベントをキカクする

(イ) 新たな概念をテイキする
①論理のゼンテイとする ②テイネイに説明する
③条約をテイケツする ④誤字をテイセイする
⑤強固なテイボウを築く

(ウ) 注意をカンキする
①カンマンな動きをする ②地震で土地がカンボツする
③裁判で証人をショウカンする
④ゲンカンの土地で暮らす ⑤サークルにカンユウする

(エ) 子宮の中のタイジ
①新時代のタイドウを感じる ②国家のアンタイを願う
③チンタイ住宅に住む ④犯人をタイホする
⑤タイレツを組んで進む

(オ) 過度にジョウチョウで効率が悪い
①ジョウブな体を作る ②ジョウダンで笑う
③自意識カジョウになる ④大幅にジョウホする
⑤液体をジョウリュウする

答え 7ページの問題
2009年度 本 (ア)① (イ)⑤ (ウ)③ (エ)① (オ)⑤ 追 (ア)④ (イ)③ (ウ)③ (エ)② (オ)④

2006年度 本試験

答えは12ページ

(ア) ヘダてる

①カクシキを重んじる ②エンカク地に赴任する
③問題のカクシンを突く ④選挙制度をカイカクする
⑤去年のデータとヒカクする

(イ) カイザイする

①農地をカイリョウする ②不動産売買のチュウカイ
③カイカツな性格 ④過去をカイソウする
⑤カイケイを受け持つ

(ウ) 社会にカンゲンする

①ヤッカンに同意する ②伯父は今年カンレキを迎える
③カンセイな住宅街に住む ④首尾イッカンした意見
⑤生活カンキョウを整える

(エ) 心にキザむ

①逆境をコクフクする ②稲をダッコクする
③投票日をコクジする ④約束のコクゲンが迫る
⑤ゴヒャッコク取りの武士

(オ) ソクメンを持つ

①提出書類をサイソクする ②ソクザに答える
③キソクを尊重する ④道路のソクリョウを行う
⑤ビルのソクヘキを補強する

2006年度 追試験

答えは12ページ

(ア) 展覧会をカイサイする

①眠気をモヨオす ②ワザワいをもたらす
③波がクダける ④罪のサバきを受ける
⑤食卓をイロドる

(イ) 椅子《いす》にシバり付ける

①クウバクたる議論 ②バクシュウの頃《ころ》
③ジジョウジバクの苦しみ ④バクシン地に立つ
⑤機密をバクロする

(ウ) リフジン

①ジンソクに行動する ②復興にジンリョクする
③ジンリンに反する ④社長がタイジンする
⑤ジンツウリキを発揮する

(エ) 身を挺《てい》してヨウゴする

①チュウヨウの道を説く ②武器のショヨウを禁じる
③候補をヨウリツする ④失敗をヨウニンする
⑤内心のドウヨウを隠す

(オ) 堂々巡りにオチイる

①イカンの意を表する ②カンゼンと戦う
③上司のカンシンを買う ④地盤がカンラクする
⑤トッカン工事をする

答え 8ページの問題
2008年度 本 (ア)④ (イ)③ (ウ)② (エ)① (オ)③ 追 (ア)② (イ)② (ウ)④ (エ)① (オ)④

2005年度 本試験

答えは13ページ

(ア) 忘我的なトウスイがかき消える

①飛行機のトウジョウ券　②議論がフットウする
③トウベンを求められる　④亡き人をアイトウする
⑤恩師からクントウを受ける

(イ) ボウギャクぶりが鮮明になる

①株価がボウラクする　②ムボウな登山を試みる
③安眠をボウガイされる　④ボウセンに努める
⑤酸素がケツボウする

(ウ) 美しさに魅せられゲンワクされる

①ゴミのゲンリョウに努める　②ジョウゲンの月を眺める
③ヘンゲン自在に出没する　④能のユウゲンな世界に接する
⑤ゲンセイに処分する

(エ) 観客の眼をアザムく

①キョギの申告を罰する　②ギタイ語を多用する
③ギシン暗鬼の念　④悪質なサギ行為
⑤ギフンに駆られる

(オ) 集客にフシンする

①フオンな空気が漂う　②新たなフニン地に慣れる
③家族をフヨウする　④組織のフハイが進む
⑤キュウフ金が増額される

2005年度 追試験

答えは13ページ

(ア) フゾクする

①小説のゾクヘンを読む　②風土やシュウゾクの調査をする
③トウゾクの首領を捕らえる　④物質のゾクセイを調べる
⑤イチゾクの歴史をまとめる

(イ) アッパクされる

①知人からハクライの品をもらう　②全国をヒョウハクした詩人
③観衆の大きなハクシュで迎えられる
④友達に悩みをコクハクする　⑤ハクリョクある映像を見せる

(ウ) 言いかえる

①注意をカンキする　②政策をヘンカンする
③授業をサンカンする　④イッカンした態度を保つ
⑤部屋がカンソウする

(エ) ゾウオを感じる

①アイゾウの入り交じった思い　②花束をゾウテイする
③ソセイランゾウされる商品
④おだてられてゾウチョウする　⑤アッコウゾウゴンは慎む

(オ) ジュンカンする

①サーカスが地方をジュンギョウする
②シツジュンな環境を好む動物　③雨で運動会がジュンエンとなる
④ジュンアイを描いたドラマを見る
⑤消極的でインジュンなやり方

答え　9ページの問題

2007年度　本　(ア)①　(イ)④　(ウ)⑤　(エ)⑤　(オ)③　　追　(ア)④　(イ)①　(ウ)③　(エ)①　(オ)②

2004年度 本試験
答えは14ページ

(ア) クチクする
①チクイチ報告する ②家屋をゾウチクする
③チクサン業に従事する ④ハチクの勢い
⑤チョチクを奨励する

(イ) ケンメイに書き続ける
①鉄棒でケンスイをする ②生命ホケンに入る
③社員をハケンする ④ケンシン的に看病する
⑤昼夜ケンコウで働く

(ウ) カコクな運命
①深山ユウコクに分け入る ②図をコクメイに描く
③イッコクを争う ④肉体をコクシする
⑤豊かなコクソウ地帯

(エ) センサイな音楽
①選手センセイをする ②左方向にセンカイする
③シンセンな魚介類 ④ガスのモトセンをしめる
⑤食物センイを摂取する

(オ) 効果をハッキする
①キジョウの空論 ②キを一にする
③オーケストラをシキする ④コッキを掲揚する
⑤キに乗じる

2004年度 追試験
答えは14ページ

(ア) シサに富む
①次々にレンサ反応がおこる ②社長のホサとして活躍する
③人の趣味はセンサバンベツである
④交番でジュンサに道を尋ねる ⑤犯罪をキョウサしてはいけない

(イ) 先例にイキョする
①キョム的な思想に興味をもつ ②キョマンの富を手にする
③後任の監督としてスイキョされる
④東京を営業活動のキョテンとする
⑤新しい発明のトッキョをとる

(ウ) フまえる
①トウトツな質問に手こずる ②シュウトウに計画をねる
③トウテツした論理を示す ④全員の意見をトウカツする
⑤先例をトウシュウする

(エ) キンシツな製品
①火気はゲンキンである ②キンコツたくましい運動選手
③キンセイのとれた姿 ④二つの国はキンミツな関係にある
⑤学校でカイキン賞をもらう

(オ) ケントウを重ねる
①ようやくケンアンが解決される ②周囲の期待をソウケンに担う
③交通事故の発生ケンスウを調べる
④ブンケンを参考にして研究する ⑤病原菌をケンシュツする

答え 10ページの問題
2006年度 本 (ア)② (イ)② (ウ)② (エ)④ (オ)⑤ 追 (ア)① (イ)③ (ウ)② (エ)③ (オ)④

2003年度 本試験
答えは15ページ

(ア) ダイジョウブ
①胃腸薬をジョウビする ②ガンジョウな家を建てる
③ジョウダンで人を笑わせる
④所有権を他人にジョウトする ⑤厳重にセジョウする

(イ) カイソウのなかでの位置
①事件にカイニュウする ②疑問がヒョウカイする
③ケイカイなフットワーク ④チョウカイ処分が下る
⑤らせん状のカイダン

(ウ) ナガめる
①セイチョウな秋の空 ②年度予算がボウチョウする
③眼下のチョウボウを楽しむ ④チョウリ場の衛生管理
⑤会場いっぱいのチョウシュウ

(エ) 組みカえる
①仕事のタイマンをしかられる ②吹雪の中のタイカン訓練
③フタイテンの決意をする ④破損した商品のダイタイ物
⑤梅雨前線がテイタイする

(オ) 創造活動のゲンセン
①知識のイズミである書物 ②悪事に手をソめる
③アサセで遊ぶ ④海にモグる
⑤候補者としてススめる

2003年度 追試験
答えは15ページ

(ア) 養分をセッシュする
①大自然のセツリ ②クッセツ率を計算する
③ヨウセツ工場で働く ④セツレツな文章
⑤セッドある振る舞い

(イ) 川やミズウミ
①山水画のコタンな風景 ②監督が選手をコブする
③乗組員をテンコする ④血液がギョウコする
⑤コショウの生物を採集する

(ウ) カワきをいやす
①キョウカツの容疑で逮捕される
②エンカツに会議を運営する ③平和をカツボウする
④新天地にカツロを開く ⑤内容をガイカツする

(エ) 生命がタンジョウする
①作品をタンネンに仕上げる
②作家のセイタンの地をたずねる ③ダイタンな行動をとる
④悲しみのタンソクをもらす ⑤タンセイな顔立ちの少年

(オ) 意義はハカりしれない
①ニソクサンモンの価値もない
②新しい事業をソクシンさせる ③ヘンソク的な動詞の活用
④オクソクにもとづく報道 ⑤イッショクソクハツの状態

答え 11ページの問題
2005年度 本 (ア)⑤ (イ)① (ウ)③ (エ)④ (オ)④ 追 (ア)④ (イ)⑤ (ウ)② (エ)① (オ)⑤

2002年度 本試験

答えは16ページ

(ア) ことばがケイ統的に発生する

①ケイチョウに値する意見　②ケイリュウで釣りを楽しむ
③事のケイイを説明する　④友人にケイハツされる
⑤近代日本文学のケイフ

(イ) リン場する

①ジンリンにもとる　②高層ビルがリンリツする
③タイリンの花を咲かせる　④リンキ応変に対応する
⑤キンリンの国々

(ウ) ナマリ色の空

①雨天によるジュンエン　②のどにエンショウが起きる
③エンコを頼る　④アエンの含有量
⑤コウエンな理想

(エ) ツムぎ出す

①針小ボウダイに言う　②仕事にボウサツされる
③流行性のカンボウ　④理科のカイボウ実験
⑤綿とウールのコンボウ

(オ) シバられる

①景気回復のキバク剤　②真相をバクロする
③首謀者をホバクする　④バクゼンとした印象
⑤バクガ飲料を飲む

2002年度 追試験

答えは16ページ

(ア) 急いでカけていく

①クモツをささげる　②害虫のクジョ
③旅費をクメンする　④クドクを施す
⑤悪戦クトウの成果

(イ) イデン学的に共通する

①イシツブツ係を訪ねる　②激動の明治イシン
③イダイな業績　④生徒のイモン活動
⑤インフルエンザのモウイ

(ウ) 一卵性ソウセイジ

①避暑でサンソウに行く　②ソウシャ一掃の一打
③ソウベツの辞　④天下ムソウの怪力
⑤カツダンソウが動く

(エ) キソ的な違い

①暴挙をソシする　②新しいソゼイ法
③建物のソセキをすえる　④ソジョウを提出する
⑤ヘイソの心がけ

(オ) ヨウチエン

①グチをこぼす　②チジョクを感じる
③開始時間のチエン　④病がチユする
⑤チセツな表現

答え　12ページの問題

2004年度　本　(ア)①　(イ)①　(ウ)④　(エ)⑤　(オ)③　　追　(ア)⑤　(イ)④　(ウ)⑤　(エ)③　(オ)⑤

2001年度 本試験 答えは17ページ

(ア) **コンカンをなす**
①箱根のセキを越える ②太いミキを切る
③キモに銘ずる ④入会をススめる
⑤水がクダを通る

(イ) **家をコウニュウする**
①コウキ粛正を徹底する ②コウセツを問わない
③山がコウヨウする ④新聞をコウドクする
⑤日本カイコウを調べる

(ウ) **お金が目的の守銭奴にダす**
①ダミンをむさぼる ②努力はムダにならない
③川がダコウする ④ダラクした空気
⑤ダケツ案を提示する

(エ) **逸脱し、トウサクする**
①夢と現実がコウサクする ②陰でカクサクする
③文章をテンサクする ④辞書のサクイン
⑤空気をアッサクする

(オ) **イゼンとして**
①イリョクを発揮する ②アンイな考え
③現状をイジする ④法律にイキョする
⑤事のケイイを説明する

2001年度 追試験 答えは17ページ

(ア) **こんなカンタンなことはない**
①カンサンとした山里 ②カンシュウにしたがう
③行事をカンソにする ④カカンな行動
⑤初志カンテツ

(イ) **クウキョ**
①キョギの証言 ②キョダクを得る
③キョドウに注意する ④キョマンの富
⑤キョシュウを決めかねる

(ウ) **アヤマりをおかす**
①ソウゴに助け合う ②事実をゴニンする
③人権をヨウゴする ④イゴを楽しむ
⑤カクゴを決める

(エ) **おびる**
①ニンタイ強い性格 ②道路がジュウタイする
③タイダな生活 ④教室でタイキする
⑤ネッタイの植物

(オ) **ヒカえる**
①コウダイに名を残す ②社会にコウケンする
③身柄をコウソクする ④経費をコウジョする
⑤任務をスイコウする

答え 13ページの問題
2003年度 本 (ア)② (イ)⑤ (ウ)③ (エ)④ (オ)① 追 (ア)① (イ)⑤ (ウ)③ (エ)② (オ)④

答えは18ページ

(ア) タンを発する

①タンテキな表現　②タンネンに調べる
③心身をタンレンする　④真理をタンキュウする
⑤セイタン百年を祝う

(イ) 論文をシッピツする

①名誉をウシナう　②シメった空気
③政務をトる　④ウルシ塗りの盆
⑤氷をムロから出す

(ウ) 音をバイカイとするコミュニケーション

①原野をカイコンする　②責任をカイヒする
③病気がカイユする　④ユウカイ事件が起きる
⑤親身にカイゴする

(エ) ケンチョ

①ケンアクな雰囲気だ　②ケンジツに生きる
③ケンシン的に仕える　④ケンビ鏡で見る
⑤費用をケンヤクする

(オ) チョウコクを達成する

①悩みはシンコクだ　②筆跡がコクジしている
③コクメイな日記をつける　④裁判所にコクソする
⑤コクドを開発する

答えは18ページ

(ア) 流行のヘンセン

①空気がオセンされる　②よい図書をスイセンする
③平安京にセントする　④センサイな感性
⑤仕事をシュウセンする

(イ) ジョジ詩

①ジョレツをつける　②車でジョコウする
③汚れをジョキョする　④秋のジョクン
⑤トツジョとして消える

(ウ) カクチョウする

①カクシキをととのえる　②核カクサンの防止
③うらでカクサクする　④ヘンカク期の国情
⑤成功をカクシンする

(エ) ソッキョウ演奏

①ムネを熱くする　②国と国のサカイ
③技をキソう　④しおりをハサむ
⑤新たにオコる国

(オ) カンタンする

①責任をニナう　②アワい恋心
③青春はミジカい　④ナゲかわしい風潮
⑤体をキタえる

答え　14ページの問題

2002年度　本　(ア)⑤　(イ)④　(ウ)④　(エ)⑤　(オ)③　　追　(ア)②　(イ)①　(ウ)④　(エ)③　(オ)⑤

1999年度 本試験

答えは19ページ

(ア) トラブルを起こすインになる

①田舎にヒきこもる ②冷たい水をノむ
③月が雲にカクれる ④失敗は不注意にヨる
⑤登頂のシルシを残す

(イ) 木のシュカン部分

①クダを通す ②初志をツラヌく
③キモがすわっている ④シャツがカワく
⑤ミキが太い

(ウ) エイエイとはたらく

①河原でヤエイをする ②エイリな頭脳の持ち主
③エイダンをくだす ④勝利のエイカンを得る
⑤エイセイ的な調理場

(エ) リフジン

①道をタズねる ②ハナハだしい誤解をする
③苦しいときのカミ頼み ④多くのヒトに会う
⑤話の種がツきる

(オ) ボウリョクを振るう

①独創性にトボしい ②秘密をアバく
③進行をサマタげる ④今日はイソがしい
⑤危険をオカす

1999年度 追試験

答えは19ページ

(ア) ソセンたち

①ソシキの一員 ②中興のソ
③ソリャクに扱う ④ケンソな山
⑤ソゼイを納める

(イ) シンコクな問題

①大事を前に言動をツツシむ ②思い出にヒタる
③家族同士でシタしくする ④ツラい経験をする
⑤フカい霧が立ちこめる

(ウ) スんだ空気

①チョウメイな月の光 ②ピアノのチョウリツ
③チョウボウを楽しむ ④ソウチョウに散歩する
⑤時代のチョウリュウに乗る

(エ) 時代のセンタンをいく

①重い荷物をカツぐ ②駅で知人をサガす
③毎日体をキタえる ④筆箱を机のハシに置く
⑤アワい色の服を着る

(オ) フユウする

①サソいあって出掛ける ②自然の中でアソぶ
③人にスグれた能力を持つ ④イサみたって試合に臨む
⑤青春のウレいに沈む

答え 15ページの問題

2001年度 本 (ア)② (イ)④ (ウ)④ (エ)① (オ)④ 追 (ア)③ (イ)① (ウ)② (エ)⑤ (オ)④

1998年度 本試験

答えは20ページ

(ア) 大ハンを占める
①大きく胸をソらす ②仕事ぶりがイタに付く
③思いナカばに過ぎる ④オカした罪をつぐなう
⑤ヨットのホを張る

(イ) ソク縛する
①タりないところを補う ②人々の参加をウナがす
③誕生日に花タバを贈る ④お互いのイキが合う
⑤情報がスミやかに伝わる

(ウ) 前テイとする
①商品がソコをつく ②新しい法律をサダめる
③我慢にもホドがある ④この家は天井がヒクい
⑤両手に荷物をサげる

(エ) 賛セイする
①チームは五人からナる ②細かい説明をハブく
③生活が規則タダしい ④コエを大にして叫ぶ
⑤水のイキオいが強い

(オ) 直セツの話題
①このはさみはよくキれる ②指をオって数える
③事務所をモウける ④木に竹をツぐ
⑤相手をトきふせる

1998年度 追試験

答えは20ページ

(ア) ソ外される
①上司からウトまれる ②苦痛をウッタえる
③徒党をクんで戦う ④敵の前進をハバむ
⑤国のイシズエを築く

(イ) 環キョウ
①ことばのヒビきがよい ②新製品の開発をキソう
③後ろ姿をカガミに映す ④生死のサカイをさまよう
⑤大きな音にオドロく

(ウ) 示サを与える
①模型をツクる ②犬をクサリにつなぐ
③雲間から日がサす ④ヒダリの道を行く
⑤人をソソノカす

(エ) 努力のショ産
①長い手紙をカく ②今年の夏はアツい
③明るいトコロに出る ④堪忍袋のオが切れる
⑤その話はハツ耳だ

(オ) ボウ張する
①綿から糸をツムぐ ②つぼみがフクらむ
③道のカタワラに咲く ④進行をサマタげる
⑤遠く富士山をノゾむ

答え 16ページの問題
2000年度 本 (ア)① (イ)③ (ウ)⑤ (エ)④ (オ)③ 追 (ア)③ (イ)④ (ウ)② (エ)⑤ (オ)④

1997年度 本試験

答えは21ページ

(ア) フ遍的

①事実とよくフ合している　②それはフ朽の名作である
③パソコンが職場にフ及する　④税金のフ担を軽くする
⑤事件にフ随して問題が起こる

(イ) 幼チさ

①生涯のチ己に出会う　②世界大会を誘チする
③会議によくチ刻する　④川にチ魚を放流する
⑤厚顔無チと責められた

(ウ) 自分のヒ小さ

①ヒ境への旅を企画する　②罪状をヒ認する
③ヒ凡な才能の持ち主である　④ヒ近な例を挙げて説明する
⑤安全な場所へヒ難する

(エ) 指テキする

①あの二人は好テキ手だ　②汚職をテキ発する
③快テキな生活が約束される　④内容を端テキに説明する
⑤窓ガラスに水テキがつく

(オ) ハイ斥する

①三回戦でハイ退する　②核兵器のハイ絶を訴える
③ハイ気ガスが空気を汚す　④それはハイ信行為である
⑤細かなハイ慮に欠ける

1997年度 追試験

答えは21ページ

(ア) 感情の抑ヨウ

①気分が高ヨウする　②細菌を培ヨウする
③少数意見を採ヨウする　④人権をヨウ護する
⑤反論に動ヨウする

(イ) コ有の空間

①企業のコ用を促進する　②青年時代を回コする
③在庫品のコ数を調べる　④コ意に反則を犯す
⑤コ体から液体に変化する

(ウ) ソウじて

①事件のソウ査が進展する　②独ソウ的な作品を作る
③新作の構ソウを練る　④被害のソウ額を計算する
⑤飛行機のソウ縦を学ぶ

(エ) キョウ受する

①建物の大きさにキョウ嘆する　②祖父のキョウ年は八十歳でした
③キョウ味がある人は残ること　④会議に場所を提キョウする
⑤主人公の生き方にキョウ鳴する

(オ) 琵《び》琶《わ》のダン奏

①友人の相ダンに乗る　②反対派をダン圧する
③最終的な決ダンを迫る　④あらゆる手ダンで対抗する
⑤劇ダンの公演を楽しむ

答え 17ページの問題

1999年度 本 (ア)④ (イ)⑤ (ウ)① (エ)⑤ (オ)②　追 (ア)② (イ)⑤ (ウ)① (エ)④ (オ)②

1996年度 本試験

答えは22ページ

(ア) 敵意やハイ信
①ハイ物を利用する ②色のハイ合がすばらしい
③祝ハイをあげる ④勝ハイは時の運だ
⑤歴史的なハイ景を探る

(イ) 特コウ薬
①敵をコウ撃する ②新聞をコウ読する
③ダイエットに成コウする ④その件は時コウになっている
⑤コウ大な土地をもっている

(ウ) 無シの人生
①初シを貫く ②あの人が創シ者だ
③シ情を抜きにして尽くす ④彼はシ野が狭い
⑤世を風シする

(エ) タイ惰
①タイ用年数を越える ②長い話にタイ屈する
③一週間タイ在する ④未明にタイ勢が判明する
⑤タイ慢なプレーだ

(オ) カク散する
①陰でカク策する ②運動場をカク張する
③味カクが発達している ④話がカク心に触れる
⑤彼には品カクがある

1996年度 追試験

答えは22ページ

(ア) 虚ギ性
①新しいギ曲を上演する ②彼はギ善者だ
③正ギの味方のような顔をする ④日本はギ院内閣制である
⑤質ギ応答が長引いた

(イ) カン元する
①借用したものを返カンした ②詩集をカン行する
③部屋のカン気に気をつける ④献身的にカン護する
⑤カン言に乗って失敗する

(ウ) 生活の隅々までシン食する
①幾多のシン酸をなめてきた ②私の生活シン条を述べる
③家にシン入する ④先生にシン近感を持つ
⑤それはシン歩的な考え方だ

(エ) タン的に言う
①人生の意義をタン求する ②英語のタン語を覚える
③タン編小説を読むのが好きだ ④タン白な味の魚だ
⑤極タンなことを言う癖がある

(オ) 水ジュンに達する
①集会がジュン調に進んだ ②一月の中ジュンに試験がある
③ジュン回図書館を利用する ④受験のジュン備をする
⑤清ジュンな感じのタレントだ

答え 18ページの問題

1998年度 本 (ア)③ (イ)③ (ウ)⑤ (エ)① (オ)④ 追 (ア)① (イ)④ (ウ)⑤ (エ)③ (オ)②

1995年度 本試験

答えは23ページ

㋐ 草木を移ショクする
①友人の言葉にショク発される ②室内の装ショクを一新する
③着ショク加工した食品がある
④定年後もショク託として勤める
⑤ショク民地が独立国家になる

㋑ ビ細な感覚
①学校の設ビを充実する ②人情の機ビを解する
③刑事が犯人をビ行する ④耳ビ科の医院に行く
⑤ビ観を損なう建物がある

㋒ 幾ソウにも積み重なる
①車ソウの景色に見とれる ②世代間の考え方に断ソウがある
③浴ソウに付いた汚れを取る ④機械のソウ作は誤ると危ない
⑤街のソウ音も公害になる

㋓ 輪カクをもつ
①外カク団体に出向する ②カク調の高い詩を読む
③綿密な計カクをたてる ④患者を別室にカク離する
⑤ときどき錯カクを起こす

㋔ 匹テキする
①脱税をきびしくテキ発する ②警テキを鳴らして車が走る
③悪い予感がテキ中する ④競争相手にテキ意をいだく
⑤病院で点テキを受ける

1995年度 追試験

答えは23ページ

㋐ ショウ突する
①二国間に緩ショウ地帯を設ける ②部下からショウ細な報告を受ける ③火事による類ショウを免れた
④新しい国家の独立をショウ認する
⑤身元保ショウ人を引き受ける

㋑ キン張が高まる
①教育の機会キン等が望まれる ②アユ釣りが解キンになった
③腹キンを鍛える運動をする ④父はキン勉な学生だったらしい
⑤隣国とキン密な関係を結ぶ

㋒ リョウ域が広がる
①難題を一刀リョウ断に解決する ②病気の治リョウに専念する ③リョウ心的な行動をこころがける ④新製品のリョウ産体制に入る ⑤仕事の要リョウを先輩から教わる

㋓ 森林やキュウ陵
①議事が粉キュウして会議がながびく ②キュウ援物資を被災地に送る ③海岸線に沿って砂キュウがひろがる
④問い詰められてキュウ地におちいる
⑤道路の復キュウ作業がはじまる

㋔ ケン現する
①世界平和に貢ケンする ②入国の際にケン疫を受ける
③選手を外国に派ケンする ④努力のあとがケン著である
⑤ケン固な意志で誘惑に勝つ

答え 19ページの問題
1997年度 本 ㋐③ ㋑④ ㋒④ ㋓② ㋔③ 追 ㋐① ㋑⑤ ㋒④ ㋓② ㋔②

1994年度 本試験
答えは24ページ

(ア) ケッ作
①人はケッ癖なことが大切だ
②ケッ統書付きの柴犬《しばいぬ》をもらった
③彼はケッ出した人物だ
④裁判はケッ審を迎える
⑤その会社のケッ損は大きい

(イ) コク印する
①あの寺の山門はコク宝だ
②選挙のコク示があった
③あそこは社員をコク使する
④ロダンの彫コクはすばらしい
⑤困難をコク服した喜びがある

(ウ) 色サイ
①欲望にはサイ限がない
②盆サイの松の手入れをする
③温室には十分なサイ光が必要だ
④サイ氷船が南極へ出発する
⑤百周年記念の催しは多サイだ

(エ) カツ望
①環境問題の討論を総カツする
②財源の枯カツは致命的だ
③彼は割り込み客を一カツした
④会議は円カツに運営された
⑤彼女の文化カツ動は目覚ましい

(オ) 貴チョウ
①父が珍チョウしていた陶器だ
②個展の芳名録に記チョウする
③魚群はチョウ流に乗ってきた
④人跡未踏の山チョウに立った
⑤チョウ停は不成功に終わった

1994年度 追試験
答えは24ページ

(ア) ニン意
①あの地方はニン情があつい
②正しい避ニンの知識を学ぶ
③彼は社長を解ニンされた
④何事もニン耐が大切だ
⑤知事のニン可が必要だ

(イ) ノウ密
①一番機はノウ霧のため欠航した
②ノウ品は期日内にしてほしい
③それは首ノウ会議にまかせる
④彼女は有ノウな経営者だ
⑤ノウ業政策はむずかしい

(ウ) 絶タイに不可能だ
①水泳の前には準備タイ操をせよ
②映画の優タイ券が手に入った
③借金には連タイ保証が必要だ
④大学はタイ慢な学生に手を焼いた
⑤意見は激しくタイ立したままだ

(エ) シッ走する
①モウセンゴケはシッ地帯の植物だ
②小舟はシッ風にほんろうされた
③飛行機はシッ速して落ちた
④シッ筆中は面会謝絶だ
⑤月が隠れシッ黒の闇《やみ》となった

(オ) 逆セツをはらむ
①昨年のセツ辱を果たす
②あれが火災後の仮セツ校舎だ
③競技中に転んで骨セツした
④仮セツは発見の前提である
⑤腕の関セツがはずれた

答え　20ページの問題
1996年度　本　(ア)⑤　(イ)④　(ウ)③　(エ)⑤　(オ)②　　追　(ア)②　(イ)①　(ウ)③　(エ)⑤　(オ)④

1993年度 本試験

答えは25ページ

(ア) サイたるもの

①才　②再　③際　④最　⑤宰

(イ) コンゲン的な性質

①現　②玄　③言　④限　⑤源

(ウ) 協力をヨウセイする

①要　②容　③養　④用　⑤擁

(エ) テキセツな言葉を探す

①接　②切　③設　④節　⑤摂

(オ) ヒガの距離を測る

①比　②否　③非　④彼　⑤秘

1993年度 追試験

答えは25ページ

(ア) 彼はコウオが激しい

①考　②好　③交　④向　⑤肯

(イ) 個人的なセイコウや好み

①成　②性　③正　④精　⑤盛

(ウ) 当時の出来事をソウキする

①気　②記　③企　④期　⑤起

(エ) カッコたるアイデンティティ

①弧　②孤　③己　④固　⑤個

(オ) ゴカン的で相互依存的な関係

①換　②間　③感　④完　⑤観

答え 21ページの問題

1995年度　本　(ア)⑤　(イ)②　(ウ)②　(エ)①　(オ)④　　追　(ア)①　(イ)⑤　(ウ)⑤　(エ)③　(オ)④

1992年度 本試験

答えは26ページ

(ア) 問題にトウメンする
①到　②当　③答　④統　⑤等

(イ) 取りカエしがつかない
①交　②換　③替　④帰　⑤返

(ウ) 事物のセイセイと消滅
①勢　②精　③成　④製　⑤生

(エ) ソクトウする
①即　②促　③速　④則　⑤測

(オ) 人をカイさず連絡する
①解　②改　③介　④会　⑤回

1992年度 追試験

答えは26ページ

(ア) 庭石を適切にフチする
①布　②付　③扶　④普　⑤浮

(イ) イロウなく論が展開される
①異　②慰　③違　④遺　⑤位

(ウ) スイテイする
①提　②底　③定　④程　⑤体

(エ) 文章が稀薄《きはく》になるのをサけようとする
①割　②排　③裂　④退　⑤避

(オ) 社会生活のキハン
①反　②範　③版　④般　⑤判

答え　22ページの問題
1994年度　本　(ア)③　(イ)④　(ウ)⑤　(エ)②　(オ)①　　追　(ア)③　(イ)①　(ウ)⑤　(エ)②　(オ)④

1991年度 本試験

答えは3ページ

(ア) 道路の目じるしである里程ヒョウ

①漂 ②表 ③標 ④評 ⑤票

(イ) ムボウな行い

①謀 ②忘 ③妨 ④某 ⑤剖

(ウ) 夢想をヨクシする

①至 ②止 ③示 ④使 ⑤始

(エ) ユダンならない

①輸 ②愉 ③諭 ④油 ⑤由

(オ) メイキュウ入り

①急 ②宮 ③究 ④球 ⑤及

1991年度 追試験

答えは3ページ

(ア) 社会にカンゲンする

①甘 ②換 ③環 ④還 ⑤鑑

(イ) 布のコウタクに惹かれる

①択 ②沢 ③拓 ④宅 ⑤託

(ウ) ソボクな人柄

①木 ②牧 ③朴 ④僕 ⑤墨

(エ) 対象とするリョウイキ

①霊 ②僚 ③陵 ④量 ⑤領

(オ) トウジシャ

①事 ②自 ③示 ④治 ⑤時

答え　23ページの問題

1993年度　本　(ア)④　(イ)⑤　(ウ)①　(エ)②　(オ)④　追　(ア)②　(イ)②　(ウ)⑤　(エ)④　(オ)①

1990年度 本試験

答えは2ページ

(ア) コウレイを示す

①公 ②行 ③恒 ④交 ⑤好

(イ) 和室の境界はカヘン的である

①加 ②可 ③仮 ④化 ⑤価

(ウ) 火災をソウテイして訓練する

①呈 ②定 ③提 ④訂 ⑤底

(エ) ダトウな説明を受ける

①倒 ②投 ③当 ④党 ⑤踏

(オ) ハンゼンとしない

①判 ②版 ③伴 ④煩 ⑤般

1990年度 追試験

答えは2ページ

(ア) キンシツな製品

①禁 ②均 ③緊 ④近 ⑤筋

(イ) キイな服装

①易 ②囲 ③移 ④為 ⑤異

(ウ) シンソツな態度

①新 ②信 ③心 ④真 ⑤進

(エ) シュウヤクする

①集 ②拾 ③収 ④修 ⑤周

(オ) 自己投資をショウレイする

①例 ②励 ③礼 ④冷 ⑤令

答え 24ページの問題

1992年度 本 (ア)② (イ)⑤ (ウ)③ (エ)① (オ)③ 追 (ア)① (イ)④ (ウ)③ (エ)⑤ (オ)②

語句編

★ 1990 年から 2014 年までのセンター試験の、語句の意味を問う問題を収録しています。
（2005 年本試験・2000 年追試験・1997 年本試験はのぞく）

★ 各語句の意味として最も適切なものを選択肢から選ぶ問題です。
（1997 年追試験・1996 年追試験はのぞく）

★ 傍線があるものは、傍線部の意味を答えましょう。

★ 必要に応じて文章を補うなど、改題を行っています。

答えは30ページ

(ア)　刻々に

①突然に
②あっという間に
③順番通りに
④ときどきに
⑤次第次第に

(イ)　腰を折られて

①下手《したて》に出られて
②思わぬことに驚いて
③やる気を失って
④途中で妨げられて
⑤屈辱を感じて

(ウ)　われ知らず

①自分では意識しないで
②あれこれと迷うことなく
③人には気づかれないように
④本当の思いとは逆に
⑤他人の視線を意識して

答えは30ページ

(ア)　悦に入って

①思い通りにいき得意になって
②我を忘れるくらい夢中になって
③我慢ができないほどおかしくて
④本心を見透かされ照れて
⑤感情を押し隠し素知らぬふりをして

(イ)　相好を崩していた

①なれなれしく振る舞っていた
②緊張がほぐれ安心していた
③好ましい態度をとれずにいた
④顔をほころばせ喜んでいた
⑤親しみを感じくつろいでいた

(ウ)　すげなさ

①動揺し恥ずかしがる様子
②改まりかしこまった様子
③判断に迷い戸惑う様子
④物おじせず堂々とした様子
⑤関心がなくひややかな様子

答え　50ページの問題
1990年度　本　(ア)④　(イ)⑤　(ウ)①　　追　(ア)②　(イ)④　(ウ)⑤

答えは31ページ

(ア) 愛想を尽かしていた

①嫌になってとりあわないでいた
②すみずみまで十分に理解していた
③体裁を取り繕うことができないでいた
④いらだちを抑えられないでいた
⑤意味をはかりかねて戸惑っていた

(イ) 気概

①大局的にものを見る精神
②相手を上回る周到さ
③物事への思慮深さ
④くじけない強い意志
⑤揺るぎない確かな知性

答えは31ページ

(ア) 薄情

①意識を集中できず、投げやりになること
②自己中心的で、思いやりがないこと
③自分のことしか考えず、気持ちが散漫になること
④注意が続かず、気もそぞろなこと
⑤気持ちが切迫し、余裕のないこと

(イ) おびやかす

①強い恐怖感を与え、妄想を起こさせる
②緊張感を与え、気づまりにさせる
③相手を追い詰め、不安な気持ちにさせる
④自己満足を求めて、弱い者を苦しめる
⑤惨めな気持ちにさせ、屈辱感を与える

答え 49ページの問題
1992年度 追 (ア)③ (イ)② (ウ)④　1991年度 本 (ア)① 追 (イ)②

答えは32ページ

(ア) **浅慮を全く嘲笑した**

①短絡的な考えに対して心の底から見下した
②卑怯《ひきょう》なもくろみに対してためらわず軽蔑《けいべつ》した
③粗暴な行動に対して極めて冷淡な態度をとった
④大人げない計略に対して容赦なく非難した
⑤軽率な思いつきに対してひたすら無視した

(イ) **通俗的**

①野卑で品位を欠いているさま
②素朴で面白みがないさま
③気弱で見た目を気にするさま
④平凡でありきたりなさま
⑤謙虚でひかえ目なさま

(ウ) **さしでがましさ**

①人の気持ちを酌んで自分の主張を変えること
②人のことを思い通りに操ろうとすること
③人の事情に踏み込んで無遠慮に意見したがること
④人の意向よりも自分の都合を優先したがること
⑤人の境遇を自分のことのように思いやること

答えは32ページ

(ア) **首をもたげて**

①今まで傾けていた首を横にひねって
②今まで脇《わき》を向いていた頭を元に戻して
③今まで下げていた頭を起こして
④今まで正面を向いていた顔を上に向けて
⑤今まで上に伸ばしていた首をすくめて

(イ) **メリー・ゴー・ラウンドの一回分が呆気《あっけ》なく済んだ**

①思いがけず急停止した
②はかない夢のまま止まった
③意外に早く終わった
④うっとりしているうちに終了した
⑤驚いている間に停止した

(ウ) **生返事**

①本当の気持ちを包み隠して、相手を惑わそうとする返事
②相手に本気では対応していない、いい加減な返事
③中途半端な態度で、相手の気持ちに迎合した返事
④相手の態度に機嫌を損ねて発した、ぶっきらぼうな返事
⑤相手の言うことを何も聞いていない、突き放した返事

答え 28ページの問題

2014年度　本　(ア)⑤　(イ)④　(ウ)①　　追　(ア)①　(イ)④　(ウ)⑤

答えは33ページ

(ア) つくづくと眺める
①興味を持ってぶしつけに
②ゆっくりと物静かに
③見くだすようにじろじろと
④注意深くじっくりと
⑤なんとなくいぶかしげに

(イ) 躍起になって
①夢中になって
②さとすように
③威圧するように
④あきれたように
⑤むきになって

(ウ) 頓狂《とんきょう》な声
①びっくりして気を失いそうな声
②あわてて調子はずれになっている声
③ことさらに深刻さを装った声
④とっさに怒りをごまかそうとした声
⑤失望してうちひしがれたような声

答えは33ページ

(ア) 華美な装いの婦人を疎ましく思う
①見下されているように感じて腹立たしく
②仲間外れにされたようでいらだたしく
③親しみを感じられずにいとわしく
④別世界の人だと思われて薄気味悪く
⑤場にそぐわないとさげすみたく

(イ) 街はあっけらかんとすべてを暴《あば》く
①人々が気のつかないうちにやすやすと
②人々の感情を逆なでするように意地悪く
③人々への思いやりを持たず冷酷に
④人々の運命を飲み込んで黙々と
⑤人々の事情にかまうことなく平然と

(ウ) やにわに差し出す
①そっと見つめるようにゆっくりと
②急に思いついたようにぶっきらぼうに
③大切なものを扱うように心をこめて
④話の流れを無視してだしぬけに
⑤はやる気持ちを隠して静かに

答え 29ページの問題
2013年度 本 (ア)① (イ)④ 追 (ア)② (イ)③

答えは34ページ

(ア) いわく言い難い

①言葉にするのが何となくはばかられる
②言葉では表現しにくいと言うほかはない
③言葉にしてしまってはまったく意味がない
④言葉にならないほどあいまいで漠然とした
⑤言葉にするとすぐに消えてしまいそうな

(イ) 権化

①厳しく律せられたもの
②堅固に武装したもの
③巧みに応用したもの
④的確に具現したもの
⑤しっかりと支えられたもの

(ウ) みもふたもない

①現実的でなくどうにもならない
②大人気なく思いやりがない
③露骨すぎて話にならない
④計算高くてかわいげがない
⑤道義に照らして許せない

答えは34ページ

(ア) けたたましく

①畏《おそ》れを感じさせる重々しい音で
②神経に障るやかましい音で
③期待を誘う高らかな音で
④許せないほどの騒々しい音で
⑤場違いな感じの奇妙な音で

(イ) 自負心

①周囲の大人を見返してやりたいという気持ち
②自分は何でもできるようになったのだという気持ち
③同じ年ごろの友だちには負けたくないという気持ち
④自分に負けずにがんばっていこうという気持ち
⑤自分はどうせ子供なのだという気持ち

答え 30ページの問題
2012年度 本 (ア)① (イ)④ (ウ)③ 追 (ア)③ (イ)③ (ウ)②

2009年度 本試験

答えは35ページ

(ア) 無聊《ぶりょう》に耐えられなかった

①退屈さが我慢できなかった
②無駄な時間が許せなかった
③空虚な心持ちがいやだった
④心細さに落ち着きを失った
⑤不快感を抑えられなかった

(イ) 沽券《こけん》にかかわる

①自分の今後の立場が悪くなる
②自分の守ってきた信念がゆらぐ
③自分の体面がそこなわれる
④将来の自分の影響力が弱くなる
⑤長年の自分の信用が失われる

(ウ) 後片付けのはかは行かず

①後片付けを途中でやめて
②後片付けをあきらめて
③後片付けが手につかず
④後片付けに満足できず
⑤後片付けが順調に進まず

2009年度 追試験

答えは35ページ

(ア) うつろに見つめた

①恨みの思いを眼差《まなざ》しにこめて見ていた
②おろおろとうろたえながら見ていた
③注意深く目をそらさずにじっと見ていた
④ぼんやりと何も考えられずに見ていた
⑤むなしい気持ちを隠しきれずに見ていた

(イ) 癇《かん》の強いところがあった

①不満を感じることが多かった
②かなり強情な部分があった
③激怒しやすい一面があった
④荒々しい情熱を秘めていた
⑤他人を責める厳しさがあった

答え 31ページの問題

2011年度 本 (ア)④ (イ)⑤ (ウ)② 追 (ア)③ (イ)⑤ (ウ)④

答えは36ページ

㋐ 名状し難い

①言い当てることが難しい
②名付けることが不可能な
③意味を明らかにできない
④何とも言い表しようのない
⑤全く味わったことのない

㋑ 気の置けない

①気分を害さず対応できる
②遠慮しないで気楽につきあえる
③落ち着いた気持ちで親しめる
④気を遣ってくつろぐことのない
⑤注意をめぐらし気配りのある

答えは36ページ

㋐ 三々五々散ってゆく

①足並みをそろえて分かれていく
②順序よく方々に散らばっていく
③列を乱しながらそれぞれ帰っていく
④ちりぢりになって離れていく
⑤少人数ごとにまばらに去っていく

㋑ 図太いくらい心の座った

①図々《ずうずう》しいまでに自己中心的な
②常に情緒が安定している
③憎らしいほど心配りのできる
④落ち着いていて安心感のある
⑤少々のことでは動じない

㋒ 双肩に担って

①苦労を味わって
②責任を負って
③疲れを見せて
④重荷に感じて
⑤成り立たせて

答え 32ページの問題

2010年度 本 ㋐② ㋑④ ㋒③ 追 ㋐② ㋑②

答えは37ページ

(ア) 老成した

①しわがれて渋みのある
②知性的で筋道の通った
③年のわりに落ち着いた
④重々しく低音の響いた
⑤静かでゆっくりとした

(イ) 不意をつかれて

①突然の事態に困り果てて
②見込み違いで不快になって
③予想していないことに感心して
④初めてのことであわてて
⑤思いがけないことにびっくりして

(ウ) 教室の体裁をなし

①教室の準備がようやく済んで
②教室とは異なった感じになって
③教室として立派になって
④教室がいったん雑然として
⑤教室らしい様子になって

答えは37ページ

(ア) 怪訝《けげん》な気持ち

①不可解で納得のいかないような気持ち
②不安で落ち着かないような気持ち
③うれしくて待ちきれないような気持ち
④怒っていらいらするような気持ち
⑤用心深く相手の考えを疑うような気持ち

(イ) 昵懇《じっこん》だった

①久しぶりに会った
②幼なじみであった
③親戚《しんせき》関係であった
④相談事があった
⑤親しい間柄にあった

(ウ) 面映《おもは》ゆい思いなく

①相手の顔を見ることができないほどの違和感を抱くことはなく
②あれこれ考えをめぐらして気まずくなるような心情はなく
③相手を見るのがまぶしく感じるほど心ひかれる感情はなく
④期待をもって当てにするようなわくわくとした思いはなく
⑤顔を合わせるのが照れくさいようなきまりの悪い気持ちはなく

答え　33ページの問題
2009年度　本　(ア)①　(イ)③　(ウ)⑤　　追　(ア)④　(イ)③

答えは38ページ

(ア) 身の丈に合っていた

①自分にとってふさわしかった
②自分にとって魅力的だった
③自分にとって都合がよかった
④自分にとって親しみが持てた
⑤自分にとって興味深かった

(イ) おずおずとした調子

①気まずい感じ
②しらける感じ
③ためらう感じ
④かたくなな感じ
⑤つまらない感じ

(ウ) 一矢を報いずには

①無視せずには
②からかわずには
③ごまかさずには
④嘆息せずには
⑤反撃せずには

答えは38ページ

(ア) 水掛け論

①双方の意見の食い違いから議論をやめること
②相手の意見に怒りを感じてけんかになること
③双方が意見を言い張って決着がつかないこと
④相手に自分の主張を一方的に押しつけること
⑤様々な話題について延々と議論を続けること

(イ) そばだち

①風景に隠れてひっそりと立ち
②いくつも重なり並び立ち
③すぐ目の前まで迫り立ち
④あちらこちらに点々と立ち
⑤周囲より一段と高く立ち

(ウ) 世捨て人

①実社会から心ならずも逃避している人
②みずから世間との交渉を絶っている人
③元の豊かな生活を失ってしまった人
④何かの修行に真剣に打ち込んでいる人
⑤あえて人間らしい感情を押し殺した人

答え　34ページの問題
2008年度　本　(ア)④　(イ)②　　追　(ア)⑤　(イ)⑤　(ウ)②

答えは39ページ

(ア) **憑物《つきもの》が落ちた**

①放心したような
②我に返ったような
③気を張ったような
④十分寝足りたような
⑤ほっとしたような

(イ) **微《かす》かに眼《め》を瞠《みは》った**

①鋭い目つきで相手をにらんだ
②はじらいながら目を伏せた
③非難を込めて目をそらした
④目を丸くして相手を見つめた
⑤驚きをもって目を見開いた

答えは39ページ

(ア) **是非に及ばない**

①言うまでもない
②話にもならない
③善悪が分からない
④やむを得ない
⑤判断ができない

(イ) **宥《なだ》め賺《すか》して**

①機嫌をとって気を変えさせ
②脅し文句を並べてあきらめさせ
③冗談を言って気分を変えさせ
④許しを求めて怒りをしずめさせ
⑤責めたてて考え直させ

答え 35ページの問題

2007年度 本 (ア)③ (イ)⑤ (ウ)⑤ 追 (ア)① (イ)⑤ (ウ)⑤

2004年度 追試験

答えは40ページ

㋐ **率先垂範《そっせんすいはん》**

①折り目正しくふるまうこと
②堂々と人に指図すること
③黙って責任を果たすこと
④人に先立って手本を示すこと
⑤先に行く人を模範にすること

㋑ **些末《さまつ》な事柄**

①末端的で特殊な事柄
②私生活に関する事柄
③正確さに欠ける事柄
④取るに足りない事柄
⑤心情的で微妙な事柄

2003年度 本試験

答えは40ページ

㋐ **心得顔**

①何かたくらんでいそうな顔つき
②扱いなれているという顔つき
③いかにも善良そうな顔つき
④事情を分かっているという顔つき
⑤何となく意味ありげな顔つき

㋑ **のっぴきならない**

①予想もつかない
②どうにもならない
③決着のつかない
④言い逃れのできない
⑤口出しのできない

㋒ **たたずまい**

①けはい
②いごこち
③におい
④しずけさ
⑤ありさま

答え 36ページの問題

2006年度 本 ㋐① ㋑③ ㋒⑤ 追 ㋐③ ㋑⑤ ㋒②

2003年度 追試験

答えは41ページ

(ア) **小康**

①病状が一進一退をくり返していること
②病状がやや持ち直して安定すること
③病気が何の跡形も残さず消え去ること
④病勢がよくなって生活に支障がなくなること
⑤病気が一定の状態を維持し続けること

(イ) **二人の寝息が静かな調和を醸してつづく**

①かすかに乱して
②ほのかに発して
③ほどよく整えて
④ゆっくりと包み込んで
⑤徐々につくり出して

(ウ) **魚が小さな体を駆って川を遡《さかのぼ》る**

①はげしく傷つけて
②華やかにきらめかせて
③せいいっぱい動かして
④ときおり休ませて
⑤むりやり追い込んで

2002年度 本試験

答えは41ページ

(ア) **閉口した**

①悩み抜いた
②がっかりした
③押し黙った
④考えあぐねた
⑤困りはてた

(イ) **難物**

①理解しがたい人
②頭のかたい人
③心のせまい人
④扱いにくい人
⑤気のおけない人

(ウ) **具合がわるい**

①不都合だ
②不自然だ
③不出来だ
④不適切だ
⑤不本意だ

答え 37ページの問題

2005年度 追 (ア)② (イ)⑤　2004年度 本 (ア)④ (イ)①

2002年度 追試験

答えは42ページ

(ア) もうけ話をもちかける

①問いかけ
②呼びかけ
③話しかけ
④誘いかけ
⑤働きかけ

2001年度 本試験

答えは42ページ

(ア) 不思議な景色に、思わず声を洩《も》らした

①ひとりごとを言った
②こっそりとつぶやいた
③悲鳴を上げた
④感情的に言った
⑤小さく叫んだ

(イ) 気を呑《の》まれて

①圧倒されて
②驚きあきれて
③無我夢中で
④引き込まれて
⑤不審に思って

(ウ) 自分の眼を疑った

①不思議に思った
②信じられなかった
③不安を感じた
④見とれた
⑤意外に思った

答え 38ページの問題

2004年度 追 (ア)④ (イ)④ 2003年度 本 (ア)④ (イ)② (ウ)⑤

2001年度 追試験

答えは43ページ

(ア) すっと喉をとおりにくい

①きれいに片づかない
②正しく説明できない
③うまく納得できない
④上手に対応できない
⑤とても認められない

(イ) 父親が苦々しげに眼《め》を寄越《よこ》してくる

①視線を中空にさまよわせて
②離れたところから見つめて
③間近に見守って
④近寄ってきて見とがめて
⑤遠くから見張って

2000年度 本試験

答えは43ページ

(ア) 驚くべき自尊心

①異常な羞恥心《しゅうちしん》
②他人を寄せつけないほどの独立心
③子どもとは思えないような自制心
④度がすぎた自己愛
⑤人並はずれた気位

(イ) さめざめと泣きあかす

①われを忘れるほどとり乱して
②涙をこらえてひっそりと
③気のすむまで涙を流して
④いつまでもぐずぐずと
⑤他人を気にせず大きな声で

答え 39ページの問題

2003年度 追 (ア)② (イ)⑤ (ウ)③　2002年度 本 (ア)⑤ (イ)④ (ウ)①

答えは44ページ

(ア) **固唾《かたず》を呑《の》んで**

①声も出ないほど恐怖に怯《おび》えながら
②何もできない無力さを感じながら
③張りつめた様子で心配しながら
④驚きと期待を同時に抱きながら
⑤緊張した面持ちで不快に思いながら

答えは44ページ

(ア) **おしなべて呼ぶ**

①ぼかして
②推し量って
③隠して
④総じて
⑤ひらたく言って

(イ) **眉をひそめて気の毒そうにする**

①不吉に思い、眉をしかめて
②心を痛め、眉間《みけん》に皺《しわ》を寄せて
③眉を下げ、冷静を装って
④眉間を緩め、理解を示して
⑤嘆きながら、眉をゆがめて

(ウ) **我にかえってどぎまぎと手を放す**

①恥ずかしさのあまり、思わずとりみだして
②とっさに弁解できず、しどろもどろで
③相手に理解してもらえず、困惑して
④不意をつかれて、たじろいで
⑤思いがけない行動をしていたことに、うろたえて

答え　40ページの問題
2002年度　追　(ア)④　　2001年度　本　(ア)⑤　(イ)①　(ウ)②

1998年度 本試験

答えは45ページ

(ア) 小ざっぱりした身なり
①もの静かで落ち着いた
②さわやかで若々しい
③上品で洗練された
④清潔で感じがよい
⑤地味で飾り気のない

(イ) 端的に現す
①手短にはっきりと
②生き生きと言葉のはしばしに
③余すところなく確実に
④わかりやすく省略して
⑤あざやかに際立たせて

(ウ) 煙が空をどんよりと曇らせる
①暗くかすむように
②くすんで貧弱に
③濁って重苦しく
④けだるく眠そうに
⑤黒々と分厚く

1998年度 追試験

答えは45ページ

(ア) ほの暗い空間
①部分的に暗い空間
②ぼんやりと暗い空間
③まっ暗な空間
④ときどき暗くなる空間
⑤うす汚れた空間

(イ) 衝動にかられて
①心がせきたてられて
②気持ちが動揺して
③思いが向かって
④精神が高ぶって
⑤意識がうつろになって

(ウ) 心の息吹のようなものがふきつける
①息の根
②ためらい
③ささやく声
④息づかい
⑤ためいき

答え 41ページの問題
2001年度 追 (ア)③ (イ)②　2000年度 本 (ア)⑤ (イ)③

答えは46ページ

次の傍線部の用法に最も近いものを選びなさい。

(ア) **熱い鉄ビンの中へとっくりをつけた**

①戸じまりに気をつけた
②試合の記録をつけた
③野菜を塩水につけた
④名札を胸につけた
⑤雪に足あとをつけた

(イ) **寝返りを打つ**

①柱にクギを打つ
②新しい手を打つ
③庭に水を打つ
④でんぐりがえしを打つ
⑤あいづちを打つ

(ウ) **雪をかいていた**

①疲れていびきをかいていた
②慎重さをかいていた
③熊手《くまで》で落ち葉をかいていた
④部屋で手紙をかいていた
⑤汗をかいていた

答えは46ページ

(ア) **水をさしたくなかった**

①批判したく
②冷やかしたく
③涙を見せたく
④ごまかしたく
⑤邪魔したく

(イ) **唐突な**

①悲痛な
②不意の
③早口の
④過去の
⑤奇妙な

(ウ) **気骨**

①不屈の気概
②繊細な気質
③乱暴な気性
④進取の意気
⑤果敢な勇気

答え　42ページの問題

1999年度　本　(ア)③　　追　(ア)④　(イ)②　(ウ)⑤

1996年度 追試験

答えは47ページ

次の傍線部の一般的な用例として最も適当な文を選びなさい。

(ア) けげんな面持ち

①祖母はけげんな半生を自慢した
②父は家族のけげんな支えである
③母は珍しくけげんな表情をした
④兄はけげんなデートにでかけた
⑤弟はけげんな努力を重ねている

(イ) あえかな古語の世界

①この香水はあえかな値段だ
②あえかな花に心をひかれた
③相撲はあえかなスポーツだ
④あえかなおにぎりを作った
⑤河馬《かば》や象はあえかな動物だ

(ウ) あどけない微笑み

①あどけない石垣沿いの道を登った
②あどけないパンの朝食をとった
③あどけない高価なカバンを買った
④あどけないしぐさに魅せられた
⑤あどけない雨の日が続いている

1995年度 本試験

答えは47ページ

(ア) 微笑のかけらのような表情

①微笑が傷ついた心を隠している様子
②冷ややかな微笑が漂っている様子
③微笑のなごりが漂っている様子
④恥ずかしげな微笑が浮かんでいる様子
⑤微笑が断続的に浮かんでいる様子

(イ) ぞっと肌が粟立《あわだ》つような気がする

①恐ろしくて身の毛がよだつ様子
②緊張して頭に血がのぼる様子
③緊張して冷や汗が流れる様子
④寒々として身ぶるいをする様子
⑤寒々として体がこわばる様子

(ウ) 涙がきらきらと朝の草を飾る露のように睫毛《まつげ》にかかる

①滅びの美しさに満ちている様子
②小さな喜びに満ちている様子
③さわやかな緊張感に満ちている様子
④新鮮な驚きに満ちている様子
⑤透明な輝きに満ちている様子

答え 43ページの問題

1998年度 本 (ア)④ (イ)① (ウ)③ 追 (ア)② (イ)① (ウ)④

1995年度 追試験

答えは48ページ

(ア) **口をとがらせた**

①怒りで厳しい口調になった
②まったく分からないという顔付きをした
③弱気になりながらも虚勢を張った
④不満に思い抗議するような表情をした
⑤激しい口調で相手をののしった

(イ) **戦慄が走りぬける**

①恐ろしさで一瞬体中が震える思いがする
②急激な寒さで体全体が硬直してしまう
③うしろめたさからひたすら自分を責める
④悲しさで瞬間的に体が縛られたようになる
⑤予期せぬ展開にひどく驚いてしまう

(ウ) **凛《りん》とした声**

①高圧的なはっきりした声
②冷たくつんとすました声
③大きく響き渡る声
④堂々として落ち着いた声
⑤きりりと引き締まった声

1994年度 本試験

答えは48ページ

(ア) **不世出の才能が宿る**

①めったに現れることのないほどの、すぐれた
②少しの人にしか知られていない、一風変わった
③めったに世の人の目に触れることのない、不思議な
④口にだして言うこともできないほどの、不気味な
⑤まだ世間の表面に出ていないが、将来性のある

(イ) **後難をおそれて逃げる**

①あとあとまでもながく自分への非難が続くことを気にして
②あとになって人々の非難が起こらないように気をつかって
③あとになるほど事態の解決が難しくなるのを心配して
④あとになってふりかかってきそうなわざわいを心配して
⑤あとになるほどわざわいが起こりやすいのを気にして

(ウ) **八方画策した**

①あらゆる方面に出向いていって、自分の立てた計画を話した
②あらゆる方面にはたらきかけて、計画の実現をはかった
③あらゆる方面から情報を集め、さまざまな計画を立案した
④いろいろな計画をねりあげて、いちばんよいのを実行した
⑤いろいろな計画を人々から提出させ、どれがよいかを討議した

答え 44ページの問題

1997年度 追 (ア)③ (イ)④ (ウ)③　1996年度 本 (ア)⑤ (イ)② (ウ)①

1994年度 追試験

答えは49ページ

(ア) 自弁

①自分で費用を負担すること
②自分の責任で弁償すること
③自分で設置を交渉すること
④自分の労力を提供すること
⑤自分の資金で製作すること

(イ) 久闊《きゅうかつ》を叙《じょ》した

①久しく会わなかったことを怒った
②久しぶりの挨拶《あいさつ》を交わした
③遠くから来たことに感謝の意を表した
④長く疎遠であったことを咎《とが》めた
⑤昔からの友人を懐かしんだ

(ウ) 余念なく

①のんびりと
②ぼんやりと
③無造作に
④熱心に
⑤慎重に

1993年度 本試験

答えは49ページ

(ア) 腰が低く

①重々しいしぐさで
②動作が緩慢で
③振る舞いが丁重で
④卑屈な態度で
⑤体つきが小さめで

(イ) 渾身《こんしん》の力

①最後に出る底力
②体じゅうの力
③強い忍耐の力
④残されている気力
⑤みなぎり溢《あふ》れる力

(ウ) 物心ついた

①物体や出来事の核心が納得された
②物や精神面での援助が可能になり始めた
③人と人との関係が物と精神だと分かった
④世の中のことや人間関係が分かり始めた
⑤実際に見聞きしたことだけが信じられた

答え 45ページの問題
1996年度 追 (ア)③ (イ)② (ウ)④　1995年度 本 (ア)③ (イ)① (ウ)⑤

答えは50ページ

(ア) うろ覚え
①棒暗記した記憶
②不確かな記憶
③間接的な記憶
④誤りの多い記憶
⑤無意識の記憶

(イ) 押し問答
①相手を黙らせ一方的に主張すること
②互いに体を押し合って言い争うこと
③交互に質問し互いに答え合うこと
④休む間も無く問答を続けること
⑤互いにかみあわないまま言い合うこと

(ウ) 無量の想い
①数少ない想い
②正体不明の想い
③とるに足りない想い
④はかり知れない想い
⑤大雑把な想い

答えは50ページ

(ア) 屈託なく笑う
①きわめて不作法に
②まったく疲れを知らず
③何のこだわりもなく
④ひどく無遠慮に
⑤少しの思慮もなく

(イ) 他意なく
①人の意見など聞き入れず
②特定の考えもなしに
③ほかの意向など持たずに
④他の人のことなど意識せず
⑤裏に含んだ考えなどなく

(ウ) 躍起になって
①おどおどして
②むきになって
③うろたえて
④やけになって
⑤びっくりして

答え　46ページの問題
1995年度　追　(ア)④　(イ)①　(ウ)⑤　　1994年度　本　(ア)①　(イ)④　(ウ)②

1992年度 追試験

答えは29ページ

(ア) **森厳な**

①非常にきびしい
②きわめて恐ろしい
③きわめておごそかな
④底知れず奥深い
⑤非常に謹厳な

(イ) **程度が長じて**

①成長して
②甚だしくなって
③巧みになって
④向上して
⑤進化して

(ウ) **街で燭台《しょくだい》をあがなって**

①借用して
②もらい受けて
③選んで
④買い求めて
⑤注文して

1991年度 本・追試験

答えは29ページ

(ア) **歓心を得る**

①喜んでくれるように機嫌をとる
②関心を示してくれるように配慮する
③喜んで賛成してくれるように気を使う
④なるほどと感心してくれるように工夫する
⑤取り入ってくれるように仕向ける

(イ) **寄る辺もない**

①寄りかかるすべもない
②たよりとする所もない
③隠遁《いんとん》の機会すらもない
④立ち寄る隠れ家もない
⑤寄生をする対象もない

答え 47ページの問題

1994年度 追 (ア)① (イ)② (ウ)④　1993年度 本 (ア)③ (イ)② (ウ)④

1990年度 本試験

答えは28ページ

(ア) 列をなして並んだ几帳面な机
①固くがっしりした
②ノートのように線が引かれた
③凸凹がなく面が平らになった
④規則正しくきちんとした
⑤ぴったり調和した

(イ) 紙にぶっつけに花弁から描きはじめる
①あらあらしく
②はじめに
③ざっと
④なげやりに
⑤いきなり

(ウ) 放心から覚める
①心を奪われてぼうっとなること
②心をとき放ちのんびりすること
③心を決めかねてふらふらすること
④心を集中して雑念をはらうこと
⑤心をひらいて受け入れること

1990年度 追試験

答えは28ページ

(ア) 漠然《ばくぜん》とした一皮かぶった気持ち
①親しみが感じられない
②じかに感じとれない
③じれったくなる
④うわべばかりの
⑤うすっぺらな

(イ) 裏はらな心の動き
①裏にかくれた
②裏おもてのある
③意外な
④反対の
⑤奥深い

(ウ) 怪訝そうに
①うたぐり深そうに
②心配そうに
③気の毒そうに
④不安そうに
⑤不思議そうに

答え 48ページの問題
1993年度 追 (ア)② (イ)⑤ (ウ)④　1992年度 本 (ア)③ (イ)⑤ (ウ)②

おつかれさまでした!!